ÜBER DIESES BUCH

Dieser Band enthält die beiden Dramen, die den Namen von Tennessee Williams in der Welt berühmt gemacht haben: »Endstation Sehnsucht« und »Die Glasmenagerie«. New Orleans und St. Louis sind die Schauplätze; Exzesse der Sinnlichkeit und der Phantasie stehen in bösem Kontrast zu der drückenden Alltäglichkeit der Südstaatenszenerie. Die meisten Figuren dieses Autors sind labile Charaktere, anfällig für alle Formen der Zerstörung und Selbstzerstörung. Die verborgenen Sehnsüchte und Ängste seiner Zeitgenossen läßt Tennessee Williams wie kaum ein anderer Dramatiker Gestalt gewinnen.

DER AUTOR

Tennessee Williams ist 1914 geboren und wuchs in Columbus/Mississippi auf. Schon während seines Studiums begann er Novellen und Einakter zu schreiben. Mit »Die Glasmenagerie« hatte er 1944 seinen entscheidenden Erfolg, für »Endstation Sehnsucht« erhielt er den Pulitzer-Preis. Beide Stücke wurden mit großem Erfolg in Hollywood verfilmt.
Von Tennessee Williams sind zwei weitere Stücke im Fischer Taschenbuch Verlag erschienen: »Die Katze auf dem heißen Blechdach« / »Die tätowierte Rose « (Nr. 110).

Tennessee Williams

Endstation Sehnsucht

Die Glasmenagerie

Zwei Theaterstücke

Fischer Taschenbuch Verlag

Fischer Taschenbuch Verlag
1.– 50. Tausend: März 1954
51.– 75. Tausend: September 1955
76.–100. Tausend: August 1956
101.–125. Tausend: Dezember 1957
126.–138. Tausend: Mai 1959
139.–163. Tausend: April 1960
164.–175. Tausend: Mai 1962
176.–188. Tausend: Oktober 1963
189.–200. Tausend: September 1965
201.–212. Tausend: Mai 1967
213.–220. Tausend: Juni 1969
221.–227. Tausend: Juni 1970
228.–235. Tausend: August 1971
236.–240. Tausend: März 1973
241.–245. Tausend: Dezember 1973
246.–250. Tausend: November 1974

Ins Deutsche übertragen von Berthold Viertel

Umschlagentwurf: Lothar Staedler / Interdesign / Bärbel Reuter

Fischer Taschenbuch Verlag GmbH, Frankfurt am Main

Gesamtherstellung: Hanseatische Druckanstalt GmbH, Hamburg
Printed in Germany
ISBN 3 436 01151 7

Endstation Sehnsucht

(A Streetcar Named Desire)

Drama in drei Akten

Personen:

in der Reihenfolge ihres Auftretens

Negerfrau
Eunice Hubbel
Stanley Kowalski
Harold Mitchell (Mitch)
Stella Kowalski
Steve Hubbel
Blanche Du Bois
Pablo Gonzales
Ein junger Mann
Eine Mexikanerin
Eine fremde Frau
Ein fremder Herr
Verschiedene Gestalten
aus dem Stadtviertel

Ort der Handlung:

New Orleans, im Frühjahr, Sommer
und bei Herbstbeginn

Erster Akt

Erste Szene

Vorhang auf, bei noch dunkler Bühne. Von ferne hörbar, die Musik einer kleinen Jazzkapelle. Langsam erhellt sich die Bühne und zeigt die aus zwei Zimmern, Schlaf- und Wohnzimmer, bestehende Wohnung des Ehepaares Kowalski im französischen Viertel von New Orleans. Im Schlafzimmer, das die linke Bühnenseite einnimmt, räkelt sich Stella Kowalski in einem gebrechlichen Armstuhl; sie liest ein Filmmagazin, fächelt sich dabei mit einem Palmblatt-Fächer und ißt Schokoladenplätzchen aus einer Papiertüte. — Etwas weiter links führen zwei Stufen zu der jetzt geschlossenen Tür des Badezimmers. Weiter rückwärts, in der linken rückwärtigen Zimmerecke, eine Garderobe mit Vorhang.

Das Wohnzimmer, rechts von der Bühnenmitte: eine imaginäre Wand trennt die beiden Räume: die Verbindung zwischen ihnen ist hergestellt durch einen ziehbaren Vorhang, der unterhalb einer bogenförmigen Öffnung mit einem zerbrochenen, fächerartigen Oberlichte angeordnet ist. An der rechts abschließenden Wand des Wohnzimmers öffnet sich eine niedrige Türe auf eine ungedeckte Veranda hinaus. Neben dieser Türe, rechts von ihr, eine spiralförmige Treppe zum oberen Stockwerk. Auf dem Fußende dieser Treppe sitzen zwei Frauen: eine Negerin, die sich, faul und untätig, mit einem Palmblattfächer Kühlung zuwedelt; und eine Weiße, Eunice Hubbel, die Inhaberin der Wohnung im oberen Stock. Sie liest ein »confession magazine« (eine jener Zeitschriften, deren Inhalt rührselige Lebensbeichten bilden), dabei Erdnüsse (peanuts) knabbernd.

Rechts von Veranda und Treppe, das Bühnenbild abschließend, der Zugang zu der Straße, die sich hinter der Wohnung der Kowalskis, an deren beiden Räumen entlang, quer über die Bühne erstreckt. Wenn angeleuchtet, wird die Straße durch die Hinterwand des Hauses hindurch sichtbar; zu diesem Zweck muß die Hauswand aus durchscheinendem Material (Gaze) sein, mit darauf applizierten Fensterrahmen.

Am Beginn der Szene passiert eine Frau, einen Einkaufskorb mit vielen Paketen schleppend, müde die Straße, von links nach rechts, und geht rechts ab. Dann tritt von links Stanley Kowalski auf und geht raschen Schrittes auf die Eingangstür seiner Wohnung zu; gefolgt von seinem Freunde Harold Mitchell (Mitch), der vergeblich mit ihm Schritt zu halten trachtet.

Die Jazzmusik ist weiterhin zu hören. Die Beleuchtung wird stärker.

STANLEY *reißt die Wohnungstür auf und brüllt ins Wohnzimmer hinein.* He, Stella! Stella!! Hallo! Baby!!

Mitch wartet draußen auf der Straße.

STELLA *springt vom Stuhl auf und geht ins Wohnzimmer.* Schrei doch nicht so!

STANLEY *wirft ihr ein in blutbeflecktes Zeitungspapier eingewickeltes Paket zu.* Fang auf!

STELLA *das Paket auffangend.* Was ist denn drin?

STANLEY. Fleisch!

Stanley und Mitch, ihren Weg auf der Straße fortsetzend, rechts ab.

STELLA *das Paket in Händen, läuft zur Eingangstür, ruft nach.* Stanley, wohin gehst du?

STANLEY *nicht sehr sichtbar.* Kegeln!

STELLA *sich aus der Tür hinauslehnend, ruft nach.* Kann ich zuschauen kommen?

STANLEY *aus größerer Entfernung.* Jaja, komm!

STELLA. Bin gleich drüben!

Stella legt das Fleischpaket auf den Tisch im Wohnzimmer, im Vorbeigehen beschaut sie sich im Spiegel, der an der Türe eines niedrigen Kastens angenagelt ist; dieser Kasten steht zwischen einem Eisschrank und einem Sofa an der Hinterwand des Wohnzimmers.

Weitergehend, tritt Stella über einen Besen, der auf dem Fußboden vor der Wohnungstür liegt; sie geht auf die Veranda hinaus, die Eingangstür hinter sich schließend. — Die Jazzmusik ist immer noch zu hören. — Im Vorübergehen nickt Stella den beiden auf der Treppe sitzenden Frauen zu.

STELLA. Guten Abend, Eunice, wie gehts? *Sie geht ab.*

EUNICE. Oh, ganz gut. *Sie ruft Stella nach.* Sagen Sie Steve, er soll sich dort ein Sandwich kaufen, zu Hause wird er nichts finden, absolut gar nichts.

Eunice und die Negerfrau lachen.

NEGERFRAU. Was war in dem Paket, das er ihr an den Kopf geschmissen hat? *Sie lacht.*

EUNICE *amüsiert.* Du sei ganz still!

NEGERFRAU *nachahmend, wie Stanley das Fleisch schleuderte.* Fang auf! — Sonst fängt sie was! *Beide Frauen lachen.*

Blanche Du Bois erscheint links rückwärts und geht die Straße entlang, mit der einen Hand einen kleinen Koffer tragend, in der anderen einen Zettel haltend. Sie schaut suchend umher, ihr Gesicht drückt schockierte Ungläubigkeit aus. — Ihre Erscheinung paßt nicht in das Milieu. Sie sieht aus, als wäre sie auf dem Weg zu einem Fünfuhr-Tee im Sommer, zu einer Cocktailparty in einem Garten eines eleganten Villenviertels. Sie ist ungefähr fünf Jahre älter als Stella. Ihre delikate Schönheit vermeidet besser eine allzu grelle Beleuchtung. Etwas Unsicheres in ihrem Gehaben, verbunden mit ihrer duftig leichten Sommerkleidung, erinnert an ein geflügeltes Insekt, einen Nachtfalter.

Ein Matrose, in weißer Sommeruniform, tritt links rückwärts auf und geht auf Blanche zu. Er fragt sie etwas, was infolge der Musik nicht verstanden werden kann. Blanche scheint verblüfft, offenbar findet sie keine Antwort. Der Matrose geht weiter, ab nach rechts. Die Musik verklingt. — Blanche kommt rechts um die Ecke und nähert sich den Frauen auf der Treppe. Die Straße verdunkelt sich, die Wohnung tritt heller hervor.

EUNICE *zu Blanche.* Was suchen Sie, liebes Kind? Haben Sie sich verlaufen?

BLANCHE *zur Treppe hinaufsprechend.* Man hat mir gesagt, ich soll eine Straßenbahn namens »Sehnsucht« nehmen, dann in eine andere, namens »Friedhof«, umsteigen, und nach sechs Querstraßen aussteigen — bei den »Elysischen Gefilden«! *Sie sagt das mit einem leicht hysterischen Humor.*

EUNICE. Und genau da sind Sie jetzt!

BLANCHE. Auf den Elysischen Gefilden?

EUNICE. Das hier sind sie — die Elysischen Gefilde. *Die Negerfrau lacht, Blanche geht unschlüssig zur Wohnungstür vor.*

BLANCHE. Die müssen nicht verstanden haben, welche Hausnummer ich suche ...

EUNICE. Welche Nummer suchen Sie denn?

BLANCHE *müde den Zettel in ihrer Hand vorweisend.* Sechshundertzweiunddreißig.

EUNICE *auf die Nummer 632 neben der Wohnungstür zeigend.* Da brauchen Sie nicht weiter zu suchen! *Die Negerin lacht.*

BLANCHE *nicht verstehend.* Ich suche meine Schwester, Stella Du Bois. Ich meine Frau Stanley Kowalski.

EUNICE. Stimmt. Sie haben sie gerade verfehlt. *Sie steht auf, streckt sich und kommt näher.*

BLANCHE. Oh! Sie ist — ausgegangen?

EUNICE *hinausdeutend.* Haben Sie nicht dort um die Ecke eine Kegelbahn bemerkt?

BLANCHE. Ich glaube nicht —

EUNICE. Dort ist Ihre Schwester nämlich jetzt und schaut ihrem Mann beim Kegeln zu. *Die Negerin lacht.* Möchten Sie nicht Ihren Koffer hier lassen und sie dort aufsuchen?

BLANCHE. Nein ...

NEGERFRAU. Ich laufe hinüber und sage ihr, daß Sie da sind!

BLANCHE *ihren Koffer niedersetzend.* Danke.

NEGERFRAU. Nichts zu danken. *Sie geht ab.*

EUNICE. Ihre Schwester hat Sie nicht erwartet?

BLANCHE *knüllt den Zettel in ihrer Hand zusammen und wirft ihn fort.* Nein. Nein, nicht heute abend.

EUNICE. Warum treten Sie nicht ein und machen sich's bequem —? Bis Ihre Schwester kommt.

BLANCHE. Ja, kann ich das —?

EUNICE. Wir sind die Besitzer des Hauses, also kann ich Sie hereinlassen.

Sie stößt die Eingangstür auf. Blanche tritt ins Wohnzimmer ein nicht ohne Zeichen irritierten Unbehagens, und bleibt beim Tisch stehen. Eunice hat Blanches Koffer hereingenommen und die Eingangstür hinter ihr geschlossen. Sie trägt den Koffer ins Wohnzimmer und setzt ihn ab. Sie hebt den Besen auf und lehnt ihn an den Eisschrank. Sie räumt Stellas Kleider vom Sofa weg und trägt sie ins Schlafzimmer, wo sie sie aufs Bett wirft. Auf dem Weg zurück ins Wohnzimmer nimmt sie einen Apfel vom Teller auf dem Radiotischchen, innen an der Tür des Schlafzimmers.

EUNICE *die Blanches nervös kritische Blicke wohl bemerkt und verstanden hat.* Es sieht gerade jetzt recht unordentlich aus hier, aber wenn die Wohnung aufgeräumt ist, ist sie reizend.

BLANCHE *herumschauend.* Wirklich?

EUNICE. Mhm. Ich finde schon. — Sie sind also Stellas Schwester?

BLANCHE *ihren Schleier hochhebend.* Ja. *Sie möchte Eunice loswerden.* Danke Ihnen, daß Sie mich hereingelassen haben.

EUNICE *im Schlafzimmer, das Bett in Ordnung bringend.* Por nada. Wie es die Mexikaner sagen. Por nada. Stella hat mir von Ihnen erzählt. *Sie legt die Kleider aufs Bett.*

BLANCHE. Hat sie?

EUNICE. Ich glaube, sie hat gesagt, daß Sie eine Schullehrerin sind? *Steht da und kaut an dem Apfel.*

BLANCHE. Ja.

EUNICE. Sie sind aus Mississippi? Nicht wahr?

BLANCHE. Ja.

EUNICE. Sie hat mir eine Fotografie von Ihrem Gut dort gezeigt, von der Plantage.

BLANCHE. Belle Reve?

EUNICE. Ein riesig großes Haus mit weißen Säulen.

BLANCHE. Ja . . .

EUNICE. Es muß sehr schwer sein, so einen Besitz zu erhalten.

BLANCHE. Entschuldigen Sie, aber ich bin am Umsinken.

EUNICE. Aber — meine Liebe, warum setzen Sie sich nicht —?

BLANCHE. Ich möchte gern allein sein, wenn Sie gestatten!

EUNICE *beleidigt.* Ach so! Na, dann will ich verschwinden.

BLANCHE. Ich will nicht unhöflich sein, Sie verstehen doch?

EUNICE *Blanches Arm tätschelnd.* Ich springe hinüber zu der Kegelbahn und sage Ihrer Schwester, sie soll sich beeilen. *Sie geht ab durch die Eingangstür, die sie hinter sich schließt. Blanche allein, blickt um sich. Sie geht zögernd zum Schlafzimmer und schaut hinein. Der Kasten, der offen steht, erregt ihre Aufmerksamkeit. Sie geht hin und nimmt eine Whiskyflasche und ein Glas heraus, geht zum Tisch und schenkt sich tüchtig ein, trinkt mit einem Zug aus und setzt das Glas nieder; ergreift es wieder, leert die restlichen paar Tropfen auf den Teppich aus und trägt das Glas und die Flasche zurück in den Kasten. Sie zögert, setzt sich dann. Lautes Miauen einer Katze von rechts draußen. Blanche erschrickt und springt auf.*

BLANCHE *kaum hörbar zu sich selbst.* Ich muß mich zusammennehmen!

Stella kommt eilig um die Ecke des Hauses herum, gefolgt von Eunice, welche die Treppe zum oberen Stockwerk hinauf weiter geht, während Stella zur Eingangstür ihrer Wohnung läuft.

STELLA *die Tür aufreißend, ruft freudig erregt.* Blanche!

Die Schwestern starren einander eine Weile sprachlos an. Stella zu einem Lichtschalter rechts rückwärts hinter der spiralförmigen Treppe. Macht Licht. Dann erst läuft sie in die Arme ihrer Schwester.

BLANCHE. Stella, oh Stella! Stella! Stella, du mein Stern. *Dann beginnt Blanche mit fieberhafter Lebhaftigkeit zu sprechen, als fürchte sie, eine Pause eintreten zu lassen, in der sie – oder die Schwester – zur Besinnung kommen könnte.*

Laß dich anschauen! Aber du darfst mich nicht ansehen, Stella, nein, nein, nein: nicht bevor ich ein Bad genommen und mich ausgeruht habe! Und dreh das starke Licht ab! Dreh es ab! Ich lasse mich nicht sehen in diesem erbarmungslos grellen Licht! *Stella willfahrt lachend.* Jetzt komm her zu mir! Oh du mein Baby, meine Stella, du mein Stern! *Wieder umarmt sie sie.* Ich habe schon geglaubt, du würdest nie wieder heimkommen in diese entsetzliche Wohnung! – Oh, was sage ich da? Das wollte ich nicht sagen! Ich wollte nett sein und sagen: was für ein komfortables Heim du hast – ha, ha, ha! Lamm Gottes! Du hast noch nicht ein Wort zu mir gesagt!

STELLA. Du hast mich gar nicht dazu kommen lassen, Liebling! *Sie lacht und umarmt Blanche, aber der Blick, mit dem sie Blanche streift, ist ein wenig ängstlich.*

BLANCHE. Also jetzt sprich du! Öffne deinen hübschen Mund und sprich, während ich nach einem geistigen Getränk Umschau halte! Du hast doch sicher hier irgendwo etwas zum Trinken! Wo kann es nur sein, frage ich mich? Oh, ich spioniere! Ich spioniere! *Sie geht zum Kasten und holt die Whiskyflasche und das Glas; sie zittert dabei an allen Gliedern und ringt nach*

Atem, versucht aber zu lachen. Die Flasche gleitet ihr fast aus der Hand.

STELLA *ihr entgegen, nimmt ihr Flasche und Glas ab.* Blanche, setz dich und laß mich einschenken! Womit können wir es nur mischen, was haben wir denn? Vielleicht ist Coca Cola im Eisschrank?

BLANCHE *das Glas von Stella nehmend.* Kein Coca Cola für mich, Liebling. Nicht bei meinem Nervenzustand heute abend!

STELLA *stellt die Flasche auf den Tisch und stöpselt sie zu. Dann geht sie zum Eisschrank, kniet nieder, öffnet ihn und späht hinein.*

BLANCHE. Wo ist —?

STELLA. Stanley? Kegeln! Das liebt er. — Da hab ich Soda gefunden! — Sie haben ein Wettkegeln heute abend, ein Turnier . . .

BLANCHE. Mir nur einen Spritzer Wasser, Baby, sonst nichts! *Stella zurück zum Tisch mit einer Flasche Coca Cola, einem Krug Wasser und einem Flaschenöffner, der auf dem Eisschrank lag.* Keine Angst, deine Schwester ist keine Säuferin geworden! Ich bin nur etwas abgekämpft, heiß und müde und schmutzig. Setz dich und erkläre mir, wie du hierherkommst, in eine solche Umgebung!

STELLA *setzt sich, schenkt sich ein, trinkt.* Hör mal, Blanche —

BLANCHE. Oh, ich will nicht heucheln, ich will aufrichtig sein und mit meiner Kritik nicht zurückhalten! Nie, nie, nie, auch nicht in meinen schlimmsten Träumen, hätte ich mir das vorstellen können — nur Poe kann sich so etwas ausdenken — nur Mr. Edgar Allan Poe könnte das erfinden! *Nach der Straße hinaus weisend.* Der Gespensterwald von Weir! *Sie lacht.*

STELLA. Nein, Kind, das sind Straßenbahnschienen.

BLANCHE. Im Ernst, Scherz beiseite, warum hast du mir nichts gesagt, mir nicht darüber geschrieben, Liebling? Warum hast du es mich nicht wissen lassen?

STELLA *steht auf.* Was hätte ich dir schreiben sollen?

BLANCHE. Daß du unter solchen Bedingungen leben mußt!

STELLA *zur Schwester hingehend.* Übertreibst du da nicht? Es ist doch gar nicht so arg! New Orleans ist nicht wie andere Städte. *Sie berührt Blanche zärtlich.*

BLANCHE *zurückweichend.* Das hat nichts mit New Orleans zu tun. Du könntest ebensogut sagen — verzeih mir, geliebtes Kind! Sprechen wir von etwas anderem!

STELLA. Danke. *Eine Pause. Blanche blickt ihre Schwester unverwandt an, die ihr zulächelt.*

BLANCHE *auf ihr Glas niederblickend, das sie mit zitternder Hand hält.* Du bist alles, was ich auf Erden noch habe, und du bist nicht glücklich, mich zu sehen!

STELLA *mit Aufrichtigkeit.* Blanche, du weißt, daß das nicht wahr ist!

BLANCHE. Nein? — Ich hatte vergessen, wie wortkarg du bist.

STELLA. Du hast mir nie Gelegenheit gegeben, viel zu sagen, Blanche. So habe ich die Gewohnheit angenommen, in deiner Gegenwart zu schweigen. *Sie geht ins Schlafzimmer und beginnt dort Ordnung zu machen.*

BLANCHE. Das ist eine gute Gewohnheit. . . *Sie trinkt. Dann abrupt.* Du hast mich gar nicht gefragt, wie es möglich war, daß ich vor Schluß des Frühjahrssemesters von der Schule weg konnte.

STELLA *im Schlafzimmer, die Kleider vom Bett nehmend.* Ich dachte, du würdest mich von selbst informieren — wenn du es mir sagen willst!

BLANCHE *folgt der Schwester ins Schlafzimmer, ihr Glas mitnehmend.* Du hast geglaubt, ich bin hinausgeworfen worden? Nicht wahr?

STELLA. Nein, ich dachte mir, du hast gekündigt. . .

BLANCHE. Ich war so erschöpft von all dem, was ich durchgemacht habe — ich hatte — einen Nervenzusammenbruch! *Sie klopft sich nervös eine Zigarette zurecht.* Ich war — beinahe — am Rande des Irrsinns. Und da hat Herr Graves, der Direktor der Schule, mir einen Urlaub angeboten. Ich konnte in meinem Telegramm nicht alle diese Details erwähnen. . . *Sie trinkt rasch.* Oh, das tut gut, das geht mir durch und durch!

STELLA. Willst du nicht noch ein Glas haben?

BLANCHE. E i n Glas für mich, nicht mehr!

STELLA. Wirklich?

BLANCHE *in den Spiegel über den Toilettentisch blickend.* Du hast mir noch kein Wort über mein Aussehen gesagt! *Sie nimmt den Hut ab.*

STELLA. Du siehst sehr gut aus.

BLANCHE. Gott verzeih dir die Lüge! Ich bin, bei Licht besehen, ein Bild vollkommenen Ruins! — Aber du, mein Kind — du bist ein wenig voller geworden, ja, rund wie ein Täubchen! Und es steht dir ausgezeichnet!

STELLA. Ach, Blanche —!

BLANCHE. Ja, ja, das ist die reine Wahrheit, sonst würde ichs nicht sagen. Du mußt nur ein bißchen achtgeben wegen der Linie, so um die Hüften herum! Steh mal auf!

STELLA. Nicht jetzt.

BLANCHE. Hörst du! Ich habe gesagt, steh auf! . . . *Sie zieht Stella hoch.* Du Schmutzfink du, da hast du dir deinen schönen weißen Spitzenkragen bekleckert. Und dein Haar! — Bei deinem feinen Gesichtchen solltest du es dir kürzer schneiden lassen, Pagenkopf, mit Fransen links über die Stirne gekämmt! *Sie besieht prüfend Stellas Hände.* Du hast doch ein Dienstmädchen, Stella, nicht?

STELLA. Nein, wenn man nicht mehr als zwei Zimmer hat –

BLANCHE. Zwei Zimmer, hast du gesagt?

STELLA. Dieses da und – *Sie schweigt aus Verlegenheit.*

BLANCHE. Und das andere dort –? *Sie schlendert zum Wohnzimmer hin, erblickt die Flasche auf dem Tisch und geht schnell zum Kasten, sich ein anderes Glas zu holen. Stella ihr nach.* Ich nehme noch einen ganz kleinen Schluck zum Abschluß. *Sie schenkt sich ein.* Dann schließe die Flasche weg, damit ich nicht mehr in Versuchung komme! *Sie trinkt und reicht die Flasche Stella, die sie in den Schrank trägt. Blanche trinkt und stellt ihr Glas nieder. Sie erhebt sich und dreht sich in den Hüften.* Schau dir meine Figur an! Weißt du, daß ich keinen Deka zugenommen habe in zehn Jahren, Stella? Ich wiege genau so viel wie in dem Sommer deiner Abreise von Belle Reve. In dem Sommer, in dem Papa gestorben ist und du uns verlassen hast. *Sie geht ziellos im Zimmer umher.*

STELLA *ein wenig gequält, müde.* Es ist unglaublich, Blanche, wie gut du aussiehst.

BLANCHE *greift sich mit zitternder Hand an die Stirne.* Stella, habt ihr wirklich nur diese zwei Zimmer? Ich kann mir nicht vorstellen, wo du mich unterbringen willst!

STELLA *zum Sofa im Wohnzimmer gehend.* Hier, in diesem Zimmer.

BLANCHE *folgt ihr.* Was für eine Art von Bett ist das – eines von den – *sie lacht* zusammenbrechbaren? *Sie knufft das Sofa.*

STELLA. Na, wie fühlt es sich an?

BLANCHE *zweifelhaft.* Wunderbar, mein Herz! Ich liebe allzu bequeme Betten nicht. *Stella streckt sich auf dem Sofa aus.* Aber da ist ja gar keine Türe zwischen den beiden Zimmern, und Stanley – schickt sich das? *Sie schlendert in das Schlafzimmer.*

STELLA. Stanley ist ein Pole, weißt du?

BLANCHE. Ich weiß. Die Polen – sind sie nicht so ähnlich wie die Irländer?

STELLA. Nun – *beide lachen.*

BLANCHE *aus dem Schlafzimmer.* Ich habe dir ein paar hübsche Kleider mitgebracht, damit du mit mir vor deinen distinguierten Freunden Staat machen kannst.

STELLA. Ich fürchte, du wirst sie nicht sehr distinguiert finden.

BLANCHE. Wie sind sie denn?

STELLA. Sie sind Stanleys Freunde.

BLANCHE. Interessante Typen, was?

STELLA. Ja, ja, Typen – das ist das Wort.

BLANCHE. Egal. Ich habe meine hübschen Kleider mitgebracht und ich werde sie tragen. Vielleicht hoffst du, daß ich in ein Hotel ziehe, aber ich werde in kein Hotel ziehen! Ich muß ja in deiner Nähe sein, ich muß mit jemandem sein, ich kann nicht allein sein! Weil ich nämlich — wie du schon bemerkt haben wirst — nämlich, ich bin — ich bin nicht gut beisammen . . . ! *Die Stimme versagt ihr und ihr Blick ist verängstigt.*

STELLA *steht auf und kommt zu Blanche herüber und nimmt sie in die Arme.* Du scheinst ein wenig nervös zu sein, überreizt . . . !

BLANCHE. Werde ich Stanley gefallen? Oder werde ich für ihn eben nur eine Schwägerin auf Besuch sein? Das könnte ich nicht ertragen.

STELLA. Ihr werdet gut auskommen miteinander, du mußt nur versuchen, ihn nicht, nun, ihn nicht zu vergleichen mit den Männern, mit denen wir zu Hause auszugehen pflegten.

BLANCHE. Ist er so — anders?

STELLA. Ja, eine andere Gattung Mann.

BLANCHE. Inwiefern anders? Wie ist er denn?

STELLA. Oh, man kann nicht jemanden beschreiben, den man liebt! Hier ist eine Fotografie von ihm. *Sie überreicht Blanche eine Fotografie von Stanley, die in einem Stehrahmen ihren Ehrenplatz auf dem Tisch hat.*

BLANCHE. Offizier?

STELLA. Unteroffizier (ein Master Sergeant) im technischen Korps. Das hier sind Auszeichnungen.

BLANCHE. Er hat sie angehabt, als du ihn kennenlerntest?

STELLA. Ich kann dich versichern, daß ich nicht geblendet war durch all das Metall!

BLANCHE. Das habe ich nicht ge . . .

STELLA. Natürlich hat es Dinge gegeben, an die ich mich erst so nach und nach gewöhnen mußte.

BLANCHE. Zum Beispiel — sein Milieu als Zivilist? — Wie hat er es denn aufgenommen, als du ihm sagtest, daß ich komme?

STELLA. Oh, Stanley weiß noch nichts davon.

BLANCHE *erschrocken.* Wie? Du — hast es ihm nicht gesagt?!

STELLA. Er ist viel unterwegs.

BLANCHE. Auf Reisen?

STELLA. Ja.

BLANCHE. Gut. — Das ist doch gut, nicht?

STELLA *nimmt die Fotografie.* Ich kann es kaum ertragen, wenn er auch nur eine Nacht fort ist . . . !

BLANCHE. Aber warum denn, Stella?

STELLA. Wenn er eine Woche nicht da ist, werde ich beinahe rasend.

BLANCHE. Guter Gott!

STELLA. Und wenn er dann heimkommt, weine ich in seinem Schoß wie ein Baby . . . ! *Sie lächelt in sich hinein.*

BLANCHE. Ich glaube, das ist es wohl, was man Liebe nennt . . . *Stella blickt mit einem strahlenden Lächeln auf.* Stella —!

STELLA. Was denn?

BLANCHE. Ich habe dir nicht die Fragen gestellt, die du wahrscheinlich von mir erwartet hast. Ich erwarte jetzt von dir, daß du Verständnis aufbringst für das, was ich dir zu sagen habe!

STELLA. Was ist es, Blanche? *Ihr Gesicht zeigt Besorgnis.*

BLANCHE. Stella, du wirst mir Vorwürfe machen, ich weiß das, du kannst nicht anders — aber bevor du es tust, mußt du eines in Betracht ziehen: du bist weggegangen! Ich bin geblieben und hatte zu kämpfen! Du bist nach New Orleans gegangen und hast dort deinen eigenen Weg gesucht, du für dich selber! Du hattest nur für dich zu sorgen! Ich bin in Belle Reve geblieben und habe versucht, uns das Haus zu erhalten! – Das soll kein Vorwurf für dich sein, aber die ganze Last war auf meinen Schultern!

STELLA. Mich selbst erhalten, das war doch das Beste, was ich damals tun konnte, Blanche — mir mein Brot verdienen!

BLANCHE *in steigender Erregung.* Ich weiß das. Ich weiß es! Aber du hast Belle Reve im Stich gelassen, nicht ich! Ich bin geblieben und habe um Belle Reve gekämpft, habe dafür geblutet, ich bin beinahe dafür gestorben.

STELLA. Bitte, hör auf mit diesen hysterischen Ausbrüchen und erzähl mir, was tatsächlich vorgefallen ist?! Was heißt das: du hast gekämpft und geblutet? — Wie meinst du das?

BLANCHE. Ich wußte es, Stella! Ich habe gewußt, daß du diese Haltung dazu einnehmen wirst!

STELLA. Wozu? — So sprich doch, bitte!

BLANCHE *langsam.* Zu dem Verlust — dazu, daß wir es verloren haben . . . !

STELLA. Was — Belle Reve? Verloren! Nein!!

BLANCHE. Ja, Stella!

STELLA *legt die Fotografie aufs Bett und kommt Blanche nach.* Wie ist das vor sich gegangen? Was ist geschehen?

BLANCHE *aufspringend.* Du fragst mich, was geschehen ist, du!

STELLA. Blanche!

BLANCHE. Du stehst hier und klagst mich an —!

STELLA. Aber Blanche!!

BLANCHE. Ich, ich, ich habe die Schläge mitten ins Gesicht bekommen. Ich habe sie mit meinem Körper aufgefangen, alle diese Schicksalsschläge! Ein Todesfall nach dem anderen! Diese lange Prozession zum Friedhof —: Vater, Mutter! Margarete, auf diese furchtbare Weise! — Du bist gerade nur zu den Begrābnissen nach Hause gekommen, Stella, und Begräbnisse sind hübsch, verglichen mit dem Sterben. Begräbnisse sind ruhig, aber das Sterben, das Sterben — ist nicht immer ruhig! Manchmal keucht der Atem der Sterbenden heiser, und manchmal rasselt er, und manchmal schreien sie dir sogar ins Gesicht: »Laß mich nicht gehen!« Sogar die Alten betteln manchmal: »Laß mich nicht gehen!« Als ob man imstande wäre, sie zurückzuhalten! Als ob es in unserer Macht läge! Aber Begräbnisse sind ruhig, es gibt hübsche Blumen dabei! Und in was für herrliche Särge verpackt man die Toten! — Wenn du nicht am Bett gesessen hast, als sie schrieen: »Halte mich!«, dann kannst du dir diesen Kampf um jeden Atemzug, um jeden Blutstropfen gar nicht vorstellen! Nicht einmal im Traum kannst du dir das vorstellen, aber ich — ich habe es gesehen! Gesehen!!! Hörst du? Gesehen!! Und jetzt sitzt du da, und deine Augen werfen mir vor, daß unser Besitz durch meine Schuld verloren ist! Durch meine Nachlässigkeit! — Wie zum Teufel hast du dir denn vorgestellt, daß für all diese Krankheiten und dieses Sterben das Geld aufgebracht wurde? Wer hat es denn bezahlt, all das? Der Tod ist teuer, er kostet Geld, Fräulein Stella! Die alte Kusine Jessie ist gleich nach der Margarete gestorben, sie auch! Ja, der Sensenmann hat Ernte gehalten in unserem Haus! . . . Stella! Er hat Belle Reve zu seinem Hauptquartier gemacht! — So ist es gekommen mein Herz, daß mir alles durch die Finger geronnen ist! — Welcher von diesen Toten hat uns denn ein Vermögen zurückgelassen? Oder auch nur die kleinste Summe Versicherungsgeld — welcher denn? — Nur die arme Jessie hinterließ hundert Dollar, um ihr einen Sarg davon zu kaufen! Das war alles, Stella! Und ich mit meinem armseligen Gehalt als Lehrerin! — Ja, klag mich nur an! Steh da und durchbohre mich mit deinen Blicken und denke, es war meine Schuld, daß uns Belle Reve verloren gegangen ist. M e i n e Schuld! Und wo warst denn du? Im Bett mit deinem — Pollaken!

STELLA *aufspringend.* Blanche, schweig! Es ist genug! *Sie geht zur Badezimmertür.*

BLANCHE *ihr nach.* Wohin gehst du?

STELLA. Ins Badezimmer, mir das Gesicht waschen! *Sie will ins Badezimmer hinein.*

BLANCHE *hält sie auf.* Oh Stella, Stella, du weinst!

STELLA. Überrascht dich das?

BLANCHE. Verzeih mir! — Ich wollte nicht —!

Draußen von rechts nähern sich die Stimmen von Männern. Stella ins Badezimmer, die Tür hinter sich schließend. Blanche begreift, daß es Stanley ist, der nun kommt, geht zum Toilettentisch und blickt voll Erwartung nach der Eingangstür. Stanley,

Steve und Mitch erscheinen am Fuß der Treppe. Mitch bleibt auf der Straße stehen, bereit, seinen Weg fortzusetzen.

STEVE. Also spielen wir morgen abend Poker oder nicht?

STANLEY. Ja, bei Mitch.

MITCH. Nicht bei mir, meine Mutter ist noch immer krank. *Er geht ab.*

STANLEY *ihm nachrufend.* Schön, bei mir, aber du bringst das Bier mit!

EUNICE *vom ersten Stock herunterrufend.* Steve! Mach Schluß da unten, ich habe die Spaghetti schon längst selbst aufgegessen!

STEVE. Ich habe dir doch telefoniert, daß wir kegeln gehen!

EUNICE. Keine Spur hast du mir telefoniert!

STEVE. Beim Frühstück hab ichs dir gesagt! — und telefoniert hab ich dir zur Lunchzeit!

EUNICE. Ist ja egal, nur käme ich an deiner Stelle manchmal nach Hause!

STEVE. Nächstens geb ichs in die Zeitung! *Man hört oben das Zuschlagen einer Tür.*

Stanley ist in seine Wohnung eingetreten und hat die Türe hinter sich geschlossen. Er bemerkt das Fleischpaket auf dem Tisch und trägt es in den Eisschrank. — Er ist in seinem Sporthemd mit dem Abzeichen des Kegelklubs. — Ein sehr muskulöser, kräftig gebauter Mann. In allen seinen Bewegungen und Stellungen verrät sich seine animalische Lebensfreude, und im Umgang mit Frauen die überlegene Kraft und der Stolz eines Prachtexemplars von einem Hahn unter seinen Hennen. — Blanche steht in der Türöffnung zwischen den beiden Zimmern und beobachtet ihn. Stanley wird ihrer plötzlich gewahr. Er starrt sie an. Sie weicht unwillkürlich vor seinem Blick zurück.

BLANCHE. Sie müssen Stanley sein. Ich bin Blanche.

STANLEY. Stellas Schwester?

BLANCHE. Ja.

STANLEY *auf sie zugehend, sie retiriert wieder ein wenig.* Guten Tag. Wo ist die kleine Frau? *Er geht an Blanche vorbei ins Schlafzimmer.*

BLANCHE. Im Badezimmer.

STANLEY. Oh! *Er kommt zurück ins Wohnzimmer.* Ich wußte nicht, daß Sie kommen.

BLANCHE. Ich . . .

STANLEY. Woher denn, Blanche?

BLANCHE. Ich — ich lebe in Laurel.

Er ist zum Kasten hinübergegangen und hat die Whiskyflasche herausgenommen; bringt sie und ein Glas an den Tisch.

STANLEY. In Laurel, hm? Jaja — in Laurel, stimmt. Nicht mein »Territorium«. *Hält die Flasche hoch und konstatiert, bis wo-*

hin sie inzwischen geleert worden ist. Whisky verschwindet schnell bei heißem Wetter. Wollen Sie einen Schluck?

BLANCHE. Nein. Ich — rühre Alkohol selten an.

STANLEY *lächelnd.* Ja, manche Leute rühren Alkohol selten an, dafür rührt er sie um so öfter an.

BLANCHE *tonlos.* Ha — ha.

STANLEY. Meine Kleider kleben an mir. Sie haben doch nichts dagegen, daß ich mir's bequem mache? *Er geht ins Schlafzimmer und zieht sich, beim Bett stehend, das Hemd aus.*

BLANCHE *am Tisch im Wohnzimmer.* Oh, bitte, bitte!

STANLEY. Immer leger, das ist mein Motto.

BLANCHE. Meines auch. Es ist schwer, bei dieser Hitze frisch zu bleiben. Ich habe mich noch nicht gewaschen, mir nicht einmal die Nase gepudert, und da sind Sie! *Sie wendet sich ab nach einem Blick auf seinen nackten Torso, und besprengt sich das Gesicht mit Eau de Cologne, das sie aus ihrer Handtasche entnommen hat.*

STANLEY *zieht sich ein Hemd an, das auf dem Radiotischchen lag. Geht zu Blanche.* Sie wissen doch, daß man sich eine Erkältung holen kann, wenn man in feuchten Sachen herumsitzt, besonders nach einer tüchtigen Körperübung, wie das Kegeln eine ist. — Sie sind Lehrerin, nicht?

BLANCHE. Ja.

STANLEY. Was unterrichten Sie, Blanche?

BLANCHE. Englische Literatur.

STANLEY. In englischer Literatur war ich nie sehr gut. — Wie lange bleiben Sie, Blanche?

BLANCHE. Ich — ich weiß noch nicht.

STANLEY. Wollen Sie sich hier bei uns einquartieren?

BLANCHE. Ja — das heißt, wenn ich euch nicht lästig falle.

STANLEY. Gut.

BLANCHE. Reisen erschöpft mich!

STANLEY. So ruhen Sie sich aus!

Eine Katze miaut nah dem Fenster. Blanche springt auf, sich unwillkürlich zu Stanley flüchtend, den ihre Panik amüsiert.

BLANCHE. Was war das?

STANLEY. Eine Katze! *Er grinst, geht ins Schlafzimmer, einen Katzenschrei imitierend; zur Badezimmertür hin, ruft.* He, Stella!

STELLA. Ja, Stanley?

STANLEY. Du bist doch nicht hineingefallen, oder?

Im Wohnzimmer macht Blanche einige schwankende Schritte, die ihre innere Unsicherheit verraten.

STANLEY *beim offenen Wandschrank, herüber rufend.* Ich fürchte, ich bin Ihnen nicht fein genug. Nicht Ihr Typus! Stella hat oft von Ihnen gesprochen. Waren Sie nicht verheiratet? Früher einmal?

BLANCHE. Ja. Ich war noch sehr jung damals.
STANLEY. Was wurde daraus?
BLANCHE. Der junge Mann — ist gestorben.
Gedämpft ertönt aus imaginärer Ferne die »Varsouviana«, ein Musikstück im Polkarhythmus, das nur Blanche hört, das sie halluziniert.
BLANCHE *horcht auf diese Musik und tastet schwankend nach einem Stuhl.* Ich fürchte — mir wird übel!
Die Polkamusik wird stärker, eindringlicher. Blanche versucht, sie abzuwehren, sich ihr zu verschließen. Sie blickt angstvoll um sich, während die Beleuchtung abnimmt. Die »Varsouviana« erreicht ein Crescendo. Blanche springt plötzlich auf, preßt die Handflächen gegen ihre Ohren.
Licht rasch abblenden! Die »Varsouviana« aus!
In der Dunkelheit wird wieder das Jazzorchester der Bar hörbar, in voller Lautstärke, und spielt die Pause hindurch.

ZWEITE SZENE

Sechs Uhr nachmittags, am folgenden Tag. Im Badezimmer nimmt Blanche ein Bad. Im Schlafzimmer sitzt Stella, in einem Unterkleid am Toilettetisch, und macht sich zum Ausgehen fertig. Ihr Kleid hängt über einem Stuhl.
Blanches Schrankkoffer ist angekommen und steht beim Fußende des Schlafsofas im Wohnzimmer. Der Koffer ist offen und gewährt den Anblick einer reichen, bunten Garderobe. Einige Kleider sind sorglos über einen Stuhl beim Tisch geworfen worden. Auf dem Tisch: ein herzförmiges Schmuckkästchen, offen, bis zum Rande gefüllt, eine Tiara aus falschen Diamanten, und ein Parfum-Zerstäuber. Eine dreiteilige spanische Wand, die in der ersten Szene in der linken Ecke des Wohnzimmers placiert war, steht nun am Bettende im Schlafzimmer. Das Kleid, das Blanche anziehen will, liegt auf dem Bett.
Beim Aufgehen des Vorhangs ist die Straße beleuchtet, und man sieht Stanley von links auftreten, mit Pablo Gonzales, einem seiner Freunde: sie tragen Lunchbüchsen. Hinter ihnen folgen Steve und ein Mann, die auf der Straße, am Haus vorüber, weiter- und abgehen. Eine Frau mit einem Handkorb kommt nach ihnen und geht gleichfalls ab.
Die Jazzmusik wird schwächer, sobald der Dialog beginnt.
Stanley verabschiedet sich von Pablo und tritt ins Haus, die Eingangstür hinter sich schließend. Im Wohnzimmer legt er seine Lunchbüchse auf dem Tisch ab und bemerkt dabei die Kleider auf dem Stuhl.

STANLEY *zu Stella.* Hallo, Liebling.

STELLA. Oh, Stanley!

STANLEY *die Kleider und den Schrankkoffer mit einem Blick streifend.* Was soll diese Ausstellung hier heißen?

STELLA. Oh, Stan! *Sie springt auf, umhalst und küßt ihn, was er sich mit der Würde eines Lords gefallen läßt, sie familiär auf den Hintern klopfend.*
Ich führe heute abend Blanche aus, zuerst zum Abendessen ins Restaurant, zum »Gallatoire«, und dann in den Film. *Jazzmusik aus.* Ihr habt doch heute hier euren Poker-Abend?

STANLEY. Und mein Abendessen? Ich geh doch nicht ins Restaurant!

STELLA. Ich habe dir eine kalte Platte aufs Eis gestellt.

STANLEY *zum Eiskasten gehend.* So!

STELLA *ihm nachgehend.* Ich möchte mit Blanche so lange ausbleiben, bis euer Herrenabend hier vorüber ist. Ich weiß ja nicht, wie sie auf so etwas reagiert!

STANLEY *holt einen Teller aus dem Eiskasten und geht damit zum Tisch, hält Stella den Teller samt Inhalt hin: etwas Schinken und ein paar Scheiben Leberwurst.* Ist das alles?

STELLA. Am besten gehen wir nach dem Film in ein kleines Lokal in der Nähe. Du mußt mir also Geld geben. *Sie greift in seine Rocktasche nach Geldscheinen und bringt dabei auch einige Rechnungen zum Vorschein.*

STANLEY. Wo ist sie jetzt?

STELLA. Sie nimmt ein heißes Bad, um ihre Nerven zu beruhigen. Sie ist schrecklich aufgeregt.

STANLEY. Worüber regt sie sich denn auf?

STELLA. Sie hat viel durchgemacht, die Arme!

STANLEY. So?

STELLA. Stan – wir haben Belle Reve verloren!

STANLEY. Euer Gut? Die Pflanzung?

STELLA. Ja.

STANLEY. Wieso denn das?

STELLA *das Papiergeld von den Rechnungen sondernd und einiges davon zurück in seine Tasche steckend; sie trägt die Geldscheine, die sie behalten will, ins Schlafzimmer und legt sie auf den Toilettetisch. Dann sagt sie in einem beiläufigen Ton.* Belle Reve mußte aufgegeben werden – geopfert, oder so! *Stanley überlegt. Stella ins Schlafzimmer.* Vergiß nicht, ihr etwas Nettes über ihr Aussehen zu sagen, wenn sie hereinkommt!
Stanley im Schlafzimmer, hin zu der geschlossenen Tür des Badezimmers, hinter der man Blanche singen hört: »My Bonnie lies over the Ocean«.

STELLA. Ja und dann – richtig, erwähne nicht, daß ich ein Baby erwarte! Ich habe ihr nichts davon gesagt. Später, wenn sie in einem besseren Zustand ist!

STANLEY *unheildrohend.* So?

STELLA. Und versuche sie zu verstehen! Sei nett zu ihr, Stan. *Blick zwischen Stanley und Stella. Stella zieht ihr Kleid an. Blanche singt im Badezimmer:*

»Vom Land des himmelblauen Wassers
Brachten sie die gefangene Maid.«

STELLA. Sie hat nicht erwartet, uns in einer so kleinen Wohnung zu finden. Ich habe sie darüber in meinen Briefen ein wenig im unklaren gelassen.

STANLEY. So!

STELLA. Und bewundere ihr Kleid und sag ihr, daß sie wunderbar aussieht! Darauf legt sie Wert. *Sie küßt Stanley, richtet sich dann vor dem Spiegel ihr Kleid.* Eine kleine Schwäche von ihr!

STANLEY. Jawohl, ich habe verstanden. Und jetzt gehen wir mal bißchen zurück, bis zu dem Verkauf von dem Grundstück!

STELLA. Oh! Ja, das –

STANLEY. Also wie ist es damit? Ich möchte die genauen Fakten hören! *Er packt Stella und zieht sie, sich in den Armstuhl fallen lassend, nahe an sich heran.*

STELLA. Darüber wollen wir erst sprechen, wenn sie etwas ruhiger ist. Es ist besser so.

STANLEY. Ist das so abgemacht zwischen euch? Hm? Schwester Blanche kann momentan nicht mit allen geschäftlichen Details behelligt werden: wie?

STELLA. Du hast doch selbst gesehen, in was für einem Zustand sie gestern abend war.

STANLEY. Hm! Den Zustand hab ich gesehen, und jetzt möchte ich auch den Kaufvertrag sehen.

STELLA. Ich habe keinen gesehen.

STANLEY. Sie hat dir nichts schwarz auf weiß gezeigt? Kein Abkommen oder so etwas?

STELLA *zurück zum Toilettetisch, sich fertig machend.* Ich habe den Eindruck, es handelt sich um keinen Verkauf!

STANLEY. Um was denn, zum Teufel! Ist das Gut weggeschenkt worden? Zu wohltätigen Zwecken vielleicht?

STELLA. Sprich leiser, sie wird dich hören!

STANLEY. Meinetwegen soll sie mich hören! Ich will die Unterlagen sehen! Dokumente!

STELLA. Es gibt keine Dokumente, sie hat mir keine Dokumente gezeigt. Dokumente sind mir wurst!

STANLEY *sie am Arm packend.* Hast du jemals etwas vom Code Napoleon gehört?

STELLA *macht sich frei, pudert sich, am Toilettetisch, das Gesicht.*

Nein, Stanley, ich habe nichts vom Code Napoleon gehört! Und wenn ich etwas davon gehört hätte, kann ich nicht einsehen, was das —?

STANLEY. Erlaube, daß ich dich aufkläre, mein Schatz, über den einen oder anderen Punkt!

STELLA. Nun?

STANLEY. In unserem Staat in Louisiana gibt es etwas, das der Code Napoleon genannt wird, der bestimmt, daß das Eigentum der Gattin zugleich das Eigentum des Ehemannes ist und vice versa. Zum Beispiel: Wenn ich einen Landbesitz habe, oder wenn du einen Landbesitz hast —

STELLA. Mir wirbelt der Kopf!

STANLEY. Schön, ich werde warten, bis sie sich genug aufgeweicht hat in ihrem heißen Bad, und dann werde ich sie fragen, ob sie etwas vom Code Napoleon weiß. Ich habe den Eindruck, daß du beschwindelt worden bist, Baby, und wenn du beschwindelt worden bist, dann bin auch ich beschwindelt worden, und ich werde nicht gern beschwindelt!

STELLA. Wir haben noch so viel Zeit, Fragen zu stellen; aber wenn du es jetzt tust, wird sie wieder zusammenbrechen! Ich weiß nicht, wie das zugegangen ist, mit Belle Reve, aber du weißt nicht, wie lächerlich du dich machst, wenn du es für möglich hältst, daß meine Schwester oder ich oder irgend jemand aus unserer Familie an irgend jemandem einen Betrug verübt haben könnte!

STANLEY. Wo ist denn das Geld hingekommen, wenn das Gut verkauft worden ist?

STELLA. Nicht verkauft — verloren, verloren!
Stella will sich wieder dem Toilettetisch zuwenden, aber Stanley packt sie und zieht sie mit Gewalt zu Blanches Schrankkoffer im Wohnzimmer hin. Stella Widerstand leistend. Stanley!

STANLEY *reißt einige Kleider aus dem Schrank heraus und wirft sie auf das Sofa.* Schau dir doch dieses Zeug an! Glaubst du vielleicht, daß man sich das alles leisten kann vom Gehalt einer Lehrerin?

STELLA. Schweig doch! *Sie will die Kleider vom Sofa wieder aufraffen.*

STANLEY *mehr Kleider aus dem Koffer nehmend.* All diese Federn und diese Pelze, die sie da mitgebracht hat, um in ihnen zu paradieren! Das da! Ein Kleid aus solidem Gold, kommt mir vor! *Er hält ein Goldkleid hoch, Stella nimmt es ihm weg.* Und was ist das hier? *Hält eine Pelzboa hoch.* Fuchsschwänze? *Er bläst auf sie.* Echte Fuchsschwänze, eine halbe Meile lang! Wo sind deine Silberfüchse, Stella! Buschige, schneeweiße — billiger gibt sie's nicht. Wo sind deine weißen Boas aus Fuchs?

STELLA *nach dem Pelzzeug greifend.* Das sind billige Sommerpelze, die Blanche schon lange Zeit gehabt hat. *Sie beginnt die Kleider wieder in den Koffer zu stopfen.*

STANLEY. Ich habe einen Bekannten, der ein Fachmann ist in Pelzwaren, ich werde diese Stücke von ihm abschätzen lassen. *Er legt sich die Boa um und trägt sie im Zimmer herum.*

STELLA. Sei kein solcher Idiot, Stanley! *Sie nimmt ihm den Pelz ab und legt ihn in den Schrankkoffer zurück.*

STANLEY. Ich möchte wetten, daß tausend Dollar in dem Zeug da investiert sind! *Er erspäht das Schmuckkästchen auf dem Tisch.* Und was haben wir hier? Den Schatz eines Piraten? *Er geht zum Tisch und öffnet das herzförmige Schmuckkästchen.*

STELLA *zu ihm hineilend.* Aber Stanley!

STANLEY *er hält sie mit dem linken Arm ab und fischt Schmuck aus dem Kästchen heraus.* Perlen! Ganze Perlenschnüre! Ist deine Schwester ein Taucher, der versunkene Schätze aus der Tiefsee heraus holt? Oder ist sie der größte Geldschrankknacker aller Zeiten? *Er wirft die Perlen auf den Tisch und hält ein Armband hoch.* Armbänder aus schwerem Gold auch noch! Wo sind d e i n e Perlen und d e i n e goldenen Bracelets? *Stella nimmt ihm das Armband fort, geht damit zum Tisch und legt es zurück in das Schmuckkästchen.*

STELLA. Schrei doch nicht so, Stanley!

STANLEY *nimmt die Tiara vom Tisch.* Und das da! Diamanten! Die Krone einer Kaiserin! *Er macht ein paar Schritte, indem er die Tiara hochhält.*

STELLA *legt den Schmuck zurück in das Kästchen.* Imitation! Diese Krone hat sie auf einem Kostümball getragen.

STANLEY. Imitation? So!

STELLA *nimmt ihm die Tiara weg und legt sie zurück in das Kästchen.* Ordinäres Glas!

STANLEY. Machst du Witze? *Geht zum Tisch hin und stiert in dem Schmuck herum.* Ich hab einen Bekannten, der bei einem Juwelier angestellt ist. Ich werd ihn bitten, herzukommen und diesen Schmuck zu schätzen. *Er geht zum Koffer hin, nimmt noch einmal alle Kleider heraus und hält sie hoch.* Da ist dein Grundstück — oder was davon übrig geblieben ist! Da!

STELLA *zu ihm hin, nimmt ihm die Kleider weg und legt sie in den Koffer zurück.* Du weißt gar nicht, wie stupid und abscheulich du bist! Laß jetzt den Koffer in Ruhe, sie kann jeden Moment aus dem Badezimmer kommen!

STANLEY. Die Kowalskis und die Du Bois haben eben verschiedene Begriffe.

STELLA *ärgerlich.* Ja, Gott sei Dank! *Sie geht ins Schlafzimmer und holt sich ihren Hut. Stanley steckt sich eine Zigarette hinters Ohr.*

STELLA. Ich geh hinaus. Und du kommst mit mir, damit Blanche sich hier anziehen kann!

Stanley auf dem Tischrand sitzend, zündet die Zigarette an.

STANLEY. Seit wann kommandierst du mit mir herum?

STELLA *ihm ins Gesicht.* Willst du hier bleiben und sie beleidigen?

STANLEY. Jawohl! Ich bleibe hier, du hast es erraten. *Er nimmt eine neue Zigarette und zündet sie an.*

Stella eilt zur Eingangstüre hinaus, die sie offen läßt. Sie bleibt draußen auf der Veranda, nimmt eine Zigarette aus ihrer Handtasche und zündet sie sich an.

Blanche öffnet die Tür des Badezimmers. Sie ist im Bademantel und trägt ein hauchdünnes Kleid über dem Arm. Sie geht auf den Vorhang zwischen den beiden Zimmern zu.

BLANCHE *leichthin.* Hallo, Stanley! Hier bin ich, frisch gebadet und parfümiert. Ich fühle mich wie neugeboren!

STANLEY. Famos.

BLANCHE. Entschuldige, aber ich muß jetzt in mein hübsches neues Kleid schlüpfen! *Sie wirft das Kleid auf das Sofa.*

STANLEY *versteht den Wink nicht.* Laß dich nicht aufhalten, Blanche! *Dann erst begreift er, was sie will, steht auf und geht ins Schlafzimmer.*

BLANCHE *steht, mit gesenktem Kopf, wartend, bei ihrem Koffer und läßt Stanley vorbeigehen. Dann schließt sie den Vorhang — die Portieren — zwischen den beiden Zimmern, nimmt den Umhang ab, läßt ihn auf den Koffer fallen und zieht ihr Kleid an.* Wie ich höre, wird hier heute abend eine kleine Herrengesellschaft stattfinden, zu der wir Damen herzlichst n i c h t eingeladen sind!

STANLEY *er steht, eine unheildrohende Figur, beim Bett, mit dem Rücken zum Publikum.* Stimmt. *Er zieht sich den Rock aus, nimmt zwei Zigaretten aus der Tasche, steckt wieder eine hinters Ohr und wirft den Rock aufs Bett.*

BLANCHE. Wo ist Stella? *Sie gewahrt die Unordnung in ihrem Koffer.*

STANLEY. Draußen auf der Veranda.

BLANCHE *nach einem raschen Blick zur Veranda hin.* Ich werde Sie gleich um eine Gefälligkeit bitten, Stanley! *Sie steht rechts von der schneckenförmigen Stiege, sich gegen das Geländer lehnend.*

STANLEY. Was für eine Gefälligkeit denn?

BLANCHE. Ein paar Knöpfe hier am Rücken! *Sie öffnet den Vorhang.* Sie können hereinkommen!

STANLEY *kommt herein und bleibt nahe bei ihr stehen, er betrachtet sie mit einem sengenden Blick.*

BLANCHE *sich ihm zudrehend.* Wie sehe ich aus?

STANLEY. Allright.

BLANCHE. Danke sehr. Jetzt – die Knöpfe bitte! *Sie wendet ihm den Rücken zu.*

STANLEY *hinter sie tretend.* Nein! Kann ich nicht!

BLANCHE. Ihr Männer mit euern großen ungeschickten Fingern! *Sie blickt ihn an.* Kann ich einen Zug aus Ihrer Zigarette haben?

STANLEY *reicht ihr die Zigarette von hinter seinem Ohr.* Da ist eine Zigarette für Sie.

BLANCHE *nimmt die Zigarette und geht an ihm vorbei.* Danke! Es sieht aus, als wäre mein Koffer explodiert! *Stanley reicht ihr Feuer für ihre Zigarette.*

STANLEY. Wir haben Ihnen auspacken geholfen, Stella und ich.

BLANCHE *beim Koffer.* Das habt ihr aber rasch und gründlich gemacht!

STANLEY. Es sieht aus wie ein Einbruch in einem eleganten Pariser Modegeschäft.

BLANCHE *die Kleider im Koffer ordnend.* Kleider sind meine Leidenschaft. *Sie legt den weißen Fuchs um.*

STANLEY. Was kostet so eine Fuchsboa – wie die da?

BLANCHE. Ach, die war der Tribut, den einer meiner Bewunderer mir gezollt hat!

STANLEY. Der muß aber viel Bewunderung für Sie gehabt haben!

BLANCHE *mit der Boa posierend.* Oh, in meiner Jugend habe ich schon einige Bewunderung erregt! Aber sehen Sie mich jetzt an! *Sie gibt ihm ein strahlendes Lächeln.* Würden Sie es für möglich halten, daß ich – früher einmal – für attraktiv gegolten habe?

STANLEY. Sie sehen recht ordentlich aus. Okay.

BLANCHE *lacht, und legt den Pelzkragen in den Koffer zurück.* Das wollte ich hören, ein Kompliment von Ihnen, Stanley!

STANLEY. Liegt mir nicht!

BLANCHE. Was liegt Ihnen nicht?

STANLEY. Komplimente. Den Weibern Komplimente machen über ihr Aussehen! Ich habe noch nie eine Frau getroffen, die nicht gewußt hat, ob sie gut aussieht oder nicht, ohne daß man es ihr gesagt hätte, und manche bilden sich mehr ein als wahr ist. Bin mal mit einer Person ausgegangen, – sie sagt zu mir: »Ich bin ein ›Glamour Girl‹.« Sage ich: »Na und?«

BLANCHE *geht zum Tisch hin, wo das Schmuckkästchen liegt.* Und was hat sie darauf gesagt?

STANLEY. Nichts hat sie gesagt! War stumm wie eine Auster.

BLANCHE *geht zum Koffer.* War das das Ende dieser Liebesgeschichte?

STANLEY. Es war das Ende der Konversation. Sonst nichts! *Blanche lacht und versorgt das Schmuckkästchen im Koffer.* Auf manche Männer wirkt dieses Hollywood-Getue, auf andere wieder nicht.

BLANCHE *beim Koffer.* Ich bin überzeugt, Sie gehören zur zweiten Kategorie.

STANLEY. Stimmt.

BLANCHE. Ich kann mir gar nicht vorstellen, wie eine raffinierte Frau es anstellen müßte, Sie zu behexen.

STANLEY. Ich auch nicht.

BLANCHE. Sie sind ein schlichter Mann, geradeheraus und ehrlich, ein wenig nach der primitiven Seite hin, nehme ich an. Damit Sie sich für eine Frau interessieren, muß sie — *Sie bricht ab mit einer unbestimmten Geste.*

STANLEY. Ihre Karten auf den Tisch legen!

BLANCHE *wendet sich Stanley zu, macht dann ein paar Schritte von ihm weg; er folgt ihr.* Ich habe nie etwas übrig gehabt für romantische Schwächlinge. Deshalb habe ich mir gleich gedacht, als Sie gestern hereinkamen: »Meine Schwester hat einen M a n n geheiratet!« *Sie klopft ihm leicht auf die Schulter.* Mehr konnt ich natürlich noch nicht über Sie sagen.

STANLEY *sich reckend.* Schön! Und jetzt Schluß mit der Affenkomödie!!

BLANCHE *sie duckt sich parodistisch und hält sich die Ohren zu.* Au!!

STELLA *hat diesen Ausruf gehört und kommt rasch herein.* Stanley! Komm heraus und laß Blanche sich fertig anziehen.

BLANCHE. Ich bin fertig, mein Herz!

STELLA *zieht Stanley am Arm.* Heraus kommst du!

STANLEY *ist nicht zu bewegen.* Wir haben eben eine kleine Unterhaltung, deine Schwester und ich! *Er fährt fort, Blanche mit einem unverwandten Blick anzusehen.*

BLANCHE *leichthin zu Stella.* Tu mir den Gefallen, mein Herz, lauf zum Drugstore hinüber und bring mir ein Coca Cola mit Zitrone und viel Eis! Willst du das für mich tun, mein Engel? *Sie führt Stella zur Veranda hin.*

STELLA *zögernd.* Ja. *Stella ab.*

BLANCHE *schließt die Eingangstür und wendet sich Stanley zu. Stanley drückt seine Zigarette aus.* Die arme Kleine ist da draußen gestanden und hat uns zugehört, und ich habe so die Idee, daß sie Sie nicht so gut begreift wie ich ... Also gut, Herr Kowalski, ohne weitere Umschweife! *Sie drückt ihre Zigarette im Aschenbecher aus.* Ich bin bereit, alle Ihre Fragen zu beantworten. Ich habe nichts zu verbergen! Worum handelt es sich?

STANLEY *näher an sie heran.* Im Staate Louisiana gibt es so etwas wie den Code Napoleon, demzufolge das Eigentum meiner Frau auch mein Eigentum ist, und umgekehrt.

BLANCHE *die sich mit einem Parfum-Zerstäuber besprengt, den sie vom Tisch genommen hat.* Mein Gott, setzen Sie aber eine imponierende, richterliche Miene auf! *Sie besprengt auch ihn mit Parfum und lacht.*

STANLEY *sie bei den Handgelenken packend.* Wenn ich nicht wüßte, daß Sie die Schwester meiner Frau sind, könnte ich auf allerhand Gedanken kommen! *Er läßt sie wieder los.*

BLANCHE. Zum Beispiel?

STANLEY. Stellen Sie sich nicht so naiv. Sie wissen, was ich meine!

BLANCHE *die Parfumflasche auf den Tisch zurückstellend.* Also gut! Die Karten auf den Tisch! Ich flunkere gern ein wenig, ich weiß das. Schließlich besteht der Charme einer Frau aus fünfzig Prozent Illusion, aus Spiel. Aber wenn es sich um eine wichtige Sache handelt, pflege ich klipp und klar die Wahrheit zu sagen. Und das i s t die Wahrheit: ich habe weder meine Schwester noch Sie, noch irgend jemanden anderen betrogen, solange ich lebe!

STANLEY. Wo sind die Papiere? Im Koffer?

BLANCHE. Alles, was ich besitze, ist in diesem Koffer. *Stanley geht zu dem Schrankkoffer und beginnt, in der obersten Lade herumzustöbern.* Was stellen Sie sich eigentlich vor, um Gottes willen! Was denken Sie in Ihrem Kopf eines halbwüchsigen Jungen? – Lassen Sie mich das machen, ich mache es schneller und einfacher! *Sie stößt ihn vom Koffer weg, öffnet die zweite Lade und nimmt eine Kassette für Urkunden heraus.* Darin verwahre ich die meisten meiner Dokumente.

STANLEY *über ihre Schulter in die Lade blickend.* Was ist das Papierpaket darunter?

BLANCHE. Das sind Liebesbriefe. *Die »Varsouviana« erklingt.* Alte Liebesbriefe, schon vergilbte, alle von einem jungen Menschen. *Stanley packt das Bündel Liebesbriefe und geht rasch fort damit. Blanche aufschreiend.* Geben Sie mir die Briefe zurück! *Sie läuft ihm nach. Stanley reißt den Bindfaden von den Briefen und hält Blanche ab, als sie zuerst von der Seite und dann von hinter ihm versucht, ihm die Briefe zu entreißen.*

STANLEY. Muß sie mir erst anschauen!

BLANCHE. Die Berührung Ihrer Hand beschmutzt sie!

STANLEY *mit den Briefen beschäftigt.* Ach, lassen Sie das!

BLANCHE *versucht mit Gewalt, der Briefe habhaft zu werden.* Jetzt, da Sie sie berührt haben, werde ich sie verbrennen müssen! *Die Briefe flattern auf den Boden, Blanche, auf den Knieen, sammelt sie auf und verschnürt sie wieder.*

STANLEY. Was für Briefe sind denn das?

BLANCHE *auf ihren Knieen.* Gedichte, geschrieben von einem Toten! – Diesen Menschen habe ich so verletzt, wie Sie mich gern verletzen möchten! Aber es gelingt Ihnen nicht! Ich bin nicht mehr so jung, und nicht mehr so verletzbar! Mein junger Gatte war es, und ich – ach, sprechen wir nicht davon!

STANLEY. Was haben Sie damit gemeint, daß Sie sie jetzt verbrennen müssen?

BLANCHE *die Briefe zusammenbindend.* Es tut mir leid, daß ich das gesagt habe. Ich habe für einen Moment den Kopf verloren! Jeder Mensch besitzt etwas, das er von niemandem berühren läßt, weil es von zu persönlicher Natur ist.

Sie ist so erschöpft, daß sie einer Ohnmacht nahe scheint. Sie trägt die Briefe zurück zum Koffer und holt zwei große Umschläge mit Dokumenten hervor. Stanley näher heran. Die »Varsouviana« erklingt.

BLANCHE *überreicht Stanley die Papiere.* Ambler & Ambler.

STANLEY. Was ist das: Ambler & Ambler?

BLANCHE. Eine Firma, die Hypotheken auf das Gut aufgenommen hat.

STANLEY. So ist es also verloren gegangen? Die Hypotheken haben es aufgefressen!

BLANCHE. Möglich. So muß es wohl gewesen sein.

STANLEY. Hören Sie auf mit »möglich« und »wohl«, antworten Sie klipp und klar! – Und die übrigen Papiere? *Blanche hat inzwischen mehr Dokumente herausgenommen. Stanley zieht einen Stuhl an den Tisch heran, setzt sich und beginnt die Papiere durchzusehen.*

BLANCHE. Ach, da sind Tausende von Papieren, dic über Hunderte von Jahren zurückreichen. Alle zusammen erzählen sie die Geschichte von Belle Reve, wie unsere unpraktischen Großväter, Väter, Onkel und Brüder das Land Stück für Stück verschachert haben, für ihre patriarchalischen Hurereien – um es brutal zu sagen! Ihr Geschlechtsverkehr hat uns die Plantage unter den Füßen weggezogen, bis am Ende – Stella kann das bezeugen! – nur das Haus übrig geblieben ist und ungefähr zwanzig Acker Land, *sie trägt mehr Papiere zu ihm hinüber* einschließlich eines Friedhofs, auf den sich nun alle, außer Stella und mir zurückgezogen haben. *Sie häuft noch mehr Papiere auf den Tisch.* Hier sind sie jetzt alle, alle »Dokumente«! Hiermit überliefere ich sie Ihnen! Nehmen Sie sie, prüfen Sie sie – lernen Sie sie meinetwegen auswendig! Ich finde es goldrichtig, daß aus Belle Reve am Ende dieses Bündel Papiere in Ihren großen tatkräftigen Händen geworden ist! – Wann kommt Stella endlich mit meinem Coca Cola? *Sie geht zur Eingangstüre.*

Jazzmusik hinter der Szene.

STANLEY *die Papiere zusammenlegend.* Ein Anwalt, mit dem ich befreundet bin, wird das alles studieren!

BLANCHE *geht ins Schlafzimmer und holt ihren Hut und ihr Handtäschchen.* Überreichen Sie ihm das ganze Paket mit einer Schachtel Aspirin-Tabletten.

STANLEY *der sitzen geblieben ist, etwas einfältig.* Nämlich: nach dem Code Napoleon ist ein Ehemann verpflichtet, an den Angelegenheiten seiner Frau Anteil zu nehmen – besonders jetzt, da sie ein Baby erwartet.

BLANCHE *aufhorchend, mit einem Ruck.* Stella?! Stella erwartet ein Baby? *Sie kommt ins Wohnzimmer.* Ich habe nicht gewußt, daß sie ein Baby erwartet!

Stella kommt durch die Eingangstüre mit dem Coca Cola. Blanche eilt auf sie zu und zieht sie auf die Veranda hinaus. Stanley steht auf, trägt die Papiere ins Schlafzimmer, wo er sie in einem unter dem Bett hervorgeholten Safe verwahrt. Dann setzt er sich massiv auf das Bett und starrt vor sich hin.

BLANCHE. Stella! Stella! Mein Stern! Ein Kind!! Wie schön ist das!

STELLA. Ich weiß nicht, was ich sagen soll.

BLANCHE. Was du auch sagst, alles ist mir recht! – Oh, das müssen wir gründlich besprechen! – Ich fühl mich momentan etwas schwach auf den Beinen, ich bin ein wenig mitgenommen, aber ich glaube, ich hab es gut gemacht. Ich habe gelacht und die ganze Sache als einen Spaß behandelt!

Steve und Pablo erscheinen rechts im Hintergrund, eine Kiste Bierflaschen tragend.

BLANCHE. Ich habe ihn einen kleinen Jungen genannt und habe gelacht und geflirtet! – Ja, ich habe mit deinem Mann geflirtet!

Die Männer treten ein. Die Gäste versammeln sich zum Poker. *Die Männer gehen durchs Zimmer und begrüßen die Damen, indem sie ihre Hutkrempe berühren. Pablo sagt im Vorübergehen: »Grüß dich, Stella.« Die Männer gehen zum Eisschrank, um die Bierflaschen aufs Eis zu legen.*

BLANCHE. In welcher Richtung gehen wir – links?

STELLA. Nein, rechts.

BLANCHE *während sie abgehen, lachend.* Ein Blinder führt einen Blinden!

Beleuchtung ebbt ab.

Stimme eines Straßenverkäufers von draußen: Frische Heiße!

Dunkel. Die Jazzmusik wird lauter und spielt durch die Verwandlung.

DRITTE SZENE

Der Pokerabend

Derselbe Abend, einige Stunden später. Im Wohnzimmer. Der Tisch ist in die Mitte gerückt worden. Um den Tisch herum sitzen Stanley, Mitch, Steve, Pablo, jeder von ihnen in konzentriertem Nachdenken über ein Blatt gebeugt, rauchend. Stanley, am rechten Tischende, in seinem Stuhl hingelümmelt. Steve, hinter dem Tisch, hat seinen Hut auf und sitzt auf der umgekehrten Bierkiste. Leere Bierflaschen liegen im Zimmer herum. Ein paar Schnapsflaschen, halbvoll. Mitch an der linken Tischseite, Pablo mit dem Rücken zum Publikum, Mitch hat sich den Rock ausgezogen, der auf der Bank neben ihm liegt, auch die Schuhe. Auf den Tisch ist gelbes Linoleum gebreitet. Während der Vorhang aufgeht, verstummt die Musik.

MITCH *gähnend.* Wie spät ist es denn?

STANLEY. Wen interessiert das?

STEVE. Stanley wird nicht aufhören, bevor er nicht ein Pot gewinnt –. Gib mir zwei Karten! *Zu Pablo.* Wieviel Karten hast du genommen?

PABLO. Zwei.

MITCH. Will jemand noch etwas trinken? *Er bietet eine Schnapsflasche an.*

STANLEY *die Flasche von ihm nehmend.* Jawohl, ich!

Mitch setzt sich auf das linke Tischende und steckt einen Teil seines Gewinnes in die Tasche.

PABLO. Warum springt nicht einer zu dem Chinesen hinüber und holt eine anständige Portion Chop suey?

Die Blätter werden aufgedeckt, Steve gewinnt.

STANLEY. So oft ich verliere, kriegst du Appetit! Runter vom Tisch, Mitch! Auf den Tisch gehören nur die Karten, die Spielmarken und der Schnaps!

Mitch setzt sich auf seinen Stuhl, Stanley teilt, Mitch nimmt sich sein Blatt.

MITCH. Bist du wieder auf dem hohen Roß?

STANLEY. Wie viele?

STEVE. Gib mir drei!

PABLO. Eine!

MITCH. Ich bin wieder draußen. Ich muß bald nach Hause gehen.

STANLEY. Halts Maul!

MITCH. Ich habe eine kranke Mutter zu Hause. Sie schläft nicht, bevor ich nicht zu Hause bin.

STANLEY. Warum bleibst du dann nicht bei ihr zu Hause?

MITCH. Sie sagt mir, ich soll ausgehen, aber es macht mir keinen Spaß. Ich muß die ganze Zeit daran denken, wie es ihr geht.

STANLEY. Jesus Maria, so geh doch schon zu ihr!

MITCH *seinen Gewinn einsteckend.* Ihr seid alle verheiratet. Aber ich bleibe allein zurück, wenn sie einmal nicht mehr ist. *Er steht auf.* Ich geh auf die Toilette. *Geht zum Badezimmer.*

STANLEY. Mach rasch, wir bereiten dir inzwischen einen Schnuller vor!

MITCH. Ach, hör schon auf!

Er kommt zurück an den Tisch, wo er noch etwas Kleingeld

liegen gelassen hat, schiebt es sich in die Tasche und geht dann durch das Schlafzimmer ins Badezimmer, dessen Tür hinter sich schließend.

PABLO. Was habt ihr?

STEVE. Piek Flush. *Während er die Karten mischt, erzählt er folgenden Witz.* Sitzt ein alter Neger hinterm Haus und wirft den Hühnern Maiskörner vor, da hört er plötzlich ein lautes Gakkern und eine junge Henne kommt daher gerannt, um die Hausecke herum, und hinter ihr drein der Hahn. Gerade ist der Hahn im Begriffe, die Henne einzuholen –

STANLEY *ungeduldig.* Teil aus!

STEVE *die Blätter austeilend.* Grad holt der Hahn die Henne ein, da erblickt er den Neger, wie der die Körner streut, und da läßt er die Henne laufen und beginnt, Maiskörner aufzupicken. Sagt der alte Neger: Barmherziger Gott, ich hoffe, daß ich nie so hungrig bin! *Er beendet das Austeilen der Karten.*

Pablo und Stanley lachen beifällig über die Anekdote. Dann vertiefen sich die drei Männer ernsthaft ins Spiel. Stella und Blanche kommen von rechts und erscheinen auf der Veranda. Blanche trägt ein kleines in Papier eingeschlagenes Paket.

STELLA *vor der verschlossenen Eingangstüre.* Sie spielen immer noch.

BLANCHE. Wie sehe ich aus?

STELLA. Reizend, Blanche.

BLANCHE. Ach, ich bin ganz hin vor Hitze! *Sie gibt Stella ihr Paket und holt Puderdose und Lippenstift aus der Handtasche.* Warte, ich muß mich erst ein wenig herrichten. *Sie tut es, nimmt ihr Paket wieder an sich und Stella öffnet die Türe. Blanche geht voraus, an dem Tisch vorbei, zum Vorhang zwischen den Zimmern. Stella bleibt beim Tisch stehen.*

STELLA. Na, ihr seid ja fest bei der Arbeit!

STANLEY. Wo warst du?

STELLA. Im Kino. Blanche, das ist Herr Gonzales und Herr Hubbel.

BLANCHE. Ach, bleiben Sie doch sitzen, alle, bitte!

Die Männer erheben sich, geistesabwesend, dabei in ihre Karten blickend.

STANLEY *seine Freunde zurückhaltend.* Nur keine Sorge! Niemand steht auf!

STELLA. Wie lange wollt ihr noch weiterspielen?

STANLEY *trinkt.* Bis wir aufhören.

BLANCHE. Poker ist faszinierend, darf ich kiebitzen?

STANLEY. Du darfst nicht!

Stella nimmt Pablos Rock vom Sofa und reicht ihn über den Tisch hinüber. Stanley schlägt ihr den Rock aus der Hand, der auf den Boden fällt. Pablo schreit: »Mein Rock!« und springt hoch, hebt den Rock auf und hängt ihn über den Rücken seines Stuhls, setzt sich wieder.

STANLEY. Warum geht ihr Weiber nicht zu Eunice hinauf?

STELLA. Weil es fast halb drei Uhr früh ist!

Blanche ist ins Schlafzimmer gegangen, hat ihren Hut, ihre Handtasche und das Paket abgelegt, sitzt nun auf dem Bett und zieht sich Hausschuhe an.

STELLA. Könnt ihr nicht nach diesem Spiel aufhören? *Sie lehnt sich hinüber, um das Bett für Blanche auf dem Sofa zu machen, kehrt dabei Stanley ihre Hinterseite zu, er gibt ihr eine Tüchtige drauf.* Das ist kein Witz, Stanley! *Sie geht ärgerlich ins Schlafzimmer, den Vorhang hinter sich schließend.*

Pablo lacht und die Männer fahren fort zu spielen.

STELLA *zu Blanche, während sie ihren Hut und ihre Handtasche auf den Toilettetisch ablegt.* Es macht mich so wütend, wenn er das in Gegenwart von Leuten tut!

BLANCHE. Ich glaube, ich möchte ein Bad nehmen.

STELLA. Schon wieder?

BLANCHE. Meine Nerven sind ganz durcheinander. Ist das Badezimmer besetzt?

STELLA. Weiß ich nicht. *Sie geht in den Garderoberaum und macht das Licht drinnen an. Blanche zur Badezimmertür, klopft an. Mitch kommt aus dem Badezimmer, das Handtuch in der Hand.*

BLANCHE. Oh! — Guten Abend!

MITCH. Guten Abend. *Er steht da und starrt sie an.*

STELLA *kommt aus dem Garderobenraum.* Blanche, das ist Harold Mitchell. Meine Schwester, Blanche Du Bois.

BLANCHE. Freut mich sehr.

MITCH *mit ungeschickter Galanterie.* Freut mich auch s e h r — Fräulein Du Bois.

STELLA. Wie geht es Ihrer Mutter, Mitch?

MITCH. Ziemlich unverändert, danke. Sie hat sich sehr über den Pudding gefreut, den Sie ihr geschickt haben. *Er will seinen Weg fortsetzen, es gelingt ihm nicht ohne weiteres.* Entschuldigen Sie mich, bitte!

Er versucht an den beiden Frauen vorbeizukommen, stolpert und zögert, aus Verlegenheit. Die Frauen beobachten ihn und lächeln über seine Konfusion. Er ist bereits an dem Vorhang angelangt, als er bemerkt, daß er immer noch das Handtuch mit sich trägt. In immer größerer Verlegenheit kehrt er in das Schlafzimmer zurück und händigt das Handtuch Stella ein, dann eilt er fluchtartig, den Vorhang aufreißend, ins Wohnzimmer, an den Spieltisch, setzt sich und schlüpft nach einer Weile in seine Schuhe. Pablo teilt aus. Die Frauen kichern.

BLANCHE *zu Stella.* Der scheint — etwas Besseres zu sein!

STELLA *legt das Handtuch auf den Toilettetisch, geht in den Garderobenraum und holt von dort einen Bademantel und ein Nachthemd.* Ja, ist er auch!

BLANCHE. Er hat so etwas Sensitives in seinem Blick.

STELLA. Seine Mutter ist krank. *Beide kichern.*

BLANCHE *sich auskleidend.* Ist er verheiratet?

STELLA. Nein.

BLANCHE. Ein — Schürzenjäger?

STELLA *aus dem Garderobenraum rufend.* Aber Blanche! *Blanche lacht.* Das, glaube ich, ist er nun nicht!

BLANCHE *geht in den Garderobenraum.* Was ist er von Beruf?

STELLA *vor dem Toilettetisch sitzend.* Er arbeitet an der Präzisionsmaschine für Ersatzteile in der Fabrik, für die Stanley reist. *Blanche dreht das Licht im Garderobenraum ab, kommt im Unterkleid heraus und bringt ihren Schlafrock mit.*

BLANCHE. Ist das eine gute Stellung?

STELLA. Nein. Stanley ist der einzige von seinen Freunden, der es zu etwas bringen könnte.

BLANCHE. Warum glaubst du, daß e r es zu etwas bringen wird?

STELLA. Sieh ihn dir doch an!

BLANCHE. Ich hab ihn mir angesehen.

STELLA. Dann solltest du es wissen!

BLANCHE. Bedauere, aber ich habe den Stempel des Genies auf Stanleys Stirne nicht bemerkt.

STELLA. Es ist nicht auf seiner Stirne zu sehen, und es ist nicht Genie!

BLANCHE. Oh. Was ist es denn? Und wo? Ich möcht es gerne wissen.

STELLA. Es ist die Energie, die in ihm steckt — die ihn vorwärts treibt. — Du stehst mir im Licht, Blanche.

BLANCHE. Oh Pardon! *Sie geht aus dem Licht und setzt sich aufs Bett.*

STELLA *gedämpft zu Blanche.* Du solltest mal ihre Frauen sehen!

BLANCHE *mit unterdrücktem Lachen.* Ich kann sie mir vorstellen. Große, fette Kühe, nehme ich an!

STELLA *kichernd.* Die im oberen Stock —!

BLANCHE *ebenso.* Oh, die schreckliche Person!

STELLA *beinahe fassungslos vor Lachen.* Eines Nachts — hat unsere Zimmerdecke einen Sprung bekommen —! *Sie windet sich vor Lachen, Blanche eilt in ihre Arme, beide lachen wie toll.*

STANLEY *der gerade im Verlieren ist.* Hört auf mit eurem Gegacker da drinnen, ihr Hennen!

STELLA. Du kannst uns doch nicht hören!

STANLEY. Du kannst mich ganz gut hören, und ich sage, haltet den Mund!

STELLA *durch den Spalt des Vorhangs schauend.* Das ist meine Wohnung, ich kann hier so viel reden, wie ich will!

BLANCHE *zum Radio hin, das sie anstellt.* Stella, fang keinen Streit an!

STELLA. Er ist halbbetrunken. *Sie nimmt das Handtuch, das Mitch liegen gelassen hat, und trägt es ins Badezimmer.*

STANLEY *zu Mitch, der über seine Schulter ins Schlafzimmer hineinschielt.* Mitch! Gehst du mit?

STELLA. Bin gleich wieder da. *Sie verschwindet im Badezimmer.*

MITCH *seine Aufmerksamkeit wieder gewaltsam dem Spiel zuwendend.* Was? Nein! Ich bin out. *Er reißt sich zusammen, schnürt sich die Schuhe zu und greift nach seinem Rock.*

Blanche stellt die spanische Wand am Fuß des Bettes auf. Das Radio spielt einen lauten Rumba.

STANLEY *schreit.* Wer hat das Radio angestellt?

BLANCHE *durch den Vorhang ins Wohnzimmer spähend.* Ich! Haben Sie etwas dagegen?

STANLEY. Stellen Sie es ab!

Blanche ignoriert diesen Befehl; sie sitzt in dem Stuhl von dem Toilettetisch, die Beine gekreuzt, mit einem Fuß Takt schlagend.

STEVE. Ach, laß doch die Frauen ihre Musik machen!

PABLO. Aber ja, doch, klingt gut, laß sie weiterspielen!

Stanley springt auf, geht in den andern Raum zum Radio, stellt es ab, steht eine Weile da, schweigend und Blanche anblickend, und kehrt dann zum Spiel zurück. Pablo legt sein Blatt auf.

STEVE *zu Pablo.* Ich hab nicht gehört, daß du etwas angesagt hast!

PABLO. Hab ich nicht angesagt, Mitch?

MITCH. Ich hab nicht zugehört.

PABLO. Was denn hast du getan?

STANLEY. Ins andere Zimmer hat er geglotzt! *Er setzt sich wieder.* Teil noch einmal, und entweder spielen wir Karten, oder wir hören auf! Manche Leute werden kribblig, wenn sie gewinnen! *Mitch auf, zieht sich den Rock an.* Niedersetzen!

MITCH. Mir keine Karten mehr, ich gehe!

STEVE *austeilend.* Jawohl, der hats jetzt eilig! Sieben Fünf-Dollar-Scheine, sauber zusammengefaltet, in seiner Hosentasche!

Mitch nimmt eine Tüte mit Salmiakbonbons (Sen-Sen) aus seiner Hosentasche.

PABLO. Morgen sieht man ihn in der Bank beim Schalter stehen und sie sich in Kleingeld umwechseln lassen.

Mitch stopft sich einen Salmiakbonbon in den Mund und steckt die Tüte wieder ein.

STANLEY. Und zu Hause deponiert er dann sein Vermögen Stück für Stück in seinem Sparschwein!

STEVE *teilt aus.* Also los, Kinder — spielen wir oder spielen wir nicht!! *Die Männer spielen weiter.*

Mitch geht zu dem Rahmen an der Seite des Vorhangs zwischen den Zimmern und klopft schüchtern an. Er tritt in das Schlafzimmer ein, erblickt Blanche, macht eine erklärende Geste in der Richtung zum Badezimmer hin und schleicht sich hinter ihr zur Badezimmertür.

BLANCHE. Hallo!

MITCH. Hallo. Ich bitte um Entschuldigung!

BLANCHE. Der Erfrischungsraum ist gerade in Anspruch genommen.

MITCH *wartend, bei der Badezimmertür, verlegen.* Wir haben — Bier getrunken! *Er will wieder zurück zum Vorhang.*

BLANCHE. Ich hasse Bier.

MITCH. Es ist ein Getränk für warmes Wetter.

BLANCHE. Das glaub ich nicht, mir wird immer noch wärmer davon. *Ihren Zigarettenhalter hebend.* Haben Sie vielleicht eine Zigarette?

MITCH *sein Zigarettenetui hervorholend.* Gewiß.

BLANCHE. Was für eine Sorte?

MITCH *nun zu ihr hinüber, anbietend.* Lucky Strike!

BLANCHE *eine Zigarette nehmend und sie in ihren Halter steckend.* Danke. — Was für ein hübsches Zigarettenetui! Silber?

MITCH. Ja. Lesen Sie die Inschrift!

BLANCHE *hinblickend.* Oh. Ist da etwas eingraviert? Ich kann es nicht entziffern. *Mitch kommt näher und streicht ein Zündholz an.* Aha! *Sie liest mit gespielter Rührung.*

»Und wenn Gott will,
Werde ich dich nach dem Tode
Nur um so besser lieben!«

Aber das ist ja aus meinem Lieblingssonett von Frau Browning! *Sie zündet ihre Zigarette mit dem Streichholz, das Mitch an die Inschrift hält, an.*

MITCH *das Streichholz ausblasend.* Sie kennen es?

BLANCHE. Gewiß kenne ich es!

MITCH *sein Etui zurücknehmend.* Diese Inschrift hat eine Geschichte.

BLANCHE. Das klingt nach einem Liebesroman!

MITCH. Ein sehr trauriger!

BLANCHE. Ja?

MITCH. Das Mädchen ist nicht mehr am Leben.

BLANCHE *im Tone tiefsten Mitgefühls.* Oh!

MITCH. Sie wußte, daß sie eine Sterbende war, als sie mir dieses Etui schenkte. Ein sehr ungewöhnliches Mädchen, sehr lieb war sie — sehr!

BLANCHE. Sie muß sie sehr geliebt haben!? Kranke Menschen haben solche tiefen, aufrichtigen Neigungen.

MITCH. Das ist wahr, die haben sie!

BLANCHE. Kummer, Leiden erzeugt Aufrichtigkeit, glaube ich.

MITCH. Leiden bringt sie heraus in den Menschen.

BLANCHE. Das bißchen Aufrichtigkeit, das es in der Welt gibt, kommt nur bei Menschen vor, die Leid erfahren haben.

MITCH. Ich glaube, da haben Sie recht!

BLANCHE. Ich bin sicher, daß ich recht habe! Zeigen Sie mir einen Menschen, der niemals Kummer und Leid gekannt hat, und es wird sich herausstellen, daß er ein oberflächlicher Mensch ist. — Ach, da sprech ich zu Ihnen — ich lalle Ihnen da etwas vor, mit unbeholfener Zunge. Aber ihr jungen Leute seid schuld daran. Der Film war um elf Uhr aus, und wegen eurer Pokerpartie konnten wir nicht nach Hause gehen. Also mußten wir irgendwo anders hin und etwas trinken. Gewöhnlich trink ich nicht mehr als e i n Glas, ich bin es nicht gewöhnt. Zwei Gläser sind das Äußerste für mich — aber d r e i? *Sie lacht.* Heute abend habe ich d r e i Gläser getrunken!

STANLEY *hereinbrüllend.* Mitch!

MITCH *durch den Spalt des Vorhangs schauend.* Laßt mich draußen. Ich spreche gerade mit Fräulein — äh — *Blickt Blanche an, in Verlegenheit um ihren Namen.*

BLANCHE. Du Bois.

MITCH. Du Bois. *Er zieht die Vorhänge zusammen und wendet sich wieder Blanche zu.*

BLANCHE. Es ist ein französischer Name, das Wort »Bois« bedeutet »Wald«, und »Blanche« heißt »weiß«, also beide Namen zusammen: »Weißer Wald«. Wie ein Obstgarten im Frühling! So können Sie es sich merken — falls Ihnen etwas daran liegt!

MITCH. Sie sind — Französin?

BLANCHE. Von französischer Abstammung. Unsere ersten amerikanischen Ahnen waren französische Hugenotten.

MITCH. Sie sind Stellas Schwester, nicht?

BLANCHE. Ja, Stella ist meine reizende kleine Schwester. Ich nenne sie klein, obwohl sie etwas älter ist als ich.

MITCH. Oh!

BLANCHE. Nur ein wenig älter. Nicht ganz ein Jahr. Wollen Sie etwas für mich tun? *Sie steht auf und holt das Paket, das einen Papierlampion enthält, vom Ankleidetisch.*

MITCH. Gern. Was denn?

BLANCHE *zu ihm hin, nimmt den Lampion heraus.* Ich habe diesen bezaubernden kleinen Lampion in einem chinesischen Geschäft gekauft. Befestigen Sie ihn über der elektrischen Birne, bitte!

MITCH. Mit Vergnügen!

Drinnen ist wieder ein Spiel aus, Stanley gibt frische Karten.

BLANCHE. Eine nackte elektrische Birne kann ich ebensowenig ertragen wie eine rohe Bemerkung oder eine vulgäre Behandlung.

MITCH *faltet den Lampenschirm ungeschickt auseinander, er behandelt ihn, als wäre er eine Ziehharmonika.* Kann mir denken, daß wir auf Sie den Eindruck einer ziemlich rohen Horde machen!

BLANCHE. Oh – ich habe das Talent, mich in – Verhältnisse zu schicken.

MITCH. Eine sehr gute Eigenschaft! Sie sind auf Besuch gekommen, zu Stanley und Stella?

BLANCHE. Stella hat sich in der letzten Zeit nicht ganz wohlgefühlt, und darum bin ich hergekommen, um ihr eine Zeitlang zu helfen. Sie ist sehr herunter.

MITCH. Sie sind nicht –?

BLANCHE. Verheiratet? Nein, nein, ich bin eine alte Jungfer – eine Schullehrerin.

MITCH. Sie sind vielleicht eine Schullehrerin, aber eine alte Jungfer sind Sie bestimmt nicht.

BLANCHE. Ich danke Ihnen, mein Herr! *Mitch geht mit dem Lampion zu der elektrischen Birne über dem Ankleidetisch.* Ihre Ritterlichkeit ehrt Sie!

MITCH *gibt ihr einen Blick.* Sie sind also von Beruf Lehrerin?

BLANCHE. Ja, allerdings.

MITCH *den Lampion befestigend.* Volksschule oder Mittelschule, oder –?

STANLEY *brüllt herüber.* Mitch! *Er springt auf. Die Mitspieler halten ihn zurück.*

MITCH *zurückrufend.* Ich komme!

Blanche sinkt auf einen Stuhl beim Ankleidetisch. Stanley sitzt eine Weile da, voll Wut, spielt dann weiter.

BLANCHE. Mein Gott, was für eine starke Lunge! – Ich unterrichte an einer Mittelschule. In Laurel.

MITCH. Was unterrichten Sie? In welchem Gegenstand?

BLANCHE. Raten Sie!

MITCH. Ich wette, Sie unterrichten Malerei oder Musik?

BLANCHE *lacht charmant.*

MITCH. Natürlich kann ich mich irren, vielleicht unterrichten Sie gar Arithmetik. *Er steht ziemlich dicht hinter ihr, seine Hand findet allmählich einen Ruheplatz auf der Rückenlehne ihres Stuhles.*

BLANCHE. Nicht Arithmetik, Herr, nie im Leben Arithmetik! *Sie lacht.* Ich kann nicht einmal multiplizieren! Nein, ich habe das

Mißgeschick, eine Lehrerin in englischer Literatur zu sein. Ich versuche, einer Horde von Backfischen und Drugstoreromeos Hochachtung für Hawthorne und Whitman und Poe beizubringen.

MITCH. Ich kann mir vorstellen, daß manche von ihnen sich für ganz andere Dinge interessieren.

BLANCHE. Wie sehr recht Sie haben! Das literarische Erbe ist keineswegs das, das die meisten dieser Kinder am höchsten schätzen. Aber sie sind lieb! Und im Frühling ist es rührend, sie zu beobachten, wie sie ihre ersten Entdeckungen in der Liebe machen! Als ob nie jemand vorher das erlebt hätte!

Sie lachen zusammen. Mitch entdeckt plötzlich, daß seine Hand sich auf dem Stuhlrücken angesiedelt hat, er murmelt: »Entschuldigung!« und tritt etwas zurück, gerade in dem Augenblick, als Stella die Tür des Badezimmers öffnet. Er findet, daß er Stella im Weg ist, und macht einige sinnlose Ausweichversuche, wobei er zuerst fast mit Stella zusammenstößt, dann mit Blanche, die aufsteht, um nachzusehen, wie der Lampion angebracht ist.

BLANCHE. Oh, Sie sind fertig damit?

MITCH. Wie bitte? *Versteht, daß sie den Lampion meint.* Ja, ja! *Will das Licht andrehen.*

BLANCHE. Nein. Warten Sie! Ich stelle das Radio an!

Sie tut es, es ertönt »Wien, Wien, nur du allein —«. Nun macht Mitch das Licht an. Blanche beginnt, Walzer zu tanzen, mit romantischen Gesten. Mitch ist entzückt und ahmt ihre Bewegungen linkisch nach, wie ein tanzender Bär. Stella steht in der offenen Badezimmertür und applaudiert.

STANLEY *sein Blatt ansagend.* Drei Buben!

PABLO. Ich gewinne!

Stanley springt vom Pokertisch auf, rast durch die Portieren hinein ins Schlafzimmer, zum Radio hin, reißt das Radio aus seinem Kontakt heraus.

STELLA *eilt vor ihn hin und schreit ihn an.* Stanley! Was machst du mit meinem Radio! *Stanley mit dem Radio an ihr vorbei, wirft es zum Fenster hinaus, während Stella ihn von rückwärts umklammert.* Du betrunkenes — Tier du!

Stella rennt in das Wohnzimmer, an den Tisch, zuerst zu Steve, ihn anstoßend, dann um den Tisch herum und stößt Pablo an. Die Männer stehen auf, Stella wieder zurück zu Steve, ihn weiterstoßend.

STEVE. Beruhige dich, Stella! *Im Schlafzimmer hat sich Stanley vor Mitch aufgepflanzt.*

STANLEY *dicht vor Mitch.* Das ist das letzte Mal, daß du das Radio anstellst, während ich Poker spiele!

STELLA. Geht nach Hause – alle! Wenn einer von euch nur eine Spur Anstand hat –!

Stanley hört den Spektakel im Wohnzimmer und rast in voller Wut hinüber, angriffslustig. Steve stellt sich ihm entgegen, um ihn aufzuhalten. Stanley stößt ihn beiseite.

BLANCHE *ruft warnend.* Stella, gib acht, er –!

Stanley auf Stella los, die hinter die Eingangstür zurückweicht. Die Männer schnell nach, um ihn von Stella wegzuziehen.

STEVE. Ruhig, Stanley! Mensch, nur mit der Ruhe –!

STELLA. Wenn du mich a n r ü h r s t, werde ich –

Man hört das Geräusch eines Schlages hinter der Türe, Stella schreit auf. Blanche kreischt. Mitch rennt ins Wohnzimmer, um Stella zu Hilfe zu eilen.

BLANCHE *schrill.* Meine Schwester erwartet ein Baby!!

MITCH. Das ist schrecklich!

BLANCHE. Wahnsinn, absoluter Wahnsinn ist es!

MITCH. Hier herein mit ihm, Leute!

Stanley wird mit Gewalt hereingebracht, von Steve und Pablo, die ihn zum Sofa drängen.

STELLA *taumelt zur Türe hinaus.* Ich will fort! Fort will ich!!

MITCH *zu Blanche hin.* Poker sollte nicht in einem Haus gespielt werden, wo Frauen sind.

BLANCHE. Ich muß die Kleider meiner Schwester holen. Wir gehen hinauf zu der Frau im ersten Stock! *Sie eilt zur Garderobe hin.*

MITCH *ihr nach ins Schlafzimmer.* Wo sind die Kleider?

BLANCHE *die einen Mantel ergriffen hat.* Ich hab sie schon! *Sie ruft.* Stella, Stella, mein Herz. Meine süße kleine Schwester! Fürchte dich nicht! *Sie läuft hinüber zu Stella, legt ihr den Mantel um die Schultern und führt sie die spiralförmige Treppe hinauf, murmelt dabei Trostworte wie: »Hat er dich verletzt?« usw. Mitch geht ihnen nach bis zur Türe.*

STANLEY *auf dem Sofa sucht sich frei zu machen: wie aus dem Schlaf sprechend.* Was ist denn los? Was ist denn passiert? *Er macht sich frei und kommt auf seine Füße zu stehen. Steve rechts, Pablo links von ihm, Mitch heran.*

MITCH. Was passiert ist? Explodiert bist du, Stan!

PABLO. Er ist jetzt wieder in Ordnung.

STEVE. No sicher, er ist okay!

MITCH *legt ihn aufs Bett und gibt ihm ein feuchtes Handtuch auf den Kopf.*

PABLO. Ich glaube, Kaffee wäre jetzt besser!

STEVE. Kaltes Wasser!

MITCH. Haltet ihn unter die Brause, da hat er genug kaltes Wasser! *Er schiebt Steve nach links. Die Männer befördern den sich wehrenden Stanley nach links, in der Richtung zum Baderaum. Mitch schiebt von hinten nach. Diese Prozedur ist von Stöhnen und Flüchen begleitet — gleichzeitig ertönt hinter der Bühne die Jazzband.*

MITCH. Er dürfte nicht mit netten Frauen leben! Er verdient es nicht! Er hat keine Ahnung, wie man sie behandeln muß! Unter die Dusche mit ihm!

Die Männer verschwinden mit Stanley im Badezimmer. Man hört von drinnen einen wüsten Kampf, Schreie, Flüche, einen Krach. Mitch erscheint, Wasser von seinen Ärmeln schüttelnd, er geht durch die beiden Zimmer zur Eingangstüre und sagt dort, traurig aber bestimmt.

MITCH *bei der Eingangstüre.* Poker dürfte nicht in einem Hause gespielt werden, in dem Frauen sind. *Er geht hinaus, wirft einen Blick auf die Treppe hinan, und geht ab.*

Pablo und Steve eiligst aus dem Badezimmer, auf der Flucht vor Stanleys Gewalttätigkeiten. Sie bemächtigen sich ihres Geldes, das noch auf dem Tisch liegt. Pablo rafft seinen Rock von der Stuhllehne.

PABLO. Schauen wir, daß wir hier herauskommen, zum Teufel!

Pablo eiligst ab, stöhnend. Steve folgt ihm und beginnt die Treppe emporzulaufen.

EUNICE *ruft von oben.* Steve!

STEVE *murmelt.* Ooch! *Er verschwindet im ersten Stock.*

Die Beleuchtung in der Wohnung wird schwächer. Einen Augenblick später kommt Stanley aus dem Badezimmer. Er blickt umher, auf der Suche nach Stella, und wankt unsicheren Schrittes durch die Zimmer. Er bleibt beim Telefon stehen, nimmt den Hörer ab, erinnert sich nicht ohne Anstrengung an eine Nummer und ruft schließlich an.

STANLEY *murmelt in den Hörer.* Eunice, ich muß mein Baby sprechen! Eunice! Ich werde so lange läuten, bis ich mit meinem Baby spreche. *Er schmettert den Hörer hin. Er stolpert auf die Veranda hinaus. Er blickt die Treppe hinan, den Kopf zurückgelegt und heult, wie ein anschlagender Jagdhund.* Stel — laah! Stel — laah!

EUNICE *von oben.* Hör auf mit dem Geheul da unten und geh zu Bett!

STANLEY. Ich will mein Baby haben!! Stel — laah!!

EUNICE. Sie kommt nicht herunter, also hör auf! Oder die Polizei kommt über dich! Du kannst nicht eine Frau schlagen und sie dann zurückrufen! Sie kommt nicht! Und schwanger ist sie auch noch! Ich hoffe, sie holen dich und halten dich unter den Feuerwehrschlauch, wie das vorige Mal. Du Stinktier! Du Pollak, du!

STANLEY *demütig.* Eunice, ich will mein Mädel haben! Sie soll doch herunter kommen!!

EUNICE. Hah! *Sie schlägt die Türe zu.*

STANLEY *mit einer markerschütternden Stimme, voll tobsüchtiger Leidenschaft.* Stel—laaaaah! Stell—!

Stella kommt herunter. Auf der untersten Stufe macht sie halt. Stanley fällt vor ihr in die Knie und preßt sein Gesicht in ihren Schoß. Er weint. Er erhebt sich, nimmt sie in seine Arme und trägt sie auf die Veranda.

STANLEY *während Stella ihn leidenschaftlich küßt.* Verlaß mich nie ... verlaß mich nie ... mein Herz ... mein Baby ... !

Kein Licht in den Zimmern, nur ein schwacher Schein durch das zerbrochene Oberlichtfenster, vom Lampion, und etwas Licht von der offenen Türe des Badezimmers her. Stanley trägt Stella aufs Bett und stellt die spanische Wand darum herum. Blanche kommt die Treppe vom oberen Stockwerk herunter und blickt in die Wohnung.

BLANCHE *mit gedämpfter Stimme rufend.* Wo ist meine kleine Schwester? Stella — Stella —!

Sie tritt zögernd ein, prallt zurück vor dem Anblick, der sich ihr bietet, hinaus auf die Veranda, die Eingangstür hinter sich zuziehend. Verwirrt schaut sie umher. Einen Augenblick lang überlegt sie, ob sie nicht lieber in die obere Wohnung zurückgehen soll, wendet sich aber wieder der Wohnungstür zu und lehnt sich schließlich mit einem gequälten Seufzer gegen sie. Mitch kommt von der Straße her, erblickt Blanche. Die Jazzmusik verstummt.

MITCH. Fräulein Du Bois ...

BLANCHE *zusammenfahrend.* Oh!

MITCH. Alles wieder ruhig an der Front?

BLANCHE. Sie rannte die Stiege herunter und ging hinein mit ihm!

MITCH. Oh, selbstverständlich!

BLANCHE. Ich bin in einem Todesschrecken!

MITCH. Kein Grund zur Angst. Die sind wahnsinnig verliebt ineinander.

BLANCHE. Ich bin so etwas nicht gewöhnt —!

MITCH. Daß das uns auch passieren mußte, in Ihrer Gegenwart! Aber nehmen Sie es nicht ernst!

BLANCHE. Gewalttätigkeiten! Das ist so —!

MITCH. Setzen wir uns doch auf die Treppe und rauchen Sie eine Zigarette mit mir! *Er holt sein Etui heraus.*

BLANCHE. Aber ich bin nicht ordentlich angezogen.

MITCH. Das macht keinen Unterschied in dem Viertel.

BLANCHE *nimmt sich eine Zigarette.* Solch ein hübsches Silberetui!

MITCH. Ich habe Ihnen die Inschrift gezeigt, nicht wahr?
Er bietet ihr Feuer an.

BLANCHE. Ja. *Pause. Sie blickt ihn an.* Es ist so viel Konfusion in der Welt! Ich danke Ihnen, daß Sie so gut zu mir sind! Ich brauche das jetzt – Güte!
Licht aus.
Straßenlärm, Rufe etc. durch die folgende Verwandlung weiter.

VIERTE SZENE

Früh am nächsten Morgen. Man hört die Rufe von Straßenverkäufern, während die Bühne sich allmählich erhellt.

MÄNNLICHE STIMME. Gebratene Fische! –

MÄNNLICHE STIMME. Brombeeren, zehn Cents ein Viertel!

FRAUENSTIMME. Wassermelonen, etc., Kartoffeln aus Irland! – Frische junge Bohnen! Frische Eier, direkt vom Land! etc.
Stella räkelt sich in dem Armstuhl im Schlafzimmer. Die Portieren zwischen den beiden Zimmern sind geschlossen. Im Wohnzimmer ist die Unordnung vom Pokerabend noch nicht aufgeräumt. Auf Stellas Gesicht, ihren Augen und Lippen der Ausdruck eines fast narkotischen Friedens, wie wir ihn von asiatischen Idolen her kennen.
Blanche kommt die Spiraltreppe herunter, öffnet die Wohnungstüre und tritt rasch ein.

BLANCHE. Stella?

STELLA *sich träge regend.* Mhm?
Blanche stößt einen Schrei aus, der wie ein Stöhnen klingt, läuft ins Schlafzimmer und wirft sich in einer Wallung von hysterischer Zärtlichkeit bei Stella nieder. Die Straßenrufe verklingen.

BLANCHE. Baby! Meine Babyschwester!

STELLA *wegrückend.* Blanche, was ist los mit dir?

BLANCHE *herumschauend.* Er ist fort?

STELLA. Stan? Ja.

BLANCHE. Kommt er zurück?

STELLA. Er ist zur Garage gegangen, um das Auto schmieren zu lassen. – Warum?

BLANCHE. Warum! – Ich war selbst dem Wahnsinn nahe, Stella, als ich entdeckte, daß du so wahnsinnig warst, zurückzukommen – nach dem, was geschehen war! – Ich bin dir nachgerannt, weißt du! Ich wollte dich von hier fort holen! *Sie springt auf und macht ein paar Schritte von Stella weg und dann zu ihr zurück.*

STELLA. Ich bin froh, daß du es nicht getan hast!

BLANCHE. Wie konntest du nur!

STELLA *macht eine unbestimmte Gebärde.*

BLANCHE. Antworte mir! Was ist in dir vorgegangen? Was?

STELLA. Ich bitte dich, Blanche! Setz dich und hör auf zu schreien. *Blanche setzt sich auf das Fußbänkchen vor Stella hin und ergreift ihre Hand.*

BLANCHE. Gut, Stella! Ich will meine Frage in aller Ruhe wiederholen. Wie konntest du gestern nacht hierher zurückkommen? Mein Gott! Du mußt ja bei ihm geschlafen haben!

STELLA *erhebt sich in einer ruhigen, lässigen Weise. Sie streckt sich.* Blanche, ich hatte vergessen, wie erregbar du bist. Du machst viel zu viel her von dieser Sache. *Sie geht zum Stuhl beim Toilettetisch.*

BLANCHE. Ich — mache zu viel her?

STELLA *auf dem Hocker knieend und sich im Spiegel betrachtend.* Ja, du, Blanche! Ich weiß, wie es dir vorgekommen sein muß. Und es tut mir leid — sehr leid, daß es passiert ist, aber es war nichts so Ernstes, wie du zu glauben scheinst. Wenn Männer trinken und Poker spielen, kann alles passieren, da sitzt man immer wie auf einem Pulverfaß. *Sie massiert sich wohlig den Kopf.* Er wußte nicht, was er tat. Er war das reine Lamm, als ich zurückkam, er hat sich wirklich sehr geschämt!

BLANCHE. Und das — das macht alles wieder gut?

STELLA. Nein. Kein Mensch sollte einen solchen Krach machen. Aber das kommt vor, manches Mal. Stanley hat immer Dinge entzweigeschlagen. Sogar in unserer Hochzeitsnacht! Kaum waren wir herinnen, da hat er mir einen Pantoffel vom Fuß gezogen und ist im Zimmer herumgelaufen und hat alle elektrischen Birnen damit entzweigeschlagen.

BLANCHE. Was — hat er getan?

STELLA *sich vor den Toilettetisch setzend.* Alle elektrischen Birnen hat er mit dem Absatz meines Pantoffels zertrümmert! *Sie lacht.*

BLANCHE. Und du — hast du das zugelassen! Du bist nicht weggelaufen, hast nicht geschrieen!

STELLA. Es war so aufregend! *Sie steht auf und geht langsam zur Eingangstüre.* Hast du bei Eunice gefrühstückt?

BLANCHE. Du nimmst an, daß ich heute Appetit auf ein Frühstück hatte?

STELLA. Hier auf dem Ofen ist noch etwas Kaffee!

BLANCHE. Du nimmst das Ganze so sachlich, Stella!

STELLA *jetzt beim Radiotisch, die abgerissenen Drähte befingernd.* Wie soll ich es sonst nehmen? Er hat das Radio zum Reparieren getragen. *Sie gurrt wohlig.* Es ist nicht aufs Pflaster geschlagen, nur eine Röhre war kaputt.

BLANCHE. Und du stehst da und lächelst darüber?

STELLA. Was willst du, daß ich tue?

BLANCHE. Reiß dich zusammen und blick den Tatsachen ins Gesicht!

STELLA. Was sind denn die Tatsachen deiner Meinung nach?

BLANCHE. Meiner Meinung nach? Du bist mit einem Irrsinnigen verheiratet.

STELLA *die spanische Wand beim Bett umstellend.* Nein!

BLANCHE *setzt sich aufs Bett.* Das ist die Tatsache, jawohl. Du befindest dich in einer schlimmeren Situation als ich! Nur machst du es dir nicht klar. Ich bin im Begriff, etwas dagegen zu unternehmen, ein neues Leben zu beginnen! Aber du hast einfach aufgegeben! Du hast dich gefügt — als wäre es das Unvermeidliche! Und das ist falsch! Du bist noch nicht alt, du kannst dich noch frei machen!

STELLA *setzt sich neben Blanche aufs Bett, langsam und nachdrücklich.* Da ist nichts, wovon ich mich frei machen möchte!

BLANCHE *ungläubig.* Was? Stella!

STELLA *steht auf und geht zur Öffnung zwischen den Zimmern.* Ich habe nicht den geringsten Wunsch, mich von irgend etwas frei zu machen! *Nach dem Wohnzimmer deutend.* Sieh dir die Unordnung in diesem Zimmer an! Und die vielen leeren Flaschen! *Sie sammelt die Karten vom Tisch, ordnet sie und legt das Pack hin.* Zwei Kisten Bier haben sie gestern nacht ausgetrunken! — Er hat mir heute morgen versprochen, diese Pokerabende aufzugeben, aber du weißt, wie lange er dieses Versprechen halten wird. — Nun ja, das ist eben sein Vergnügen; ich gehe ins Kino und spiele Bridge. Jeder muß die Gewohnheiten des anderen tolerieren, denke ich.

BLANCHE *die inzwischen zu ihrem Koffer gegangen ist.* Ich kann dich nicht verstehen! *Stella holt, mit einem wohligen Seufzer, den Besen.* Ich kann deine Gleichgültigkeit wirklich nicht verstehen. Hast du dich zur chinesischen Philosophie bekehrt?

STELLA *den Besen in der Hand, ohne zu kehren.* Zu was für einer Philosophie?

BLANCHE *mit einiger Schwierigkeit, da Stella ihr mit dem Besen vor den Augen herumfuchtelt.* Wie du da herumlatschst und vor dich hinmurmelst: »Nur eine Röhre kaputt« — »Bierflaschen« — »Unordnung in der Küche«! — Als ob nichts Ungewöhnliches passiert wäre! — — Fuchtelst du mir absichtlich mit dem Besen vor dem Gesicht herum?

STELLA. Nein.

BLANCHE *den Besen wegstoßend.* Hör auf damit! Leg ihn fort! Ich will nicht haben, daß du nach ihm aufräumst!

STELLA. Wer denn wird es tun? Du vielleicht? *Sie händigt ihr den Besen ein.*

BLANCHE *läßt den Besen hinter den Schrankkoffer fallen.* Ich —?

STELLA. Du nicht? Das hab ich mir gedacht. *Sie fährt fort, Ordnung zu machen.*

BLANCHE. Laß mich! Ich muß denken! Wenn mein Hirn nur funktionieren wollte! — Wir müssen uns Geld verschaffen, das ist der Ausweg!

STELLA. Sich Geld verschaffen, ist immer angenehm.

BLANCHE. So hör doch zu! Ich habe eine Idee! Erinnerst du dich an Shep Huntleigh?

STELLA *immer weiter arbeitend.* Nein.

BLANCHE. Natürlich erinnerst du dich an Shep Huntleigh, ich bin öfter ausgegangen mit ihm, im College, ich habe eine Zeitlang seine Nadel getragen. —

STELLA. Und?

BLANCHE. Vorigen Winter hab ich ihn zufällig getroffen. Du weißt doch, daß ich während der Weihnachtsfeiertage einen Ausflug nach Miami gemacht habe?

STELLA. Das wußte ich nicht.

BLANCHE. Ja, ich habe gedacht, ich investiere das, vielleicht treffe ich dort einen Millionär.

STELLA *räumt die Flaschen fort.* Und hast du einen getroffen?

BLANCHE. Ja, eben diesen Shep Huntleigh, am Heiligen Abend, auf einem Boulevard in Miami. Es wurde schon dunkel, er wollte gerade in seinen Wagen einsteigen. Ein Cadillac! Convertible! Ein Riesenkasten.

STELLA *die den Tisch auf seinen gewohnten Platz rückt.* Hoffentlich hat es keine Verkehrsstörung gegeben.

BLANCHE *im Zimmer herumwandernd, leicht hochtrabend.* Hast du schon etwas von Ölquellen gehört?

STELLA *zieht das Linoleum vom Tisch und stellt einen Aschenbecher hin.* Nichts Genaues.

BLANCHE. Er besitzt Ölquellen, überall in Texas. Texas strömt buchstäblich als Gold in seine Taschen!

STELLA *räumt die Bierkiste weg, die als Sitz gedient hat.* Interessant!

BLANCHE. Du weißt, wie gleichgültig ich gegen Geld bin. Geld ist für mich nur das, was man damit anfangen kann. Aber Shep könnte es machen, ganz gewiß könnte er es machen!

STELLA. Was denn machen?

BLANCHE. Uns einen Laden einrichten!

STELLA. Was für einen Laden?

BLANCHE. Oh — irgend einen Laden! — Er könnte das leicht, mit der Hälfte des Geldes, das seine Frau beim Rennen verspielt.

STELLA. Er ist verheiratet?

BLANCHE. Aber mein Herz — wäre ich hier, wenn der Mann nicht verheiratet wäre? *Stella lacht ein wenig. Blanche eilig zum Telefon hin.* Wie krieg ich die Telegrammaufnahme? *Sie ruft mit schriller Stimme in den Hörer.* Ist dort das Amt? Telegrammaufnahme!

STELLA. Du mußt die Nummer drehen, Liebe.

BLANCHE. Ich kann nicht, ich bin zu —!

STELLA. Dreh einfach Null!

BLANCHE. Null?

STELLA. Ja, dann bekommst du das Amt.

BLANCHE *einen Moment überlegend, legt den Hörer wieder auf, geht zum Toilettetisch.* Gib mir einen Bleistift! Wo ist ein Stück Papier? *Sie nimmt vom Ankleidetisch eine Papierserviette und den Augenbrauenstift.* Ich muß es erst aufschreiben — den Text des Telegramms...! *Stella im Schlafzimmer, beginnt das Bett zu machen. Blanche schreibt.* »Lieber Shep, meine Schwester und ich in verzweifelter Situation —«

STELLA. Wie bitte?

BLANCHE. »Meine Schwester und ich in verzweifelter Situation, Einzelheiten später, wärest du interessiert —? Wärest du interessiert in — ...« *Zerknüllt das Papier, fingert nervös an ihrem Hals herum.* Mit direkten Bitten erreicht man nie etwas! *Stella lacht.*

STELLA. Liebling, benimm dich nicht so lächerlich!

BLANCHE *springt auf, wirft das zusammengeknüllte Papier in den Papierkorb und den Augenbrauenstift auf den Ankleidetisch. Nimmt von dort ihre Handtasche.* Ich muß mir was ausdenken, irgend etwas! Lach mich nicht aus, Stella! Lach nicht — ich zeige dir, was ich in meiner Börse habe! *Öffnet ihre Geldbörse und nimmt Kleingeld heraus.* Schau, wieviel ich habe! Fünfundsechzig armselige Cents in der Landeswährung! *Sie wirft das Geld unter den Toilettetisch.*

Stella zum Toilettetisch, nimmt von ihm zwei zusammengefaltete Geldscheine.

STELLA. Stanley gibt mir kein regelmäßiges Wirtschaftsgeld, er zahlt die Rechnungen gerne selbst, aber — heute früh hat er mir zehn Dollar gegeben, du weißt, um mich zu versöhnen. Nimm fünf davon, Blanche, und ich behalte den Rest. *Sie hält Blanche eine Fünf-Dollar-Note hin.*

BLANCHE *mit einer großartigen Geste zurückweichend.* Oh nein! Nein, Stella!

STELLA *insistierend.* Ich weiß, was für eine moralische Hilfe es ist, wenn man ein bißchen Kleingeld bei sich hat.

BLANCHE *melodramatisch.* Nein, ich danke dir! Da geh ich lieber auf die Straße!

STELLA *steckt den Schein in Blanches Handtasche.* So rede doch vernünftig! – Wie kommt es, daß du so wenig Geld hast? *Sie schließt Blanches Handtasche.*

BLANCHE. Das Geld geht eben weg – Gott allein weiß, wohin! *Reibt sich die Stirne.* Irgendwo muß ich mir heut ein Brausepulver verschaffen!

STELLA. Ich mach dir gleich jetzt eines! *Will zum Badezimmer hin.*

BLANCHE *sie zurückhaltend.* Nicht jetzt! – Ich muß denken!

STELLA *wendet sich ihr zu und legt ihr die Hände auf die Schulter.* Schau, laß doch einfach alles gehen, wie es geht – wenigstens für eine Zeit..!

BLANCHE. Stella, ich kann nicht mit ihm zusammen leben. Du kannst mit ihm leben, er ist dein Mann. Aber wie könnte ich hier mit ihm bleiben, nach dem, was gestern nacht geschehen ist, mit nur diesem Vorhang zwischen uns! *Sie zupft an dem Vorhang zwischen den Zimmern.*

STELLA. Du hast ihn gestern in seiner schlechtesten Form gesehen, Blanche.

BLANCHE. Im Gegenteil, in seiner besten! Was ein Mann dieser Art zu bieten hat, ist animalische Kraft, und die hat er weiß Gott in großer Form gezeigt! – Aber die einzige Möglichkeit, mit so einem Mann zu leben, ist – mit ihm zu Bett zu gehen! Und das ist deine Aufgabe – nicht meine!

STELLA *bringt den Toilettetisch in Ordnung und dreht den Lichtarm mit dem Lampion zur Wand zu.* Wenn du dich erst eine Weile ausgeruht hast, wird sich schon alles finden – du wirst sehen! Während du hier bist, brauchst du dich um nichts zu sorgen, ich meine – du hast keine Ausgaben...

BLANCHE. Stella, ich muß einen Weg finden, wie wir beide hier herauskommen!

STELLA *eine Puderdose energisch auf den Tisch stellend.* Hör endlich auf, anzunehmen, daß ich aus irgend etwas heraus will!

BLANCHE. Ich nehme an, deine Erinnerung an Belle Reve ist noch immer so weit lebendig in dir, daß es für dich ein Ding der Unmöglichkeit ist, mit diesen Pokerspielern zu leben!

STELLA. So muß ich dir sagen, daß du entschieden zu viel annimmst.

BLANCHE. Ich kann nicht glauben, daß das dein Ernst ist!

STELLA. Nein?

BLANCHE. Ich kann mir, bis zu einem gewissen Grade, vorstellen, wie das alles gekommen ist. Du hast ihn getroffen, in Uniform, als einen Offizier – aber nicht hier –!

STELLA. Ich bin nicht sicher, ob es irgend einen Unterschied gemacht hätte, wo immer ich ihn getroffen hätte!

BLANCHE. Sag jetzt nur nicht, es war ein Fall von mysteriöser elektrischer Anziehung zwischen dir und ihm! Denn wenn du das sagst, lache ich dir ins Gesicht!

STELLA *direkt zu Blanche.* Ich werde überhaupt nichts mehr sagen darüber!

BLANCHE *sich abwendend.* Schön, also dann nicht!

STELLA *auf Blanche zu.* Aber es gibt Dinge, die zwischen Mann und Frau im Dunkeln geschehen, die alles übrige unwichtig erscheinen lassen. *Pause.*

BLANCHE. Das, wovon du sprichst, das ist ein brutaler Trieb — nicht Sehnsucht, sondern einfach Begierde! — Begierde, nicht Sehnsucht, bedeutet der Name dieser ausgefahrenen, ratternden Straßenbahn, die hier durch das Viertel holpert, eine alte, enge Straße hinauf und eine andere alte, enge Straße hinunter ...

STELLA. Bist du niemals auf dieser Straßenbahn, namens Begierde, gefahren?

BLANCHE. Sie hat mich ja hierher gebracht — hierher, wo ich nicht erwünscht bin und wo ich mich schäme zu sein.

STELLA. Glaubst du nicht, daß deine überlegene Haltung ein wenig fehl am Orte ist? *Sie wendet sich ab.*

BLANCHE *sie zurückhaltend und zu sich herumdrehend.* Ich bin nicht überlegen, Stella, nein, ich fühle mich nicht überlegen, ganz und gar nicht, glaube es mir! Es ist einfach so, wenigstens sehe ich es so an. Ein Mann dieser Art, nun ja, man kann mit ihm ausgehen, einmal, zweimal, dreimal, wenn man den Teufel in sich fühlt. Aber mit ihm leben? Ein Kind von ihm haben?

STELLA. Ich habe dir gesagt, daß ich ihn liebe!

BLANCHE. Dann zittere ich für dich! — Ja — ich zittere!

STELLA *von ihr weg, sich im Zimmer Arbeit machend.* Ich kann dich nicht daran hindern, zu zittern, wenn du unbedingt zittern willst! *Pause. Pfeifen und Rattern der heranrollenden Straßenbahn.*

BLANCHE. Darf ich ganz offen reden?

STELLA. Gewiß, rede! So offen wie du willst!

Sie warten, bis die Bahn vorübergerasselt ist. Unhörbar in dem Lärm, betritt Stanley das Wohnzimmer von der Straße. Er trägt eine Blechbüchse mit Gasolin und ist über und über mit Fett beschmiert. Er bleibt innerhalb der Eingangstüre, nahe beim Eisschrank, stehen, ungesehen von Blanche und Stella, aber sichtbar für das Publikum, und hört dem Gespräch der Frauen zu.

BLANCHE. Verzeih mir, aber er ist so gewöhnlich — ordinär!

STELLA. Ja — ich nehme an, daß er das ist.

BLANCHE. Du nimmst an —? Du kannst deine Erziehung nicht so sehr vergessen haben, Stella, daß du annimmst, er habe auch nur einen Zug eines Gentleman in seiner Natur! Auch nicht einen Funken davon hat er! — Wenn er nur vulgär wäre, gewöhnlich, wie er ist, aber dabei gut und sympathisch —! Nein, es ist etwas direkt Bestialisches in ihm! — Du haßt mich, weil ich das sage, nicht wahr?

STELLA *kalt.* Sprich weiter und sag alles heraus, Blanche!

BLANCHE. Er benimmt sich wie ein Tier, er hat die Gewohnheiten eines Tieres! Ißt wie ein Tier, er bewegt sich wie ein Tier, er spricht wie eines! Er hat sogar etwas Untermenschliches, etwas, das das menschliche Niveau noch nicht erreicht hat! Ja — etwas Affenartiges, wie auf den Abbildungen in anthropologischen Büchern! Tausende und Tausende von Jahren der Entwicklung sind an ihm vorübergegangen, wirkungslos — und da ist er nun, Stanley Kowalski, ein Überlebender aus der Steinzeit! Der das rohe Fleisch der Beute nach Hause bringt, die er im Dschungel erlegt hat! Und du, du sitzt hier — und wartest auf ihn! Vielleicht wird er dich schlagen, oder vielleicht wird er freundlich grunzen und dich küssen. Das heißt, wenn das Küssen schon entdeckt ist! *Sie geht nach der hinteren Bühne.* Die Nacht kommt heran, und die anderen Affen versammeln sich! Vor ihrer Höhle! Alle grunzen sie wie er, und saufen und kauen und tapsen umher! Sein Pokerabend! So nennst du diese Affenunterhaltung! Einer knurrt, ein anderer schnappt nach etwas — und der Kampf hat begonnen! Du lieber Himmel! *Sie setzt sich neben Stella und legt den Arm um sie.* Vielleicht sind wir weit davon entfernt, als Gottes Ebenbild erschaffen worden zu sein, ursprünglich. Aber Stella, meine Schwester — seitdem hat es doch einigen Fortschritt gegeben! Es sind inzwischen Dinge zur Welt gekommen wie Kunst, Poesie und Musik! Erleuchtungen, eine neue Art von Licht! Bei manchen Völkern, in manchen Menschen sind doch zärtliche Gefühle erweckt worden! Diese Gefühle müssen wir doch wachsen machen! An ihnen müssen wir festhalten, wir müssen sie als unsere Fahne schwingen! — Auf diesem unserem Marsch durch das Dunkel der Zeiten auf das ungewisse Ziel hin, was immer es sein mag, dem wir uns nähern... Du darfst doch nicht zurückfallen auf das Niveau der wilden Tiere! *Stanley zögert und leckt sich die Lippen, er schlägt die Eingangstür zu und öffnet den Eiskasten.*

STANLEY *ruft.* He! Stella! *Er nimmt sich eine Flasche Bier aus dem Schrank, öffnet sie und trinkt. Eine Pause. Die beiden Schwestern tauschen einen bedeutsamen Blick.*

STELLA *die Blanche mit einem ernsten Gesicht zugehört hat.* Ja? Stanley?

BLANCHE *aufgeregt flüsternd, zu Stella.* Stanley —! Stella, ich —! *Sie versucht Stella zurückzuhalten, die aufsteht, zu dem Vorhang zwischen den beiden Zimmern hingeht und ihn öffnet.*

STANLEY. Hallo, Stella. Ist Blanche zurück?

STELLA *geht wieder in das Schlafzimmer, gibt Blanche einen Blick.* Ja, sie ist zurück.

Blanche steht auf und geht zu dem Pfosten der Türöffnung, zwischen Stella und Stanley stehend, blickt sie mit gespannter Aufmerksamkeit auf ihn.

STANLEY. Hallo, Blanche! *Er ist ein paar Schritte auf sie zugegangen und grinst sie an.*

STELLA *ihn unverhohlen betrachtend.* Du mußt unter den Wagen geraten sein!

STANLEY. Diese verdammten Mechaniker können nicht einmal einen Gasolinbehälter von einem Anlasser unterscheiden. *Er trinkt aus der Bierflasche.*

Stella geht langsam an Blanche vorbei auf Stanley zu. Dann ist sie mit einem kleinen raschen Lauf, in seinen Armen.

STANLEY *als Stella sich mit solchem Ungestüm ihm entgegenwirft, — vor Blanches Augen.* He!! *Er wirft sie mit der Kraft seines Körpers hoch.*

Licht aus!

Zweiter Akt

ERSTE SZENE

Einige Wochen später.

Diese Szene bildet die Balance zwischen den beiden Hauptbewegungen des Stückes, am Anfang und am Ende: Blanches Ankunft und den Geschehnissen, die zu ihrem gewaltsamen Abgang führen. In ihr müssen bestimmte, wichtige Züge in Blanches Charakter herausgebracht werden, welche diesem Tiefe verleihen, und die Intensität ihres inneren Lebens fühlbar machen: dadurch wird ihre Persönlichkeit mehr Bedeutung erhalten, als an der Oberfläche in Erscheinung tritt.

Musik ist hörbar, während das Licht im Zuschauerraum ausgeht; sie verklingt, wenn der Vorhang sich hebt.

Blanche sitzt am Tisch im Wohnzimmer und ist gerade mit dem Schreiben eines Briefes fertig geworden. Sie bricht unvermittelt in Lachen aus.

Stella sitzt auf dem Bett im Schlafzimmer und stopft Socken; bei ihr auf dem Bett ein Nähkästchen und drei Unterkleider.

STELLA. Worüber lachst du denn, Liebling?

BLANCHE. Über mich selbst, weil ich so eine Lügnerin bin! Ich habe gerade einen Brief an Shep geschrieben. *Nimmt den Brief.* »Geliebter Shep, ich verbringe den Sommer, indem ich hin und her fliege und bald hier, bald da Besuch mache. Und wer weiß, vielleicht flattere ich bald in Dallas nieder! Was würdest du dazu sagen?« *Sie lacht nervös und übertrieben heiter und berührt ihren Hals mit einer Geste, als ob sie tatsächlich mit Shep spräche.* »Laß Dir das zur Warnung dienen!« — Wie klingt das?

STELLA. Mhm . . .

BLANCHE *nervös fortfahrend.* »Die meisten Freunde meiner Schwester gehen im Sommer nach dem Norden; aber einige haben ihre Villen hier am Meer, und daraus ergab sich eine Kette von Einladungen, Tees, Cocktail-Parties und so weiter —« *Im oberen Stockwerk entsteht ein lauter Krach und unterbricht die Leserin.*

EUNICE *oben.* Ich weiß längst alles über dich und dieses blonde Weibsbild!

STEVE. Das ist eine gottverdammte Lüge!

EUNICE. Mich wirst du nicht blöd machen. Es wäre mir lieber, du würdest gleich dort bleiben, in deinem sauberen Stammlokal, — bei den — »Vier Assen« — statt immer hinzurennen!

STEVE. Wer hat mich auch nur einmal dort gesehen?

EUNICE. Ich hab dich gesehen, wie du mit der Person auf dem Balkon Fangen gespielt hast! Ich werde die Sittenpolizei verständigen!

STEVE. Droh mir doch nicht, du —!

STELLA *während des Krachs, trocken.* Eunice scheint mit Steve Schwierigkeiten zu haben. *Man hört das Aufschlagen eines Aluminiumgeschirrs an der Wand, dann den Wutschrei eines Mannes und das Umfallen von Möbelstücken. Ein lauter Krach — dann Stille.*

BLANCHE *hinaufhorchend.* Was war das jetzt? Hat er sie umgebracht?

STELLA. Sie kommt die Treppe herunter.

EUNICE *wie sie eben die Treppe herunter kommt, sich ihre Rückseite reibend.* Ich rufe die Polizei! Die Polizei ruf ich! *Ab auf der Straße, nach rechts.*

Stanley kommt gerade von dort, an Eunice vorbei, blickt ihr erstaunt nach; er ist in seinem guten Anzug und trägt ein Paket. In die Wohnung eintretend, wirft er es auf das Sofa im Wohnzimmer.

STANLEY *sich den Rock ausziehend.* Was hat denn die Eunice? *Er legt den Rock auf das Sofa und öffnet das Paket, das frisch geputzte Wäsche enthält.*

STELLA. Sie hat einen Krach mit Steve gehabt. Ob sie wirklich auf die Polizei geht?

STANLEY. Ach wo, sie geht sich einen antrinken, bei den »Vier Assen.«

STELLA. Das ist auch viel gescheiter.

Während der letzten Sätze kam Steve die Treppe heruntergerannt und erscheint nun im Wohnzimmer, mit an der Hose heraushängendem Hemd.

STEVE. Ist sie da herinnen?

STANLEY *der gerade beim Sofa sein Hemd ausgezogen hat.* Keine Spur! Such sie in deinem Stammlokal!

STEVE. Dieses verdammte dicke Stück! *Er rennt ab, die Tür hinter sich zuschlagend.*

BLANCHE *faltet den Brief an Shep zusammen und verwahrt ihn in ihrem Handtäschchen; nimmt ein kleines Notizbuch heraus.* Das muß ich mir notieren. Haha! Ich lege mir eine Sammlung von originellen Ausdrücken an, die ich hier aufschnappe.

STANLEY *der hinter ihr steht und ein frisches Hemd auswählt.* Du wirst hier kein Wort aufschnappen, das du nicht schon früher gehört hast.

Stanley trägt den Stoß reiner Hemden zum Schubladenkasten, zieht die hintere Lade heraus, schmeißt die Hemden hinein, stößt die Lade mit einem Fuß zu, ballt das Papier, in dem die Hemden verpackt waren, zusammen und wirft es in eine Ecke des Zimmers.

BLANCHE *die unter dem Lärm, den er dabei verursacht hat, zusammengezuckt ist.* Unter welchem Zeichen sind Sie geboren?

STANLEY *das frische Hemd anziehend.* Was für ein Zeichen?

BLANCHE. Ja, unter welchem astrologischen Zeichen? Ich wette, Sie sind unter dem Widder geboren. Solche Leute sind stark und dynamisch, sie lieben Lärm. Und sie lieben es, mit Gegenständen herumzuschmeißen. Beim Militär haben Sie dazu ja reichlich Gelegenheit gehabt, und jetzt, im Zivil, geht Ihnen das ab, und Sie entschädigen sich für Mangel an Lärm und Brutalität, indem Sie leblose Objekte mit solcher Wut behandeln!

Stanley hat sich unter den Krawatten, die an der Innenseite der Schranktür aufgehängt sind, eine ausgesucht.

STELLA. Stanley ist genau fünf Minuten nach Weihnachten geboren.

BLANCHE *mit einer wissenden Gebärde zu Stanley hin.* Aha! Steinbock!

STANLEY *sein Hemd zuknöpfend.* Unter welchem Zeichen sind S i e geboren?

BLANCHE. Oh, ich habe meinen Geburtstag im nächsten Monat, am fünfzehnten September, also eine Virgo.

STANLEY. Was ist das — Virgo?

BLANCHE. Virgo — die Jungfrau! *Stella steht auf.*

STANLEY *verächtlich, mit einem Blick auf Stella. Er stopft sich eben das Hemd in die Hose.* Ha!

Stella räumt die Unterkleider und das Nähkästchen weg. Stanley tritt nahe an Blanche heran und beugt sich über sie, während er sich die Krawatte bindet.

STANLEY. Sagen Sie – kennen Sie vielleicht jemanden, der Shaw heißt?

BLANCHE. Gewiß, jeder kennt einen Herrn namens Shaw.

STANLEY. Nämlich – dieser Herr Shaw lebt in der Einbildung, daß er Sie in Laurel getroffen hat, aber er muß Sie mit einer anderen Person verwechseln, denn diese andere Person hat er in einem Hotel getroffen – im Hotel Flamingo.

BLANCHE *lacht atemlos, während sie ihre Schläfen mit ihrem in Eau de Cologne getränkten Taschentuch betupft.* Es tut mir leid, aber er muß mich wohl verwechselt haben mit einer anderen Person. *Sie steht auf und geht um den Tisch herum, wegblickend.* Das Hotel Flamingo ist nicht die Art Etablissement, in dem ich es wagen würde mich sehen zu lassen!

STANLEY *ihr nachgehend.* Aber Sie kennen es?

BLANCHE. Ja, ich habe es gesehen und – gerochen!

Stella, die sich im Ankleideraum beschäftigt hat, kommt wieder heraus.

STANLEY *immer noch seine Krawatte bindend.* Da müssen Sie aber ziemlich nahe gewesen sein, wenn Sie es haben riechen können!

BLANCHE. Der Geruch von billigem Parfum ist sehr penetrant.

STANLEY *Blanches Taschentuch in die Hand nehmend.* Was Sie da benützen, ist das ein teures Parfum? *Er riecht an dem Taschentuch und wirft es ihr wieder zu.*

BLANCHE *läßt das Taschentuch auf den Tisch fallen.* Eine Unze davon kostet fünfundzwanzig Dollar! Ich hab fast nichts mehr übrig – für den Fall, daß Sie sich an meinen Geburtstag erinnern! *Sie sagt das im leichtesten Plauderton, aber es ist Angst in ihrer Stimme. Stella, am Bett, richtet die Decke.*

STANLEY. Shaw muß Sie verwechselt haben. Aber da er immer wieder in Laurel zu tun hat, kann er ja nachfragen und den Irrtum aufklären. *Stella am Toilettetisch. Stanley wendet sich ab, geht zum Sofa. Blanche schließt die Augen, als wäre sie einer Ohnmacht nahe. Stanley, seinen Rock vom Sofa nehmend, ruft ins Schlafzimmer hinüber, zu Stella.* Ich warte auf dich in der Bar drüben, bei den »Vier Assen«.

STELLA *Stanley nachrufend.* He! Kriege ich keinen Kuß?

STANLEY. Nicht vor deiner Schwester! *Er geht zur Wohnungstür hinaus.*

Stella zum Bett, nimmt die Socken. Auf der Veranda begegnet Stanley Steve und Eunice, die gerade zurückkommen. Steve hat seinen Arm um Eunice gelegt, sie schluchzt reichlich und er girrt Liebesworte.

STEVE *zärtlich.* Du weißt ja, daß ich diese Art Mädels nicht liebe!

EUNICE *schluchzend.* Ich kümmere mich den Teufel um diese Frauenzimmer!

Steve und Eunice beginnen die Treppen hinaufzugehen. Stanley deutet amüsiert hinter ihnen drein und geht rechts ab. Stella trägt die Socken in den Ankleideraum und verwahrt sie in einer Lade.

EUNICE *auf der Treppe.* Du vergißt so leicht, was du sagst!

STEVE. Ich hab dich lieb! Du weißt, daß ich dich liebe! Ich mach das mit den anderen Mädels nur, weil ich dich liebe!

Ein heftiger Donnerschlag. Blanche schrickt zusammen.

BLANCHE *zu Stella hinauflaufend.* Stella!

STELLA. Fürchtest du dich noch immer, wenn es donnert?

BLANCHE *setzt sich aufs Bett, sie scheint von einem panischen Schrecken ergriffen, sie sagt mit schwacher Stimme.* Was hast du über mich gehört?

STELLA. Wie?

BLANCHE. Was haben dir die Leute über mich erzählt?

STELLA. Erzählt — über dich?

BLANCHE. Du hast nichts über mich gehört? Nichts — Häßliches? Keinen Klatsch?

STELLA. Aber nein, Blanche, natürlich nicht!

BLANCHE. Weißt du, Liebes, es wurde in Laurel allerhand über mich geredet — ziemlich viel sogar!

STELLA *zum Kasten hin.* Laß die Leute reden! Wer kümmert sich darum!

BLANCHE *steht auf und geht Stella nach.* In diesen letzten zwei Jahren, weißt du — mit all dem Kummer wegen Belle Reve, als ich es nicht länger halten konnte — da war ich nicht gut in Form. Hab mich nicht immer gut aufgeführt! *Sie lehnt sich an Stella, welche die Schwankende festhält.* Zarte Naturen, Menschen, die keine Kraft haben, müssen verführen können! Sie brauchen einen gewissen Glanz um sich, eine Aura, weißt du, ja, den Papierlampion über der elektrischen Birne — damit sie imstande sind, manchmal auch nur für die Unterkunft einer Nacht das Geld aufbringen zu können. *Weg von Stella, setzt sich.* Aber es genügt nicht, ein feinerer Mensch zu sein — ein zart organisiertes Wesen — man muß zart und reizvoll sein, attraktiv muß man sein! Und ich beginne, meinen Reiz zu verlieren, ich werde schon welk. Ich weiß nicht, wie lange ich noch meinen Zauber ausüben kann, meine »Tricks« — hörst du mir zu? *Ihr Blick sucht Stella.*

STELLA *senkt den Blick, um Blanches Augen zu vermeiden. Sie geht zum Eisschrank, holt ein Coca Cola, einen Öffner und ein*

Glas. Ich höre dir nicht zu, wenn du überspanntes Zeug redest. *Es donnert.*

BLANCHE *mit einem abrupten Wechsel in der Stimmung, heiter.* Ist das Coca Cola für mich?

STELLA *die Flasche öffnend.* Für wen sonst?

BLANCHE. Du lieber Mensch, du! Nur Coca Cola?

STELLA. Du willst Alkohol hinein haben, was?

BLANCHE. Liebling, etwas Alkohol schadet dem Coca Cola nie!

STELLA *will zum Schrank hin, um Whisky zu holen.*

BLANCHE. Laß mich ihn holen! *Sie läuft Stella nach.* Du sollst mich nicht bedienen!

STELLA. Ich bedien dich doch gerne, Blanche. Es erinnert mich an zu Hause.

BLANCHE *berührt ihr Gesicht mit dem Taschentuch. Sie geht ins Schlafzimmer.* Ich muß zugeben, daß ich es liebe, bedient zu werden.

Stella schüttet Whisky in das Glas, ihr Blick sucht Blanche, sie geht ihr nach in das Schlafzimmer, mit Flasche und Glas.

STELLA. Blanche...!

BLANCHE *im Armstuhl sitzend.* Du bist so gut zu mir! Und ich –

STELLA. Ach Blanche!

BLANCHE. Ich weiß, ich weiß! Du kannst es nicht leiden, wenn ich sentimental werde! Aber glaub es mir, Liebling, du mußt es mir glauben, daß ich viel mehr für dich empfinde, als ich s a g e! – Ich werde nicht lange hier bleiben! Nicht mehr lange, ich verspreche es –!

STELLA *bei Blanche knieend.* Blanche!

BLANCHE *hysterisch ausbrechend.* Ich bleibe nicht, ich verspreche es, ich gehe! Ich geh b a l d! Wirklich! Ich werde mich nicht hier herumdrücken, bis er mich – h i n a u s w i r f t! *Sie lacht hell auf und packt das Glas; aber ihre Hand zittert so, daß es beinahe ihrem Griff entschlüpft.*

STELLA *schüttet Coca Cola in das Glas.* Willst du jetzt aufhören, Unsinn zu reden? Depressives Zeug!

BLANCHE. Ja, Liebling. Gib acht, wie du einschenkst – *Nimmt Stella die Flasche weg, um selbst einzuschenken.* Es wird überschäumen! *Sie schenkt ein, es schäumt über und tropft auf den Fußboden. Blanche stößt einen durchdringenden Schrei aus und fällt vor dem Stuhl auf die Kniee.*

STELLA *beim Schrei Blanches zusammenfahrend.* Mein Gott! Was –?

BLANCHE. Gerade auf meinen schönen weißen Rock! *Sie prüft den Schaden.*

STELLA *ihr Taschentuch anbietend.* Nimm mein Taschentuch! Aber tupfe zart!

BLANCHE *sich langsam wieder fassend.* Ich weiß — zart tupfen!

STELLA. Hat es einen Fleck gemacht?

BLANCHE. Kein bißchen! Haha! Da haben wir Glück gehabt!

STELLA. Warum hast du so aufgeschrieen?

BLANCHE. Ich weiß nicht, warum ich geschrieen habe! *Immer noch in nervöser Erregung, hält sie Stellas Hand. Stella umarmt sie.* Mitch — Mitch kommt um sieben! Ich glaube, ich bin deshalb so nervös. Wegen dieser — Beziehung! *Die beiden Schwestern knieen jetzt nebeneinander auf dem Boden. Blanche redet rapid, atemlos.* Er hat nur einen Gutenachtkuß von mir bekommen. Sonst nichts, Stella — das war alles! Ich muß mir seinen Respekt erhalten! Was sie leicht kriegen, wollen die Männer nicht haben! Andererseits läßt das Interesse der Männer leicht nach! Schon gar, wenn ein Mädchen über — dreißig ist. Sie glauben, ein Mädchen über dreißig — sollte — aufgeben! Aber ich — ich gebe noch nicht auf! Natürlich weiß er nicht — das heißt, ich hab ihn nicht informiert — über mein wirkliches Alter.

STELLA. Warum bist du so empfindlich wegen deines Alters?

BLANCHE. Wegen der Denkzettel, die meiner Eitelkeit versetzt worden sind! *Stella umarmt sie.* Er hält mich für ein anständiges Mädchen, weißt du, für unberührt, für streng moralisch! *Sie lacht scharf.* Ich möchte ihn in dieser Illusion lassen. Ich will ihn über mein wahres Selbst gerade genug täuschen, daß er mich haben will!

STELLA *umarmt Blanche, die sich an sie anschmiegt.* Blanche, willst du ihn haben?

BLANCHE. Ruhe muß ich haben! Ich muß wieder ruhig atmen können! Ja — ich will Mitch haben — sehr! Ich brauche ihn! Ach, wenn sich das machen ließe! Überleg dirs doch! Ich könnte von hier fort — und ich wäre für keinen Menschen mehr ein Problem!

STANLEY *kommt von der Straße mit einer Whiskyflasche im Gürtel. Er geht die Treppe hinauf und ruft laut.* He, Steve! He, Eunice!

EUNICE *von oben.* Hallo, Stan!

STEVE *von oben.* Hallo!

STANLEY *in seine Wohnung hineinrufend.* He, Stella!

STELLA. Es wird gehen!

BLANCHE *zweifelnd.* Wird es?!

STELLA. Es wird! Es wird, Liebling!... Aber trink jetzt nicht mehr!... *Sie geht zur Eingangstüre hin.*

Blanche bleibt in der Stellung, in der sie war, auf dem Fußboden sitzen. Sie starrt vor sich hin. Eunice kommt die Treppe herunter gerannt, sie kreischt laut und schüttelt sich vor Lachen, Steve hinter ihr drein, in wilder Verfolgung. Stanley macht

Platz für sie auf der Treppe. Er versucht Eunice zu packen, die ihm aber schreiend entwischt und weiter rennt. Er packt Steve und hält ihn fest. Steve schreit: »Loslassen!« Sie ringen miteinander wie junge Hunde, die spielen. Steve schmeißt Stanley auf die Treppe hin und rennt Eunice nach, mit dem Ruf: »He! Komm zurück, du kleine süße Pflaume!« Stella erscheint auf der Veranda und Stanley packt jetzt sie.

STANLEY. Hallo, mein dickes Stück!

Stella macht sich frei und geht mit kühler Miene nach rechts vorne. Stanley blickt ihr verblüfft nach. Dann wendet er sich dem Innern der Wohnung zu, mit einem suchenden Blick. Sein Ausdruck spiegelt seinen Gedanken: er denkt an Blanche, an die Wirkung, die sie auf sein Leben hat. Ernüchtert, geht er hinaus.

Kirchenglocken.

Blanche streckt sich, reibt sich die Brüste, fächelt sich träge mit einem Palmblattfächer, den sie neben dem Armstuhl auf dem Boden gefunden hat.

BLANCHE. Ach ja ... ach ja ... ach ja ...

Ein junger Mann, der die fälligen Monatsbeträge für ein Zeitungsabonnement einkassieren kommt, erscheint auf der Straße, rechts, und blickt um sich, die Häuser identifizierend; er blickt die spiralförmige Treppe hinauf, liest die Nummern von Stanleys Wohnung und läutet an der Wohnungstür.

BLANCHE. Herein! *Der junge Mann tritt ein und wartet. Blanche steht auf und geht zur Tür, ihr Trinkglas in der Hand.* Sieh mal an! – Was kann ich für Sie tun?

JUNGER MANN *näher herantretend, am Tisch im Wohnzimmer.* Ich sammle die monatlichen Beträge für den »Abendstern« ein.

BLANCHE. Ich habe gar nicht gewußt, daß die Sterne Sammlungen veranstalten!

JUNGER MANN. Die Zeitung, gnädige Frau. »Der Abendstern« – ich kassiere die Abonnementsgelder ein.

BLANCHE. Ich weiß, ich habe nur einen Scherz gemacht – keinen sehr guten! Möchten Sie nicht – etwas trinken?

JUNGER MANN. Nein, meine Dame. Danke, ich trinke nicht im Beruf.

BLANCHE *stellt ihr Glas hin, holt ihre Börse und blickt hinein.* Einen Augenblick – nein, ich habe keinen Cent! Ich bin nicht die Dame des Hauses. Ich bin ihre Schwester, aus Mississippi. Ich bin eine dieser armen Verwandten, von denen Sie schon gehört haben werden. *Sie nimmt sich eine Zigarette.*

JUNGER MANN. Geht in Ordnung, gnädige Frau, ich komme später wieder vorbei. *Er will gehen.*

BLANCHE *ihn zurückrufend.* He! *Der junge Mann wendet sich um. Blanche steckt eine Zigarette in ihren Zigarettenhalter.* Darf ich Sie um Feuer bitten?

JUNGER MANN. Oh, gewiß. *Er holt ein Feuerzeug hervor und geht zu Blanche hinüber.* Es funktioniert aber nicht immer. *Tatsächlich sind seine Versuche zunächst erfolglos.*

BLANCHE. Oh, es hat Launen? *Das Feuerzeug funktioniert, und sie zündet ihre Zigarette an, berührt dann die Hand des jungen Mannes.* Wunderbar! Ich danke Ihnen.

JUNGER MANN *wendet sich zum Gehen, sein Feuerzeug einsteckend.* Ich danke I h n e n.

BLANCHE. He! Sie! *Der junge Mann, der schon beinahe bei der Türe ist, bleibt stehen.* Wie spät ist es?

JUNGER MANN *nach einem Blick auf seine Armbanduhr.* Dreiviertel sieben.

BLANCHE. Lieben Sie nicht auch diese langen regnerischen Nachmittage in New Orleans, wenn eine Stunde keine Stunde ist, sondern ein Stückchen Ewigkeit, das einen überkommt — und man weiß nicht, was anfangen damit?

JUNGER MANN *unsicher.* Ja-a, gnädige Frau.

BLANCHE *zu ihm hin, berührt seine Schulter.* Sagen Sie — sind Sie nicht naß geworden bei dem Platzregen?

JUNGER MANN. Nein, gnädige Frau. Ich bin wo hineingegangen.

BLANCHE. In ein Drugstore? Und haben ein Eis gehabt?

JUNGER MANN. Mhm.

BLANCHE. Schokolade?

JUNGER MANN. Nein, gnädige Frau. Himbeer.

BLANCHE. Mmm! Ein Himbeereis! Sie machen mir den Mund wässerig. *Sie berührt leicht seine Wange und lächelt. Dann geht sie zu dem Schrankkoffer.*

JUNGER MANN. Jetzt muß ich aber — *Er geht.*

BLANCHE *ihn wieder aufhaltend.* Junger Mann! *Er wendet sich wieder um.* Junger, junger, junger, junger Mann! Hat Ihnen schon jemand gesagt, daß Sie wie ein junger Prinz aus »Tausendundeine Nacht« aussehen?

JUNGER MANN. Nein, gnädige Frau. *Er blickt weg.*

BLANCHE. Aber Sie sehen so aus, Lamm Gottes! Kommen Sie her! Kommen Sie hier herüber, wenn ich es Ihnen sage. *Der junge Mann gehorcht wie ein Kind. Blanche hat sich in einen hauchdünnen Shawl gehüllt. Sie ergreift den jungen Mann an beiden Armen und blickt ihm ins Gesicht, aus nächster Nähe, mit einem Ausdruck von unaussprechlicher Süße.* Ich möchte Sie küssen — nur einmal — sanft und zärtlich — auf Ihren Mund ...! *Sie tut es.* Und jetzt gehen Sie! Es wäre hübsch, Sie hier zu behalten, aber ich muß mich benehmen und Kinder in Ruhe lassen.

Der junge Mann geht ziemlich verwirrt zur Türe. Blanche winkt ihm nach und ruft leise. Adios!

JUNGER MANN *bereits auf der Veranda, zurückblickend.* Wie bitte —? *Er geht ab.*

Blanche steht in der offenen Türe. Mitch kommt auf der Straße von rechts rückwärts, mit einem etwas grotesk kleinen Blumensträußchen.

BLANCHE *heiter.* Und wer kommt da?! Mein Rosenkavalier! *Mitch auf der Veranda, offeriert ihr steif und formell seine Blumen.* Zuerst verbeugen Sie sich vor mir! *Mitch verlegen, schüttelt den Kopf. Blanche ist unerbittlich. Er schaut sich um, ob ihn jemand sieht, und macht dann eine Verbeugung.* Nun überreichen Sie mir die Blumen! *Er tut es. Sie macht einen tiefen Hofknicks.* Ahhhh! Merciiii!

Licht aus.

Jazzorchester spielt während der Verwandlung weiter.

ZWEITE SZENE

Später, ungefähr zwei Uhr nachts.

Beim Aufgehen des Vorhangs endet die Musik. Blanche und Mitch kommen, links rückwärts, auf der Straße und nähern sich langsam. Sie gehen an der Negerfrau vorüber, die ihnen von rechts entgegenkommt, ein melancholisches Lied singend. Blanche trägt ihren Hut in der Hand, ihre Handtasche und den Blumenstrauß, Mitch eine lächerliche Puppe, die er irgendwo gewonnen hat. Blanches Haltung und Stimme verraten eine völlige Erschöpfung, wie sie nur bei Neurasthenikern vorkommt. Auch Mitch ist deprimiert. Sie langen auf der Veranda an und machen vor der geschlossenen Wohnungstür halt.

BLANCHE. Nun . . .

MITCH. Nun . . . ? *Die Negerfrau ist inzwischen außer Seh- und Hörweite.* Es muß schon sehr spät sein — und Sie sind müde!

BLANCHE. Wie kommen Sie nach Hause?

MITCH. Ich gehe bis zum Boulevard und erwische dort noch eine Straßenbahn.

BLANCHE *grimmig lachend.* Diese Straßenbahn — wie heißt sie nur —, »Sehnsucht«, rattert noch dahin um diese Zeit in der Nacht?

MITCH *schwermütig.* Ich fürchte, der heutige Abend war nicht sehr unterhaltend für Sie, Blanche?

BLANCHE. Ich habe Ihnen den Abend verdorben!

MITCH. Nein, das haben Sie nicht! Aber ich habe die ganze Zeit das Gefühl gehabt, daß ich nur wenig für Ihre Unterhaltung geleistet habe.

BLANCHE. Ich konnte nicht die richtige Laune aufbringen, die dem Anlaß entsprochen hätte, obwohl ich mich noch nie so bemüht habe, heiter zu sein. Dadurch wurde es nur noch schlimmer.

MITCH. Warum haben Sie sich bemüht, Blanche, wenn Ihnen nicht danach war?

BLANCHE *in ihrer Handtasche suchend.* Ich habe nur einem Naturgesetz gehorcht.

MITCH. Was für einem Naturgesetz denn?

BLANCHE. Dem Gesetz, daß die Dame den Herrn zu unterhalten hat — oder alles ist aus! — Bitte, vielleicht können Sie da drinnen meinen Torschlüssel finden. *Sie überreicht ihm ihre Handtasche.* Wenn ich so müde bin, werden alle meine Finger zu Daumen.

MITCH *in der Handtasche herumwühlend, fischt einen Schlüssel heraus.* Ist es der?

BLANCHE. Nein, mein Freund — das ist der Schlüssel zu meinem Schrankkoffer, den ich bald werde packen müssen.

MITCH. Heißt das, daß Sie bald abreisen?

BLANCHE *zu den Sternen emporblickend.* Ich habe die Gastfreundschaft hier schon zu lange in Anspruch genommen.

MITCH *der einen anderen Schlüssel gefunden hat.* Ist es der?

BLANCHE. Heureka! Mein Lieber, wollen Sie nicht so gut sein, aufzusperren, während ich einen letzten Blick auf das Firmament werfe? *Blanche starrt empor zu den Sternen. Mitch öffnet die Türe, versorgt den Schlüssel wieder in Blanches Handtasche und steht ungeschickt wartend da, ein wenig hinter ihr.* Ich suche die Plejaden, die sieben Schwestern, aber diese Mädchen sind heute nacht nicht draußen. *Sie erblickt sie.* Ah, da sind sie! Da sind sie ja! Gott segne sie, alle sieben miteinander, wie sie da heimwandern, von ihrer kleinen Bridgepartie... *Sie wendet sich Mitch zu.* Sie haben die Türe aufgesperrt? Sie sind ein braver Junge! *Sie nimmt ihre Handtasche von ihm.* Ich nehme an — Sie wollen jetzt gehen —?

MITCH *nahe bei ihr.* Kann ich — darf ich — Ihnen einen Gutenachtkuß geben?

BLANCHE *ärgerlich.* Warum fragen Sie immer, ob Sie dürfen?

MITCH. Ich weiß ja nicht, ob Sie — es wünschen oder nicht!

BLANCHE. Warum zweifeln Sie so viel?

MITCH. Die andere Nacht, am Seeufer, habe ich Ihnen einen Kuß gegeben — und da —

BLANCHE. Mein Lieber, gegen einen Kuß habe ich nichts gehabt! Der Kuß hat mir schon gefallen! Aber Sie haben sich damals — gewisse Vertraulichkeiten erlaubt, die ich wirklich nicht ermutigen konnte. Nicht, daß ich sie Ihnen übelgenommen habe! Nicht im geringsten! Im Gegenteil, ich habe es als sehr schmeichelhaft empfunden, daß Sie mich begehren! Aber, nicht wahr, Sie wissen so gut wie ich, daß ein Mädchen, das allein steht, ganz allein in der Welt, seine Gefühle beherrschen muß, oder es ist verloren!

MITCH *sehr ernst.* Verloren?

BLANCHE *einen Schritt von ihm weg.* Ich nehme an, daß Sie gewöhnlich mit Mädchen zu tun haben, die gerne — verloren sind, die gleich beim ersten Rendezvous verloren gehen.

MITCH *einen Schritt näher an sie heran.* Sie gefallen mir so wie Sie sind, genau so, weil ich in all meiner — Erfahrung — nie jemanden getroffen habe wie Sie.

BLANCHE *blickt ihn ernst an und bricht dann in ein Gelächter aus, schlägt sich aber sofort mit der Hand auf denMund.*

MITCH. Sie lachen mich aus?

BLANCHE *seine Wange tätschelnd.* Nein, nein, nein, Lieber! *Sie geht in die Wohnung hinein, Mitch ihr nach.* Der Herr und die Frau des Hauses sind noch nicht heimgekehrt, also kommen Sie herein! *Sie legt ihren Hut, ihre Handtasche, die Handschuhe und die Blumen auf dem Tisch ab.* Wir wollen miteinander einen »Gutenachttrunk« nehmen. Licht brauchen wir doch keines, nicht?

MITCH *macht einige Schritte in der Richtung zum Schlafzimmer.* Ganz wie Sie wünschen!

BLANCHE. Im anderen Zimmer ist es gemütlicher . . . gehen Sie nur hinein! *Er tut es.* Ich tappe da im Dunkeln herum auf der Suche nach Alkohol.

MITCH. Sie wollen etwas trinken?

BLANCHE *bringt zwei Gläser und nötigt ihn weiter in das Schlafzimmer hinein.* Ich möchte, daß S i e etwas trinken! Sie waren den ganzen Abend in einer so ängstlichen Spannung. Sie waren so — feierlich, und ich war es auch, wir waren beide so ängstlich und feierlich — und da will ich für diese letzten paar Augenblicke, die uns gegeben sind — *sie ist zum Schrank zurückgekommen und entzündet ein Streichholz* will ich — joie de vivre — für uns beide schaffen! *Sie hat eine Flasche aus dem Schrank geholt, in der eine Kerze steckt, die sie nun anzündet.* Ich zünde eine Kerze an!

MITCH. Schön.

BLANCHE *trägt die brennende Kerze zu dem Tisch im Wohnzimmer.* Und jetzt wollen wir richtige Bohemiens sein! Stellen wir uns vor, daß wir in einem kleinen Künstlercafé am linken Seineufer sitzen! *Sie bringt eine Flasche.* Ich bin die Kameliendame! Sie sind — Armand! — Sprechen Sie Französisch?

MITCH *der im Schlafzimmer steht, zuckt die Achseln und lacht.* Das nicht, ich –

BLANCHE *zu ihm hin.* Voulez-vous coucher ce soir avec moi? Vous ne comprenez pas? Ah! Quel dommage! Gott sei Dank – in der Flasche ist genug für zwei Gläser – genau für uns beide, mein Lieber . . .

Mitch hält die Gläser und sie schenkt ein.

MITCH *trinkt.* Das tut gut! *Blanche trinkt, sie trägt die Gläser zum Toilettetisch, ergreift die Puppe.*

BLANCHE. Setzen Sie sich! Warum ziehen Sie sich nicht den Rock aus und knöpfen sich den Kragen auf?

MITCH. Besser nicht!

BLANCHE. Ach, warum nicht, machen Sie sichs doch bequem!

MITCH *setzt sich in den Armstuhl.* Ich geniere mich, weil ich so schrecklich schwitze, das Hemd klebt mir am Körper.

BLANCHE. Schwitzen ist gesund. Leute, die nicht schwitzen, würden in fünf Minuten tot sein. *Hilft ihm aus dem Rock.* Das ist ein hübscher Rock! *Streichelt den Rock.* Was ist das für ein Stoff?

MITCH. Alpaca heißt er.

BLANCHE. Oh, Alpaca.

MITCH. Leichter Alpaca.

BLANCHE. Oh, leichter Alpaca.

MITCH. Ich trage nicht gern einen Waschanzug, nicht einmal im Sommer, weil ich ihn ganz durchschwitze.

BLANCHE. Oh! *Sie hängt den Rock über die Lehne des Stuhls am Toilettetisch.*

MITCH. Sieht auch nicht ordentlich aus auf mir! Ein Mann von gedrungener Figur muß vorsichtig sein in der Wahl seiner Anzüge, damit er nicht zu plump wirkt.

BLANCHE. Sie sind nicht plump!

MITCH. Finden Sie nicht?

BLANCHE. Nun ja, Sie sind nicht gerade zierlich –, das ist nicht ihr Typ! Sie haben eine massive Knochenstruktur. Sie sind eben sehr kräftig gebaut. Imponierend!

MITCH. Ich danke Ihnen! Vorige Weihnachten bin ich als Mitglied in den Athletikklub von New Orleans aufgenommen worden.

BLANCHE. Oh, gut!

MITCH. Das war das schönste Geschenk, das ich jemals bekommen habe! Ich mache dort Übungen mit Gewichten. Ich brauche dieses Training. Ich habe damit angefangen, als mein Bauch schlaff wurde. Aber jetzt ist mein Bauch hart! Er ist so hart, daß ein Mann mich in den Bauch boxen kann und es tut mir nicht weh. *Er steht auf.* Schlagen Sie mal zu! Los! Tüchtig! Sehen Sie!

BLANCHE *boxt ihn zart in den Bauch, dann legt sie ihre Hand darauf.* Guter Gott!

MITCH *seinen Arm beugend, um seine Muskeln zu zeigen.* Blanche – Blanche – raten Sie, wieviel ich wiege, Blanche!

BLANCHE. Oh, ich würde sagen – an die 180 Pfund?

MITCH *sich ihr zur Abschätzung anbietend.* Raten Sie noch einmal!

BLANCHE. Nicht so viel?

MITCH. Nein. Mehr!

BLANCHE. Nun, Sie sind ein großer Mann, Sie können schon ein hohes Gewicht vertragen, ohne plump zu wirken.

MITCH. Ich wiege 207 Pfund und bin über sechs Fuß groß, bloßfüßig – ohne Schuhe. Das ist mein Gewicht ohne Kleider!

BLANCHE. Du heilige Güte! Da bekommt man aber Respekt!

MITCH *verlegen.* Mein Gewicht ist kein sehr interessanter Gesprächsstoff. *Pause.* Was wiegen Sie?

BLANCHE. Ich?

MITCH. Ja!

BLANCHE. Raten Sie!

MITCH. Darf ich Sie aufheben?

BLANCHE *steht auf und streckt ihre Arme von sich.* Samson! – Los – heben Sie mich auf! *Mitch hebt sie hoch und schwingt sie im Kreise herum.* Nun?

MITCH. Sie sind leicht wie eine Feder!

BLANCHE. Ha ha! *Er läßt sie nieder, behält aber seine Hände an ihrer Taille.* Sie können mich jetzt wieder loslassen!

MITCH. Hm?

BLANCHE *heiter.* Ich habe gesagt, nehmen Sie Ihre Hände von mir, mein Herr! *Mitch versucht, sie zu küssen, sie ungeschickt umarmend.* Also, Mitch! Daß Stanley und Stella nicht zu Hause sind, ist noch kein Grund für Sie, sich nicht wie ein Gentleman zu benehmen!

MITCH *sie näher an sich ziehend.* Schlagen Sie mich doch, wenn ich zu weit gehe!

BLANCHE *versucht, sich frei zu machen.* Das wird nicht notwendig sein. Sie sind doch ein echter Gentleman, einer von den wenigen, die es heute noch in der Welt gibt. Ich möchte nicht, daß sie mich für prüde halten, für altjüngferlich, wie man sich eine Schullehrerin vorstellt. Nein. Es ist nur – ja –

MITCH. Hm?

BLANCHE. Ich habe – eben – altmodische Ideale!

Mitch läßt sie los und geht rasch zur Eingangstür. Er bleibt dort stehen, mit einem Fuß in der Veranda, und blickt hinaus. Hinter der Szene setzt Klavierspiel in der Bar ein.

MITCH *es verschlägt ihm die Stimme.* Wo sind Stanley und Stella heute nacht?

BLANCHE. Sie sind ausgegangen, mit Herrn und Frau Hubbel vom oberen Stock.

MITCH. Wohin sind sie gegangen?

BLANCHE *kommt in das Wohnzimmer herein zum linken Ende des Sofas.* Sie wollten sich eine Filmpremiere im Kino ansehen.

MITCH. Wir sollten auch an einem der nächsten Abende ausgehen.

BLANCHE. Nein. Das ist keine gute Idee!

MITCH. Warum nicht?

BLANCHE. Nicht wahr, Sie sind ein alter Freund von Stanley? Er redet ganz offen zu Ihnen, nicht?

MITCH. O ja!

BLANCHE. Hat er zu Ihnen über mich gesprochen?

MITCH *schließt die Eingangstüre und wendet sich Blanche zu.* Nicht viel.

BLANCHE. Das klingt so, als hätte er es doch getan?

MITCH. Nein, er hat nicht viel gesagt.

BLANCHE. Aber w a s hat er gesagt? Was ist Ihrer Meinung nach seine Einstellung zu mir?

MITCH. Warum fragen Sie?

BLANCHE. Nun —?

MITCH. Vertragen Sie sich nicht mit ihm?

BLANCHE. Was glauben Sie?

MITCH. Ich glaube, er versteht Sie nicht.

BLANCHE. Das ist milde ausgedrückt. Wenn es nicht wegen Stella wäre, die ein Kind erwartet, würde ich so manches hier nicht ertragen.

MITCH. Er ist — nicht nett zu Ihnen?

BLANCHE. Er ist unerträglich grob zu mir. Er tut alles, was er kann, um mich zu beleidigen.

MITCH. In welcher Weise, Blanche?

BLANCHE. Ach, in jeder nur erdenklichen Weise.

MITCH. Das überrascht mich aber!

BLANCHE. Wirklich?

MITCH *sie voll anblickend.* Ich — kann mir nicht vorstellen, wie jemand grob zu Ihnen sein kann.

BLANCHE. Es ist eine ziemlich schreckliche Situation, dieses Zusammenleben hier. Man kann ja auch nicht einen Augenblick für sich sein. Es gibt keine Heimlichkeiten hier, mit nur diesem Vorhang zwischen den beiden Zimmern. In der Nacht stolziert er hier herum in seinen Unterkleidern, und ich muß ihn bitten, die Tür des Badezimmers zu schließen! Das wäre doch wirklich nicht notwendig, diese Ungezwungenheit! Sie wundern sich wahrscheinlich, warum ich nicht ausziehe? Ich will es Ihnen ganz offen sagen. Vom Gehalt einer Lehrerin kann man nicht leben. Ich habe voriges Jahr keinen Cent erspart, deshalb mußte ich hierher kommen, um hier die Sommerferien zu verbringen. Und so muß ich eben den Mann meiner Schwester ertragen. Und er muß mich ertragen, was ihm anscheinend ebensowenig recht ist. Er hat Ihnen bestimmt erzählt, wie sehr er mich haßt!

MITCH. Ich glaube nicht, daß er Sie haßt.

BLANCHE. Er haßt mich, warum sollte er mich sonst beleidigen? Als ich ihn zum ersten Mal sah, habe ich zu mir selbst gesagt, dieser Mann ist ein Henker! Dieser Mann wird mich vernichten! Wenn ich es nicht irgendwie zuwege bringe, daß –

MITCH. Blanche –

BLANCHE. Ja, Lieber?

MITCH. Darf ich Sie etwas fragen?

BLANCHE. Ja. Was?

MITCH. Wie alt sind Sie?

BLANCHE *nervöse Geste.* Warum wollen Sie das wissen?

MITCH. Ich habe mit meiner Mutter über Sie gesprochen und sie hat gesagt: »Wie alt ist Blanche?« *Pause.*

BLANCHE *setzt sich, blickt ihn an.* Sie haben zu Ihrer Mutter von mir gesprochen?

MITCH. Ja.

BLANCHE. Warum?

MITCH. Weil – ich habe ihr erzählt, wie reizend Sie sind, und wie sehr Sie mir gefallen.

BLANCHE. War das ihr voller Ernst?

MITCH *sich neben sie setzend.* Das wissen Sie doch!

BLANCHE. Warum wollte Ihre Mutter mein Alter wissen?

MITCH. Meine Mutter ist krank.

BLANCHE. Das tut mir aber leid. Sehr krank?

MITCH. Sie wird nicht mehr lange leben. Wahrscheinlich nur ein paar Monate.

BLANCHE. Oh!

MITCH. Sie macht sich Sorgen, weil ich nicht versorgt bin. Sie möchte mich versorgt wissen, bevor sie – *Die Stimme bricht ihm. Er blickt Blanche an.*

BLANCHE. Sie lieben sie sehr, nicht wahr?

MITCH *nickt traurig.*

BLANCHE. Ich glaube, Sie sind ein Mann, der einer tiefen Hingebung fähig ist. Sie werden einsam sein, wenn Ihre Mutter Sie verläßt, nicht wahr? *Mitch, sie unverwandt anblickend, nickt.* Ich weiß, was das heißt!

MITCH. Einsam sein?

BLANCHE. Auch ich habe jemanden geliebt und habe die geliebte Person verloren!

MITCH. Tot? Ein Mann?

BLANCHE. Er war – noch ein Knabe. Ja, ein Knabe, und ich war ein sehr junges Mädchen. Ich war sechzehn Jahre alt, als ich diese Entdeckung machte: die Liebe! Ganz plötzlich und restlos, viel zu restlos! Es war, als fiele plötzlich ein blendendes Licht auf etwas, das immer halb im Schatten gelegen hatte; mit einem Schlage war die Welt für mich erleuchtet! — Aber ich hatte kein Glück. Es war eine Täuschung. Dieser junge Mensch, er war — von einer sehr besonderen Art, viel zu feine Nerven, er hatte eine Art Weichheit und Zärtlichkeit, die zu einem Mann nicht paßt. Nicht, daß er effeminiert ausgesehen hätte, weibisch, — nein, gar nicht, aber, — diese Anlage war in ihm! Zu mir ist er um Hilfe gekommen. Hilfe hat er bei mir gesucht! Ich habe das nicht begriffen. Ich habe es erst nach unserer Hochzeit herausgefunden, nachdem wir miteinander durchgegangen und wieder zurückgekehrt waren. Ich verstand nur soviel, daß ich ihn in irgendeiner mysteriösen Weise enttäuscht hatte. Ich konnte ihm die Hilfe nicht gewähren, die er brauchte, aber ich konnte nicht mit ihm darüber sprechen. Er hatte sich im Untergang an mich geklammert, ein Mensch im Triebsand, aber ich war nicht imstande, ihn zu halten, er riß mich nur mit hinunter! Auch das hab ich nicht klar begriffen! Ich hab gar nichts gewußt, außer, daß ich ihn bis zur Unerträglichkeit liebte, aber ohne die Kraft, ihm zu helfen oder mir selbst helfen zu können. Dann bin ich plötzlich darauf gekommen, und zwar in der schlimmsten Weise, die möglich war: Ich bin in ein Zimmer eingetreten, in dem, wie ich glaubte, niemand war. Aber es war jemand in dem Zimmer, zwei Leute: der junge Mann, den ich geheiratet hatte, und ein älterer Mann, der seit Jahren sein Freund gewesen war. *Sie wendet sich ab, steht auf, macht einen Gang durchs Zimmer.* Wir haben so getan, als ob nichts gewesen wäre. Ja, wir drei sind zusammen in ein Unterhaltungslokal gegangen, sehr betrunken waren wir und haben auf dem ganzen Weg gelacht! Wir haben getanzt, zu den Klängen der »Varsouviana« — eine Polka, kennen Sie sie? *Die Melodie ertönt zart.* Plötzlich, mitten im Tanz, lief mein junger Gatte fort von mir und aus dem Lokal. Und einige Augenblicke später — ein Schuß! Ich rannte hin, alle Leute liefen hin zum Seeufer und versammelten sich um dieses furchtbare Etwas, das dort lag, am Strand! Es waren so viele Leute dort, es war mir nicht möglich, bis ganz hin zu kommen, zu dem Furchtbaren. Da packte mich jemand am Arm: »Gehen Sie nicht näher! Gehen Sie fort! Sie sollen das nicht sehen!« Sehen? Was sehen? Dann hörte ich, wie die Leute sagten: »Allan, Allan!« Er hatte einen Revolver in den Mund gesteckt und gefeuert! — Sein Hinterkopf war wie weggeblasen! *Sie schwankt und bedeckt ihr Gesicht mit den Händen.* Er hat es getan, weil ich während des Tanzes — ich konnte mich nicht zurückhalten – plötzlich gesagt hatte: »Ich weiß alles! Du ekelst mich an!« – Und das strahlende Licht, das auf die Welt gefallen war, war wieder erloschen und seit damals war kein Licht für mich heller als das Licht dieser Kerze hier –!

MITCH *steht auf, geht hin zu ihr und steht hinter ihr.* Sie brauchen jemanden! Und auch ich brauche jemanden. Könnte es nicht sein, Blanche: Sie und ich? Könnte das nicht sein?

Sie wendet sich zu ihm, die beiden umarmen und küssen sich. Die Varsouviana bricht schroff ab.

BLANCHE. Manches Mal – kommt Gott uns nahe – so schnell! Mit einem Male!

Licht aus.

Dritter Akt

ERSTE SZENE

Einige Wochen später. Es wird zuerst Licht in der Straße. Stanley kommt heim. Wenn er die Veranda erreicht, erhellt sich die Wohnung.

Stella ist am Tisch im Wohnzimmer beschäftigt, der für eine festliche Gelegenheit geschmückt ist. Es ist für vier Personen gedeckt; farbige Papierservietten etc. Stellas Schwangerschaft ist deutlicher sichtbar als in den vorhergehenden Szenen. Man hört Blanche im Badezimmer singen.

Stanley tritt in die Wohnung ein und stellt seine Lunchbüchse auf dem Eiskasten ab. Er bemerkt die festlichen Vorbereitungen.

STANLEY. Was soll das heißen?

STELLA. Liebling, heut ist Blanches Geburtstag.

STANLEY. Ist sie hier?

STELLA. Im Badezimmer.

STANLEY. Wie lang ist sie schon drin?

STELLA. Den ganzen Nachmittag.

STANLEY *Blanche imitierend.* »Sie weicht sich im heißen Seifenwasser auf.«

STELLA *sachlich.* Ja.

STANLEY. Draußen ist es hundert Grad, und sie nimmt ein heißes Bad!

STELLA. Sie sagt, es kühlt sie für den Abend ab.

STANLEY. Und du holst ihr Coca Cola und servierst es Ihrer Majestät in der Badewanne.

STELLA *zuckt die Achseln und beschäftigt sich weiter am Tisch.*

STANLEY. Setz dich da nieder für einen Augenblick! *Zeigt auf einen Stuhl.*

STELLA. Ich habe zu tun.

STANLEY. Setz dich! – Ich habe Informationen über deine große Schwester, Stella.

STELLA. Stanley, hör doch auf, mit Blanche Streit zu suchen.

STANLEY. Und dieses Mädel nennt m i c h ordinär!

STELLA. In der letzten Zeit hast du alles nur Mögliche getan, um sie zu irritieren, Stanley, und du weißt, wie sensitiv Blanche ist! Du mußt bedenken, daß wir in ganz anderen Verhältnissen aufgewachsen sind wie du.

STANLEY. Das ist mir bereits mitgeteilt worden, noch und noch! – Du weißt, daß sie uns einen Haufen Lügen aufgetischt hat.

STELLA. Nein, das weiß ich nicht, und ich will auch nichts hören!

STANLEY *hineinsprechend.* Jawohl, das hat sie getan! Aber damit ist es aus! Ich habe einige Fakten herausgekriegt!

STELLA. Was für – Fakten?

STANLEY. Dinge, die ich längst vermutet habe. *Blanche singt im Badezimmer.* Aber jetzt habe ich die Beweise, aus sehr verläßlichen Quellen! Ich bin der Sache nachgegangen. *Die Badezimmertür öffnet sich und Blanche erscheint im Bademantel. Sie geht zum Toilettetisch und nimmt das dort stehende Getränk mit Eiswürfeln drin, sie winkt Stanley ins andere Zimmer zu.*

BLANCHE. Hallo, Stanley! *Sie summt heiter, schüttelt das Eis in ihrem Glas, geht zurück ins Badezimmer und schließt die Tür hinter sich.*

STANLEY. Ein Kanarienvogel!

STELLA. Erzähl mir gefälligst – und ganz ruhig –, was du über meine Schwester herausgefunden hast.

STANLEY. Lüge Nummer eins: all der scheinheilige Schwindel, wie sie sich aufspielt! Du solltest hören, was sie dem Mitch zugemutet hat. Er hat geglaubt, daß sie mit keinem Mann weiter gekommen ist als bis zu einem Kuß! Aber Schwester Blanche ist keine Lilie!

STELLA. Was hast du gehört und von wem?

STANLEY. Einer unserer Reisenden ist seit Jahren in Laurel aus und ein gegangen, und er weiß alles über sie. Jeder Mensch in Laurel weiß alles über sie! Sie ist in Laurel so populär, als ob sie der Präsident der Vereinigten Staaten wäre –!
Blanche singt im Badezimmer:

»Es ist nur ein Papiermond,
Über einer papierenen See,
Aber er wäre nicht glaubhaft,
Glaubtest du an mich!«

STANLEY *fortfahrend.* Nur ist sie von niemandem geachtet! Dieser Reisende pflegt in einem Hotel abzusteigen, Hotel Flamingo.

STELLA. Was ist es mit dem Hotel Flamingo?

STANLEY. Auch sie hat dort gewohnt.

STELLA. Meine Schwester hat in Belle Reve gewohnt!

STANLEY. Das war, nachdem ihr Belle Reve durch die lilienweißen Finger geschlüpft war. Da zog sie ins Flamingo ein. Ein zweitklassiges Hotel, das den Vorteil hat, daß sich dort niemand um das Privatleben der Gäste kümmert, egal, was sie treiben. Dort ist man manches gewöhnt! Aber sogar die Direktion des Flamingo war mächtig beeindruckt von Prinzessin Blanche! Sie waren so beeindruckt, daß sie die Dame ersucht haben, ihren Zimmerschlüssel abzugeben — und zwar für immer! Das war wenige Wochen, bevor sie hier erschienen ist.
Blanche singt:

»'s ist eine Barnum- und Bailey-Welt,
Ein Kitsch, wenn je einer war,
Aber sie wäre nicht glaubhaft,
Glaubtest du an mich!«

STELLA *aufstehend.* Ekelhafte, abscheuliche, verächtliche Lügen!

STANLEY *aufstehend.* Natürlich! Ich habe mir gedacht, daß dich das aufregen wird. Sie hat dich genau so angeschwindelt wie den Mitch. *Er versucht, seinen Arm um Stella zu legen, sie schüttelt ihn ab.*

STELLA. Das ist alles reine Erfindung, kein Wort davon ist wahr! *Blanche singt im Badezimmer.* Wenn ich ein Mann wäre und ein Kerl hätte es gewagt, solche Erfindungen in meiner Gegenwart auszusprechen —! *Stanley packt sie bei den Armen und dreht sie sich zu, Gesicht zu Gesicht.*

STANLEY. Liebling, ich hab dir gesagt, daß ich mich ganz genau erkundigt und alles gründlich überprüft habe — laß mich aussprechen! Ihr Malheur war, daß sie ihr Spiel in Laurel nicht weitertreiben konnte. Zwei oder drei Rendezvous mit ihr und der Galan kam dahinter und hat sich gedrückt. Dann hat sie sich einen andern herangeholt. Dieselbe Geschichte, dieselben Mätzchen! Aber die Stadt war zu klein, als daß sie das hätte fortsetzen können! Sie war bald eine stadtbekannte Figur, nicht sehr verschieden von den anderen lokalen Damen.

Blanche singt im Badezimmer:

»Es ist nur ein Papiermond,
Über einer papierenen See,
Aber er wäre nicht glaubhaft,
Glaubtest du an mich!«

STANLEY *fortfahrend.* In den letzten zwei Jahren ist man ihr ausgewichen wie der Pest! Das ist der Grund, warum sie diesen Sommer hier erschienen ist, eine Fürstlichkeit auf Besuch — weil nämlich der Bürgermeister von Laurel ihr nahegelegt hat, die Stadt zu verlassen! Hast du gewußt, daß es in nächster Nähe von Laurel ein Militärlager gibt? Dort im Lager war die Wohnung deiner Schwester bekannt unter einem Spitznamen – ich will ihn nicht wiederholen! *Blanche singt weiter denselben Refrain. Stella sitzt wie versteinert, Stanley fortfahrend.* Das erledigt, meine ich, ihren Ausspruch, eine so besondere, hochfeine Persönlichkeit zu sein. Und daraus folgt Lüge Nummer zwei.

STELLA. Ich will nichts mehr hören!

STANLEY. Es kann gar keine Rede davon sein, daß sie weiter unterrichtet! Ich möchte sogar wetten, daß sie nicht die Absicht hat, je wieder nach Laurel zurückzukehren. Sie hat auch nicht einen Urlaub von der Mittelschule genommen wegen ihrer Nerven! Keine Spur! Sie hat nichts dergleichen getan! Sie ist aus der Schule hinausgeworfen worden, noch vor dem Ende des Frühlingssemesters– und es geht mir sehr gegen den Strich, dir den Grund dieser Maßregelung zu sagen – *Stella auf, will weg, Stanley hält sie zurück.* – noch einen Augenblick! Sie hat nämlich etwas mit einem siebzehn Jahre alten Jungen gehabt –!
Blanche singt im Badezimmer:
»'s ist eine Barnum- und Bailey-Welt«
etc.

STELLA. Hör auf – mir wird übel!

STANLEY. Der Vater dieses Jungen hat es erfahren und sich mit dem Schulvorstand in Verbindung gesetzt. Ich hätte dabei sein wollen, als unsere Blanche vorgeladen wurde! Ich wäre gern in der Direktionskanzlei gewesen, um Zeuge zu sein, wie sie versucht hat, sich da herauszuwinden! Aber diesmal haben sie sie beim Genick gehabt und sie hat begriffen, daß das Spiel aus ist! Sie haben ihr klipp und klar gesagt, sie solle sich neue Jagdgründe suchen! Es war eine richtige offizielle Ausweisung aus der Stadt! Eine amtliche Angelegenheit!
Die Badezimmertür wird geöffnet. Blanche steckt ihren Kopf heraus, über dem sie ein Handtuch hält.

BLANCHE. Stella!

STELLA *mit Mühe.* Ja, Blanche? *Sie geht in das Schlafzimmer.*

BLANCHE. Gib mir ein anderes Handtuch, damit ich mir die Haare trocknen kann, ich habe sie mir gerade gewaschen.

STELLA. Ja, Blanche. *Sie holt ein Handtuch aus dem Schrank und bringt es Blanche. Sie ist ein wenig benommen.*

BLANCHE *nimmt das Handtuch, blickt Stella scharf an.* Was ist los, Liebling?

STELLA *sich abwendend.* Was soll denn –? Warum?

BLANCHE. Du hast einen so merkwürdigen Ausdruck im Gesicht! *Stanley zum Schrankkoffer hin.*

STELLA. Oh! *Versucht zu lachen.* Ich bin etwas müde.

BLANCHE. Warum nimmst du nicht ein heißes Bad, wenn ich herauskomme?

STANLEY. Wie bald wird das sein?

BLANCHE *das reine Handtuch gegen ihn schwenkend, munter.* Dauert nicht mehr lange, fassen Sie sich in Geduld! Sie werden es doch noch aushalten? *Sie geht zurück ins Badezimmer.*

STANLEY. Ich schon, aber ob es auch meine Nieren aushalten! *Blanche schlägt die Badezimmertür zu. Stella kommt zurück ins Wohnzimmer. Stanley zieht sich den Rock aus und legt ihn auf den Schrankkoffer.* Nun, was hältst du von der Geschichte?

STELLA *wendet sich Stanley zu.* Ich glaube nicht alles davon, nicht den ganzen Klatsch! Und meiner Meinung nach war es von deinem Reisenden gemein und niederträchtig, dir all das zu erzählen. Aber es ist möglich, daß einiges davon wahr ist. Es gibt Dinge bei meiner Schwester, die ich nicht billige. Sie war immer etwas unbeständig!

STANLEY. Jawohl. Unbeständig – kannst du es wohl nennen!

STELLA. Sie hat in ihrer Jugend, sie war damals noch sehr jung, eine Erfahrung gemacht, die sie all ihrer Illusionen beraubt hat.

STANLEY. Was war denn das für eine Erfahrung?

STELLA. Ihre Heirat. Sie war damals noch beinahe ein Kind. Sie hat einen jungen Mann geheiratet, der Gedichte schrieb. Er war ein sehr schöner Junge. Ich glaube, das war mehr als Liebe, was Blanche für ihn empfunden hat. Sie hat den Boden unter seinen Füßen angebetet. Sie hat den Jungen verehrt und ihn für etwas Übermenschliches gehalten! *Sie geht zum Schrank und holt eine schmale Schachtel mit rosa Kerzen für die Geburtstagstorte heraus.* Aber eines Tages ist sie darauf gekommen –

STANLEY. Auf was?

STELLA *trägt die Kerzen zum Tisch.* Daß dieser schöne und begabte junge Mensch degeneriert war. Hat dir dein Reisender nicht auch diese Information gegeben? *Sie öffnet die Schachtel.*

STANLEY. Wir haben nur die Geschichte ihrer jüngsten Vergangenheit diskutiert. Das, was du da sagst, muß schon ziemlich lange her sein.

STELLA. Ja, es ist lange her ... *Sie beginnt die Kerzen in die Torte zu stecken. Pause.*

STANLEY. Wie viele Kerzen steckst du in diesen Kuchen?

STELLA. Ich höre bei fünfundzwanzig auf.

STANLEY. Erwartest du Gäste?

STELLA. Ich habe Mitch hergebeten, zu Torte und Eiscreme.

STANLEY *etwas irritiert.* Ich glaube nicht, daß Mitch heute kommen wird. *Stella unterbricht ihre Beschäftigung und wendet sich langsam Stanley zu, mit einem fragenden Blick.*

STELLA. Warum nicht?

STANLEY *sich rasch zu Stella herumdrehend.* Stella! Mitch ist ein alter Freund von mir. Wir waren zusammen in der technischen Schule, wir haben in derselben Werkstatt gearbeitet und gehören zur gleichen Kegelmannschaft –

STELLA *unterbricht ihn und geht zu ihm hin.* Stanley Kowalski, hast du – hast du ihm erzählt –?

STANLEY *unterbrechend.* Du kannst überzeugt sein, daß ich ihm alles erzählt habe. Es würde mir für mein ganzes Leben auf dem Gewissen lasten, wenn ich das alles gewußt hätte und es zugelassen hätte, daß mein bester Freund eingefangen wird! *Er geht auf die Veranda hinaus, Stella ihm nach.*

STELLA. Ist Mitch fertig mit ihr?

STANLEY. Wärest du es vielleicht nicht –?

STELLA. Ich habe gefragt: Ist Mitch fertig mit ihr?

Blanche singt im Badezimmer.

STANLEY. Nein, ich glaube nicht, daß er notwendigerweise fertig mit ihr ist – aber er ist gewarnt!

STELLA *ihn festhaltend.* Stanley, sie glaubt, daß Mitch sie heiraten wird. Das war auch meine Hoffnung.

STANLEY. Er wird sie nicht heiraten! *Während cr zum Badezimmer hingeht.* Vielleicht wollte cr sie heiraten, aber er wird sich nicht mit offenen Augen in eine Räuberhöhle begeben! So! *An der Badezimmertür, rufend.* Blanche! Wollen Sie nicht die Güte haben, mich in mein Badezimmer hineinzulassen?

BLANCHE *durch die Türe antwortend.* Gewiß, mein Herr, aber können Sie nicht noch einen Augenblick warten, bis ich trocken bin?

STELLA *ihm nach.* Stanley?

STANLEY. Nachdem ich eine Stunde gewartet habe, nehme ich an, daß der Augenblick rasch vorübergehen wird!

STELLA *im Schlafzimmer.* Sie hat keine Anstellung! Was wird sie nur machen?

STANLEY. Jedenfalls nicht länger hier bleiben als bis Dienstag! Das weißt du doch, oder? Um das sicherzustellen, habe ich ihr selbst eine Fahrkarte gekauft! Für den Autobus! *Er kramt die Fahrkarte aus seiner Brusttasche hervor, um sie Stella zu zeigen.*

STELLA. Erstens wird Blanche nicht im Autobus fahren!

STANLEY. Sie wird im Autobus fahren, und zwar gerne!

STELLA. Nein, sie wird nicht, sie wird nicht, Stanley!

STANLEY. Sie wird! Punktum. Und zwar am Dienstag!

STELLA *langsam.* Was wird sie nur anfangen? Was?

STANLEY. Ihre Zukunft liegt klar vor ihr.

STELLA. Was meinst du damit?

Blanche singt im Badezimmer.

STANLEY *heftig an die Badezimmertür klopfend.* He, Kanarienvogel! Heraus aus dem Badezimmer! Muß ich noch deutlicher werden?! *Stella nah heran an Stanley. Die Tür öffnet sich, Blanche kommt heraus mit einer Lachsalve. Dampf dringt aus dem Badezimmer.*

BLANCHE *eine Haarbürste in der Hand, ins Schlafzimmer.* Ach, ist mir wohl nach meinem langen heißen Bad, so wohl und kühl, so ausgeruht fühle ich mich!

Stanley in das Badezimmer, die Tür hinter sich zuschlagend. Stella geht traurig und präokkupiert in das Wohnzimmer.

STELLA *zweifelnd.* Wirklich, Blanche?

BLANCHE *sich kräftig die Haare bürstend.* Ja, ich bin so erfrischt! *Sie nimmt das Trinkglas vom Toilettetisch.* Ein heißes Bad und ein kalter Trunk – da sieht das Leben gleich ganz anders aus für mich! *Blick auf Stella.* Irgend etwas ist hier geschehen! Was!?

STELLA *sich rasch abwendend.* Nichts, Blanche, nichts.

BLANCHE. Du lügst. Es ist etwas geschehen!!

Dunkel.

Zwischenaktmusik.

ZWEITE SZENE

Dreiviertel Stunden später.

Stanley, Stella und Blanche beenden eben ein trübseliges Geburtstagsessen. Sie sind um den Tisch gruppiert, Stanley links, Stella rechts, Blanche in der Mitte, hinter dem Tisch. Stanley blickt finster und mürrisch drein, er nagt an den Knochen eines Koteletts und leckt sich die Finger ab. Stella ist verlegen und traurig. Blanche hat ein künstliches, eingefrorenes Lächeln auf ihrem gespannten Gesicht. Der vierte Stuhl, an der dem Publikum zugekehrten Seite des Tisches, ist leer.

Die Zwischenaktmusik klingt noch fort.

BLANCHE *trinkt und sagt dann plötzlich.* Stanley, erzählen Sie uns doch einen Witz! Machen Sie uns lachen! Ich weiß nicht warum, aber wir sind alle so feierlich. Vielleicht, weil mein Verehrer mich hat aufsitzen lassen? *Stella lacht gezwungen.* Es passiert mir zum erstenmal in meiner ganzen Erfahrung mit Männern, und ich habe viele gekannt, von allen Sorten, aber ich bin nie von einem versetzt worden... Erzählen Sie uns doch eine kleine, komische Geschichte, Stanley! Irgendeine! Die uns darüber hinweghilft!

STANLEY *sich die Finger leckend.* Ich war nicht unter dem Eindruck, daß Ihnen meine Geschichten gefallen.

BLANCHE. Sie gefallen mir, wenn sie amüsant, aber nicht unanständig sind.

STANLEY. Ich weiß keine Geschichten, die fein genug sind für Ihren Geschmack.

BLANCHE. Dann will ich eine erzählen.

STELLA. Ja, erzähl du eine, Blanche! Du hast doch immer so gut gewußt!

Musik aus.

BLANCHE. Laß mich nachdenken! Ich muß mein Repertoire durchgehen. O ja, ich habe Geschichten über Papageien gern! Gefallen euch Geschichten über Papageien? Also, das ist die von der alten Jungfer und dem Papagei. — Diese alte Jungfer hatte einen Papagei, der großartig fluchen konnte und der mehr ordinäre Witze gewußt hat als Herr Kowalski. *Sie unterbricht sich und lächelt Stanley zu, er reagiert aber nicht.* Die einzige Möglichkeit, den Papagei zum Schweigen zu bringen, bestand darin, den Käfig zuzudecken, damit er glaubte, es sei Nacht, und einschlief. Eines Morgens nun hatte die alte Jungfer gerade die Decke von dem Käfig weggenommen, da sieht sie den Geistlichen kommen! Also, sie läuft hin zu dem Papagei und deckt ihn wieder zu und herein kommt der Geistliche. *Das Telefon läutet, in der Entfernung. Blanche springt auf und horcht.* Oh, das muß im obern Stock sein! *Sie setzt sich wieder und erzählt weiter.* Also, der Papagei war still wie eine Maus. Aber gerade als sie den Geistlichen fragte, wieviel Stück Zucker er in seinen Kaffee nehme, brach der Papagei sein Schweigen und rief: »Den Teufel solls holen, war das aber ein kurzer Tag!« *Blanche wirft ihren Kopf zurück und lacht. Stella versucht vergeblich amüsiert zu scheinen. Stanley, der eben ein anderes Kotelett in Angriff genommen hat, tut, als hätte er nicht zugehört, und fährt fort, sich die Finger zu lecken.* Meine Geschichte hat Herrn Kowalski offenbar nicht amüsiert!

STELLA. Herr Kowalski ist zu beschäftigt, sich wie ein Schwein aufzuführen, als daß er sich um was anderes kümmern könnte. *Zu Stanley.* Dein Gesicht und deine Finger sind voll Fett. Ekelhaft! Geh und wasch dich und hilf mir dann den Tisch abräumen!

Eine Pause. Stanley blickt Stella an. Plötzlich, mit einer raschen Bewegung seines Armes fegt er seinen Teller, sein Besteck, den Tischschmuck und was von seinem Essen übrig ist, vom Tisch auf den Boden. Blanche fährt erschreckt zusammen. Stella starrt Stanley an, der aufsteht und sie über den Tisch hinüber fixiert.

STANLEY. Den Tisch abräumen soll ich? Ich räume also ab, so! — Untersteh dich noch einmal, so zu mir zu sprechen: »Schwein — Pollak — ekelhaft — ordinär — voll Fett —!« Ausdrücke wie die habt ihr zu viele im Munde geführt in diesem Haus! Was glaubt ihr denn, daß ihr zwei seid? Ein Paar von Königinnen? Denkt dran, was Huey Long gesagt hat: »Jeder Mann ist ein König!« Und ich bin der König hier, vergeßt das nicht! *Er will nach dem restlichen Geschirr greifen, Stella beschützt es, Stanley packt seine Tasse und schleudert sie in die Ecke, hinter der Tür.* So! Mein Platz i s t aufgeräumt! Wollt ihr, daß ich euer Geschirr auch abserviere?

Er stolziert auf die Veranda hinaus, nach einem triumphierenden Blick auf die Frauen, und prüft einen Schnitt, den er sich an seiner Hand beigebracht hat. Er zieht ein zerknülltes Taschentuch aus seiner rückwärtigen Hosentasche und stillt das Blut der Wunde.

LANCHE. W a s ist hier vorgefallen, während ich im Bad war? Was hat er dir erzählt, Stella?

TELLA. Nichts, nichts, nichts!!

LANCHE. Er muß dir etwas über Mitch und mich gesagt haben! Du w e i ß t, warum Mitch nicht gekommen ist, aber du willst es mir nicht sagen! *Stella schüttelt hilflos den Kopf. Blanche steht plötzlich auf.* Ich rufe ihn an!

TELLA *auf, versucht Blanche zurückzuhalten.* Ich würde ihn nicht anrufen an deiner Stelle, Blanche!

LANCHE. Doch. Ich telefoniere ihm!

TELLA *kläglich.* Ich wollte, du tätest es nicht!

LANCHE *zum Telefon, ruft die Nummer. Stella geht auf die Veranda hinaus. Stanley steht abgewendet.* Ich muß doch von jemandem irgendeine Erklärung bekommen!

TELLA *vorwurfsvoll zu Stanley.* Ich hoffe, daß du mit deiner Leistung zufrieden bist! Es ist mir noch nie so schwer geworden, mein Essen herunterzuwürgen, wie mit dem Gesicht des Mädels und dem leeren Stuhl vor der Nase!

LANCHE *am Telefon.* Hallo Mitchell bitte. Oh — Ich möchte gerne eine Nummer hinterlassen. *Stella beobachtet Blanche von der Veranda her.* Magnolia 9047. *In diesem Augenblick wird vom obern Stock Lachen hörbar, zuerst leise und intim, aber bald laut heraus: Eunice und Steve sind in einer offenkundig zotigen Unterhaltung begriffen.* Und sagen Sie ihm, bitte: es ist wichtig, daß er zurückruft! Jawohl, sehr wichtig! Ich danke Ihnen. *Blanche hängt ein. Sie steht hilflos beim Telefon und blickt umher. Dann geht sie ins Schlafzimmer zum Toilettetisch.*

TANLEY *zieht Stella tiefer in die Veranda hinein und nimmt sie, mit plumper Zärtlichkeit, in seine Arme.* Stella! Alles wird wieder gut werden, wenn sie fort ist und du das Kind gehabt hast! Alles zwischen dir und mir wird wieder gut sein, wie es war! Du weißt doch noch, wie es war zwischen uns? Was fi Nächte wir zusammen hatten! Mein Liebling, wie süß wird da Leben wieder sein, wenn wir in der Nacht so laut sein könner wie wir wollen, und keines Menschen Schwester hinter der Vorhang zuhören wird! *Lärm von Steve und Eunice im ober Stock, Stanley blickt hinauf und lacht in sich hinein.* Hör nu Steve und Eunice! *Stella nimmt Stanleys Arm und führt ih zurück in das Wohnzimmer. Blanche für sich im Schlafzimme Stella holt Streichhölzer, um die Kerzen auf der Geburtstags torte anzuzünden.*

STELLA *zu Stanley, während sie ihn hereinführt.* Komm wiede herein! *Und als sie sich mit den Zündhölzern den Kerzen nä hert.* Blanche?

BLANCHE *hereinkommend.* Ja? — Oh, die süßen kleinen Kerzer *Stella will eben anzünden, da läuft Blanche rasch auf sie zu un bläst das Streichholz aus.* Ach, zünde sie nicht an, Stella! *Stan ley kommt herein und steht am Eisschrank.* Heb sie doch au für Babys Geburtstag! Oh, ich hoffe, viele Kerzen werden i seinem Leben brennen und seine Augen werden die Kerze sein, wie zwei blaue leuchtende Kerzen in einer weißen Torte

STANLEY *geht zum Badezimmer und sagt, indem er die Türe öffne* Wie poetisch! *Er geht ins Badezimmer.*

BLANCHE *die sich gesetzt hat.* Ich hätte ihn nicht anrufen sollen!

STELLA *sich ihr nähernd.* Manches hätte nicht geschehen sollen!

BLANCHE. Es gibt ja doch keine Entschuldigung für sein Benehmen Ich laß mir so etwas nicht gefallen! Ich stecke keine Beleidigun ein!

STANLEY *kommt aus dem Badezimmer.* Verdammt heiß da drinner von all dem Dampf!

BLANCHE *auf den Tisch schlagend und mit aller Stimmkraft schrei end.* Ich habe dreimal gesagt, daß es mir leid tut! *Zu Stanle gewendet.* Ich brauche heiße Bäder für meine Nerven! Da nennt man Hydrotherapie! Ein gesunder Pollak wie Sie, de überhaupt keine Nerven hat, weiß natürlich nichts von Nerven angst!

STANLEY *an Blanche heran, hinter ihr.* Ich bin kein Pollak! Leut aus Polen heißen Polen, nicht Pollacken! In Wirklichkeit bi ich ein hundertprozentiger Amerikaner! Geboren und aufge wachsen in dem größten Land der Erde und verdammt stol darauf! Also nennen Sie mich nie wieder einen Pollacken *Auf das Stichwort »nie wieder« läutet das Telefon. Blanch springt auf, voll Erwartung.*

BLANCHE. Das ist sicher für mich!

STANLEY *zum Telefon hin.* Ich bin nicht so sicher. Bleiben Sie, w Sie sind! *Spricht ins Telefon.* Hallo, ah, du bist's, Mac! *Blanch hat ein paar Schritte auf das Telefon zu gemacht. Nun wendet sie sich ab, schwankend. Stella zu ihr hin, berührt ihre Schulter.*

BLANCHE. Oh, rühr mich nicht an, Stella! Was hast du denn? Warum siehst du mich so mitleidig an? *Sie geht rasch zum Schrank, nimmt eine Whiskyflasche und geht mit ihr zum Tisch hin, schenkt sich ein und trinkt auf einen Zug aus. Stella steht an den Eiskasten gelehnt.*

STANLEY *brüllt Blanche an.* Maul halten dort! *Spricht ins Telefon.* Wir haben ein Weibsbild hier, das einen tollen Lärm macht; na, sprich weiter, Mac! Bei Relly? Nein, dort will ich nicht kegeln! Ich habe vorige Woche mit Relly einen Krach gehabt. Bin ich der Captain unserer Mannschaft oder nicht? Na also, dann werden wir n i c h t bei Relly kegeln, sondern auf der Ostseite oder im »Gala«! Recht, Mac, auf Wiedersehen! *Stanley legt den Hörer ab und geht zu Blanche an den Tisch. Stella steht beim Eisschrank. Stanley greift in die Brusttasche und sagt mit betont falscher Liebenswürdigkeit.* Schwester Blanche, ich habe ein kleines Geburtstagsgeschenk für dich. *Er nimmt das Kuvert mit der Fahrkarte heraus.*

BLANCHE. Wirklich, Stanley? Ich habe keines erwartet. Was ist es denn?

STANLEY *überreicht ihr das Kuvert.* Ich hoffe, es gefällt Ihnen!

BLANCHE *öffnet das Kuvert und nimmt die Fahrkarte heraus.* Aber — das ist ja ein —!

STANLEY. Rückreisebillet nach Laurel! Mit dem Autobus! Am Dienstag!

Die »Vorsouviana« erklingt. Blanche versucht zu lächeln, dann zu lachen. Sie gibt beides auf und wendet sich anklagend Stella zu. Dann läuft sie, aufschluchzend, in das Schlafzimmer, stockt dort in der Mitte des Raumes, nicht wissend, wohin sie sich wenden soll, schließlich flieht sie, heftig schluchzend, ins Badezimmer, dessen Tür sie hinter sich zuschlägt.

STELLA *zu Stanley hin.* Das hättest du nicht tun brauchen!

STANLEY. Vergiß nicht, was ich alles von ihr ertragen habe!

STELLA. Du hättest nicht so grausam handeln müssen, an jemandem, der so allein dasteht wie sie!

STANLEY. Ein zartes Wesen wie sie, nicht?

STELLA. Das ist sie, das war sie. Du hast Blanche als Mädchen nicht gekannt. Niemand war so zartfühlend und vertrauensvoll wie sie. Aber Menschen, wie du einer bist, haben sie mißbraucht und das hat sie gezwungen, anders zu werden!

Stanley geht zu der Truhe, die seine Sportsachen enthält, und nimmt sein grünes Jackenhemd heraus, die Uniform des Kegelklubs. Stella folgt ihm.

STELLA. Und jetzt gehst du kegeln, nicht?

STANLEY. Gewiß. *Zieht das Hemd an.*

STELLA. Du gehst nicht kegeln! *Sie packt ihn am rechten Arm.* Warum hast du ihr das angetan?

STANLEY. Ich habe keinem Menschen irgend etwas angetan! *Stella hält ihn mit einem so krampfhaft festen Griff am Hemdärmel, daß dieser zerreißt.* Laß mein Hemd los! Jetzt hast du es zerrissen!

STELLA *wild.* Ich will wissen, warum! Sag mir, warum!

STANLEY *packt Stella brutal und stößt sie gegen den Stuhl auf der linken Seite des Tisches.* Als wir uns kennenlernten, du und ich, da hast du dir gedacht, daß ich ein ordinärer Mensch bin. Wie recht du gehabt hast, Baby! Ja, ordinär war ich, ein Dreckskerl! Du hast mir eine Momentaufnahme von dem Haus mit den Säulen gezeigt. Ich hab dir diese Säulen ausgetrieben! Hab dich von ihnen heruntergeholt, zur Wirklichkeit, und du hast Geschmack daran gefunden, an unseren illuminierten Nächten! Ohne Lampion! Sind wir nicht glücklich gewesen miteinander, bis zu dem Tag, an dem sie hier aufgetaucht ist? *Stella macht sich von ihm los und schleppt sich unter Schmerzen zum Eisschrank, sich daran festhaltend. Stanley ihr nach, er brüllt ihr ins Gesicht.* Waren wir nicht glücklich miteinander?! Sag! Oder? War nicht alles in Ordnung, bis sie gekommen ist, die Prinzessin, und dir klar gemacht hat, daß ich ein Gorilla bin! He? *Pause. Stanley sieht, daß Stella sich in Schmerzen krümmt. Er geht rasch zu ihr hin und fragt mit plötzlicher Zärtlichkeit.* Aber Stella! Was hast du denn? Hab ich dir wehgetan? Was hast du?! Baby!!

STELLA *zur Eingangstür wankend und sich dort festhaltend, schwach.* Bring mich ins Spital ... ! *Er stützt sie rasch mit dem Arm, sie gehen hinaus. Licht aus!*
Die »Varsouviana« erklingt während der Verwandlung.

DRITTE SZENE

Etwas später an diesem Abend. Die Zimmer in matter Beleuchtung. Blanche sitzt in gespannter Haltung im Armstuhl im Schlafzimmer, ein gefülltes Trinkglas in der Hand; vor ihrem inneren Gehör erklingt immer noch die »Varsouviana«. Sie ist im Schlafrock. Sie hat getrunken, um das bange Gefühl eines immer näher kommenden Unheils zu betäuben. Der elektrische Ventilator im Schlafzimmer ist angestellt und kreist fast geräuschlos.
In der Straße hinter dem Haus geht eine Blumenverkäuferin von links nach rechts vorüber. Ein altes mexikanisches Weib-

lein. Sie bietet ihre Ware an: Künstliche Blumen. »Flores, para los muertos. Coronas. Flores.« (»Blumen für die Toten! Kränze! Blumen!«) Wenn sie rechts rückwärts abgegangen ist, tritt Mitch von dort auf. Er ist in seinem Arbeitsanzug. Er kommt eilig zur Eingangstür der Wohnung und klopft an. Die »Varsouviana« verklingt.

BLANCHE *aufschreckend.* Wer ist es?

MITCH *heiser.* Ich. Mitch.

BLANCHE. Mitch! Einen Augenblick!

Blanche, in großer Hast, das Trinkglas in der Hand, zum Tisch im Wohnraum, um die Flasche zu entfernen; sie blickt um sich, versteckt die Flasche und das Glas unter einem Stuhl. Dann läuft sie zum Toilettetisch und setzt sich nieder; sie ist außer sich, sie zittert und murmelt vor sich hin. Sie wischt an ihrem Gesicht herum.

Mitch zur Tür herein, wie getrieben, bleibt in dem halbdunklen Raum stehen. Blanche auf, kommt hastig in das Wohnzimmer herein. Mitch, vor dem Tisch im Wohnzimmer, der noch immer für den Geburtstag gedeckt ist, mit Torte und Tischschmuck, fährt herum.

BLANCHE. Mitch! Ich sollte Sie wirklich nicht hereinlassen, das wissen Sie doch, nach der Art, wie Sie mich heute abend behandelt haben! So unkavaliersmäßig! Aber — guten Abend, mein Herr!! *Mitch an ihr vorbei in das Schlafzimmer. Er geht eilig zum Badezimmer hin, dann wieder vor, zum Bett. Der Luftzug vom Ventilator irritiert ihn sichtlich.* Stumm? Und in was für einem Aufzug sind Sie! Nicht einmal rasiert! Hat es Ihnen die Rede verschlagen? Aber ich verzeihe Ihnen, ich verzeihe Ihnen, weil es eine solche Erleichterung ist, Sie zu sehen. Sie haben diese Polka zum Verstummen gebracht, die in meinem Kopf rumort. Haben Sie schon so einen Lärm in Ihrem Kopf gehabt? *Sie kommt nahe an ihn heran.* Nein, Ihr Kopf ist natürlich sicher vor so etwas, Sie tumber Knabe, Sie! Sie werden sich nie etwas so Schreckliches zuziehen!

MITCH *reibt sich das Genick, wo es vom Luftzug des Ventilators getroffen wird.* Muß der Ventilator an sein?

BLANCHE *zum Ventilator hingehend, der über dem Toilettetisch angebracht ist.* Nein!

MITCH. Ich mag keinen Ventilator.

BLANCHE. Also stellen wir ihn ab, Liebling. Ich habe keine besondere Vorliebe für ihn. *Sie stellt den Ventilator ab.* Ich weiß nicht, was es zum Trinken gibt. Hab noch nicht nachgeforscht! *Sie will ins Wohnzimmer.*

MITCH. Ich mag Stans Whisky nicht.

BLANCHE. Es ist nicht Stans Whisky, es gibt Sachen in diesem

Haus, die mir gehören, tatsächlich! — Wie geht es Ihrer Mutter? Schlechter?

Die »Varsouviana« beginnt wieder, leise.

MITCH. Warum?

BLANCHE. Es ist hier nicht ganz geheuer heute nacht, aber achten wir nicht darauf. *Sie wendet sich ab, sichtlich gequält von der Musik, die nur sie hört und deren sie sich nicht erwehren kann.* Ich verzichte darauf, den Angeklagten zu verhören! Ich — *Sie berührt mit einer vagen Geste ihre Stirn.* — Ich will so tun, als ob ich nichts Besonderes an Ihnen bemerkte, keine Änderung in Ihrem Benehmen! — Ach, wieder diese Musik ... !

MITCH. Welche Musik?

BLANCHE. Diese Polka — die sie damals gespielt haben — als Allan — *Der ferne Hall eines Schusses, die »Varsouviana« verstummt abrupt, zur sichtlichen Erleichterung von Blanche.* Da — der Schuß! Damit hört es immer auf! *Sie horcht.* Ja, wirklich, die Musik hat aufgehört! *Sie geht in das Wohnzimmer.*

MITCH *ihr nachrufend.* Sind Sie übergeschnappt?

BLANCHE *im Wohnzimmer.* Ich will sehen, was ich finden kann! — *Unterbricht die Handlung und spricht zu ihm zurück.* Entschuldigen Sie übrigens, daß ich nicht richtig angezogen bin. Aber ich hatte Sie schon aufgegeben! Haben Sie vergessen, daß Sie zum Abendessen eingeladen waren? *Sie geht zu dem Schrank und sucht zwischen den Flaschen herum.*

MITCH *in der Türöffnung.* Ich hatte die Absicht, Sie nie mehr wiederzusehen.

BLANCHE. Warten Sie einen Augenblick! Ich kann nicht hören, was Sie sagen, und Sie sprechen so selten! Wenn Sie schon einmal etwas sagen, will ich keine Silbe davon verlieren!

Mitch geht wieder in das Schlafzimmer und macht vor dem Bett halt. Blanche zurück zum Schrank. Mitch stellt einen Fuß auf das Bett nahe dem Kopfende und verharrt so, mit dem Rücken zum Publikum.

BLANCHE. Was suche ich eigentlich? *Das Glas, das sie aus dem Schrank genommen hat, in der Hand, läßt sie den Blick suchend über den Tisch gehen.* Ach ja, etwas zum Trinken. Wir hatten heute so viel Aufregung hier, daß ich tatsächlich »übergeschnappt« bin! *Sie erinnert sich plötzlich, daß sie die Flasche unter dem Stuhl versteckt hat, holt sie hervor und hält sie hoch.* Da haben wir ja etwas. Der Luxus des Südens. *Sie steht nun in der Türöffnung und blickt Mitch an.* Was mag da wohl drin sein? *Sie geht mit der Flasche und einem Glas zu Mitch hin.*

MITCH. Wenn Sie es nicht wissen, gehört der Alkohol sicher dem Stan!

BLANCHE *seinen Fuß vom Bett stoßend.* Nehmen Sie Ihren Fuß

vom Bett! Das ist doch eine saubere Decke! *Zum Armstuhl hin, sie schenkt sich selbst ein.* Ihr Männer bemerkt solche Sachen natürlich nicht. Ich habe doch allerlei erreicht, seit ich hier bin!

MITCH. Das haben Sie! Zweifellos!

BLANCHE. Sie haben die Wohnung gesehen, bevor ich gekommen bin! Sehen Sie sich sie jetzt an! Dieses Zimmer ist jetzt beinahe schick! Ich möchte, daß es so bleibt!

MITCH. Gehen Sie nicht bald fort?

BLANCHE *kostet von ihrem Glas.* Ich denke gerade darüber nach, womit ich dieses Getränk mischen soll. Umm. Es schmeckt süß, zu süß! Es muß ein Likör sein, glaube ich! Ja, ja, es i s t ein Likör. *Mitch grunzt, Blanche bietet ihm das Glas an.* Ich fürchte, es wird Ihnen nicht schmecken, aber kosten Sie, vielleicht mögen Sie es doch.

MITCH. Ich habe Ihnen schon gesagt, daß ich s e i n e n Alkohol nicht trinke! Und Sie sollten es auch nicht tun! Er sagt, Sie haben ihm in diesem Sommer seinen ganzen Vorrat ausgetrunken!

BLANCHE. Eine phantastische Behauptung! Phantastisch, daß er es wagt, und phantastisch, daß Sie es wiederholen. *Sie geht ins Wohnzimmer, um Flasche und Glas in den Schrank zurückzustellen, Mitch ihr nach.* Ich werde mich nicht auf das Niveau solcher Gespräche, wie ihr sie führt, herablassen! Auf so etwas kann man gar nicht antworten!

MITCH. Hm!

BLANCHE. Woran denken Sie?

MITCH. Es ist dunkel hier.

BLANCHE. Ich hab es gern so dunkel. *Sie entfernt sich etwas von ihm, eine Gefahr witternd.* Das Dunkel tut mir wohl!

MITCH. Ich glaube, ich habe Sie nie bei vollem Licht gesehen. Wirklich wahr. *Er dreht die Deckenbeleuchtung an.*

BLANCHE. Wirklich? *Sie flieht vor Mitch und dem Licht in das Schlafzimmer.*

MITCH *ihr dicht auf dem Fuße folgend.* Ich habe Sie nie am Nachmittag gesehen!

BLANCHE *zum Toilettetisch.* Wessen Schuld ist das?

MITCH *ihr folgend.* Sie wollen ja nie am Nachmittag ausgehen.

BLANCHE *vor ihm zurückweichend.* Aber Mitch, am Nachmittag sind Sie doch in der Fabrik.

MITCH *dicht hinter ihr.* Nicht am Sonntagnachmittag. Sie wollen nie vor sechs Uhr abends ausgehen und immer irgendwohin, wo es nicht sehr hell ist.

BLANCHE. Was wollen Sie damit sagen? Ich verstehe nicht!

MITCH *sie zu sich herumdrehend.* Ich will damit sagen, daß ich Sie noch nie hab richtig ansehen können, Blanche. *Er läßt sie los und greift nach dem Papierlampion über dem Toilettetisch.* Drehen wir auch dieses Licht an!

BLANCHE. Welches Licht? Wozu denn?

MITCH. Das da, mit dem Papierzeug darüber! *Er reißt den Lampion von der Birne und wirft ihn auf den Boden. Blanche kniet mit einem kleinen Schrei nieder, um den Lampion zu retten.*

BLANCHE. Warum haben Sie das getan?

MITCH. Damit ich Sie einmal richtig sehen kann! Ganz genau!

BLANCHE. Sie meinen das natürlich nicht beleidigend!

MITCH. Nein, nur realistisch!

BLANCHE. Ich mag keinen Realismus! Was ich will, ist — Magie!

MITCH *lacht.* Magie!

BLANCHE *immer noch auf den Knieen.* Jawohl! Ja, Magie! Die will ich den Menschen geben! Deshalb stelle ich die Dinge anders dar, als sie sind. Ich sage nicht die Wahrheit, nicht was ist, sondern was s e i n s o l l t e. Und wenn das eine Sünde ist, dann will ich dafür verdammt sein! D r e h e n S i e d a s L i c h t n i c h t a n!

MITCH *dreht das Licht an, geht zu Blanche hin, hebt sie auf, drängt sie zum Toilettetisch hin und hält ihr Gesicht in das volle, scharfe Licht der elektrischen Birne. Dann sagt er, langsam und bitter.* Es macht nichts aus, daß Sie älter sind, als ich dachte. Aber alles übrige — *Er stockt, dann schreit er.* D u g u t e r G o t t! *Er läßt sie los und tritt ein wenig von ihr weg.* Der ganze Schwindel — daß Sie altmodische Ideale haben ! — — und all die anderen Lügen, die Sie mir die ganze Zeit aufgetischt haben! Ich wußte, daß Sie nicht mehr sechzehn Jahre alt sind. Aber ich war dumm genug, zu glauben, daß Sie aufrichtig sind!

BLANCHE *gegen den Toilettetisch lehnend, ihm in die Augen blikkend.* Wer hat Ihnen gesagt, daß ich nicht — »aufrichtig« bin? Mein liebender Schwager! Und Sie haben ihm geglaubt!

MITCH *einen Schritt auf sie zu.* Ich hab ihn zuerst einen Lügner geheißen und dann hab ich Nachforschungen angestellt. Ich habe unseren Reisenden ausgefragt, der sich gut auskennt in Laurel. Dann habe ich ein Ferngespräch gemacht und diesen Kaufmann angerufen.

BLANCHE. Welchen Kaufmann?

MITCH. Kifaber.

BLANCHE. Der Kaufmann Kifaber in Laurel! Ich kenne den Mann. Er hat mir Anträge gestellt. Ich hab ihn zurückgewiesen. Aus Rache erfindet er jetzt Geschichten über mich!

Die nächsten Repliken erfolgen in einem solchen Tempo, daß sie teilweise ineinandergreifen.

MITCH. Drei Zeugen haben diese Geschichten beschworen, Kifaber, Stanley und Shaw!

BLANCHE. Ein saubres Trifolium!
MITCH. Haben Sie nicht im Hotel Flamingo gewohnt?
BLANCHE. Flamingo? Nein! Tarantel hat es geheißen! Tarantel-Nest.
MITCH *in stupidem Staunen.* Tarantel-Nest?
BLANCHE. Ja. Tarantel — eine große Spinne! Dorthin habe ich meine Opfer gebracht. *Pause.* Ja! Ich habe oft »intimen Umgang« mit Fremden gepflegt! Intimer Umgang mit Fremden —: das war das einzige, womit ich nach dem Tode Allans die Leere in meinem Herzen ausfüllen konnte! *Pause.* Ich glaube, es war Flucht, Panik — eine Panik, die mich von einem zum andern trieb, auf der Suche nach Schutz — an den ungeeignetsten Orten! Bei den unmöglichsten Leuten! Zuletzt sogar bei einem siebzehnjährigen Jungen —! Aber jemand schrieb an den Direktor meiner Schule: »Diese Person ist für eine Stellung moralisch nicht geeignet!« War das die Wahrheit? Ja, ich glaube schon — irgendwie ungeeignet war ich tatsächlich ... und so kam ich hierher! Ich konnte nirgendwo anders hingehen! Mein Spiel war aus! Wissen Sie, was das heißt? Aus! Meine Jugend — aus!! Und dann traf ich Sie. Sie haben gesagt, daß Sie jemanden brauchen, auch ich brauchte jemanden! Ich danke Gott für Sie, weil Sie gütig zu sein schienen — ein Spalt im Felsen der Welt, in dem ich mich verstecken konnte! *Blanche berührt ihn. Er weicht zurück zum Fußende des Bettes. Sie geht langsam in das Wohnzimmer zum linken Ende des Tisches hin; sie redet weiter während dieses Ganges.* Aber ich habe wohl zu viel verlangt, zu viel erhofft! Kifaber, Stanley und Shaw knüpften eine alte Blechdose an den Schwanz des Papierdrachens meiner Wünsche, meiner Hoffnungen! *Pause.*
Mitch ist ihr nachgegangen und links neben ihr stehengeblieben.
MITCH. Sie haben mich angelogen, Blanche.
Im Hintergrund rechts hört man die mexikanische Straßenverkäuferin, die auf der Straße herankommt, ihre Waren anpreist, erst undeutlich, aus der Ferne und dann näher, klarer.
STRASSENVERKÄUFERIN. Blumen für die Toten! (Flores para los muertos!)
BLANCHE. Sagen Sie nicht, daß ich Sie angelogen habe!
MITCH. Lügen, Lügen, innen und außen, lauter Lügen!
BLANCHE. Nicht innen! In meinem Herzen habe ich nicht gelogen! In meinem Herzen bin ich wahr gewesen, wie Gott — Ihnen gegenüber — immer — immer! *Die Straßenverkäuferin war schon vorher zu sehen, wie sie sich der Veranda näherte. Nach dem ersten »immer« von Blanche in dem vorhergehenden Satz erscheint sie auf der Veranda und ruft gedämpft ihr »Blumen!«.*
BLANCHE *aufhorchend.* Was? Was ist das?

BLUMENVERKÄUFERIN. Blumen –

BLANCHE. Da ist jemand draußen —! *Geht zur Tür hin, öffnet sie und starrt die Blumenverkäuferin an — während die »Varsouviana« wieder erklingt.*

BLUMENVERKÄUFERIN *in der Eingangstüre.* Blumen für die Toten? Blumen? Blumen!

BLANCHE *entsetzt.* Nein! Nein! Nicht jetzt! Nicht jetzt! *Sie rennt in die Wohnung zurück und schlägt die Türe vor der Hausiererin zu.*

BLUMENVERKÄUFERIN *sich zurück auf die Straße wendend und weitergehend.* Blumen! Blumen für die Toten!

BLANCHE *langsam zum Tisch hin.* Ich lebte in einem Hause, wo sterbende alte Frauen an ihre toten Männer dachten — sich erinnerten... an die Toten —!

BLUMENVERKÄUFERIN *auf der Straße in der Richtung nach links weitergehend.* Blumen! Blumen für die Toten...!

BLANCHE *wie zu sich selbst.* Langsames Hinwelken, Hinsiechen — Beklagen und Beschuldigen, Gewissensbisse und Vorwürfe: — »Wenn du das getan hättest, würde es mich nicht jenes gekostet haben!«

BLUMENVERKÄUFERIN. Blumen für die Toten! Kränze —!

BLANCHE *rasch zum Sofa.* Vermächtnisse, Hinterlassenschaften! Huh — und andere Dinge, blutbefleckte Kopfpolster: »Man müßte ihre Bettwäsche wechseln!« — »Ja, Mutter. Aber könnten wir nicht eine Negerin nehmen für das?« Natürlich konnten wir nicht —, wir hatten ja nichts mehr, nichts war uns geblieben als nur —

BLUMENVERKÄUFERIN. Blumen...

BLANCHE. — der Tod! Ich pflegte hier zu sitzen, sie saß da drüben, mir gegenüber, und der Tod war mir so nahe, wie Sie es jetzt sind! Wir wagten nicht einmal mehr, uns einzugestehen, daß wir je etwas vom Tod gehört hatten!

BLUMENVERKÄUFERIN. Blumen für die Toten, Blumen — Blumen...! *Sie geht links rückwärts ab.*

BLANCHE. Der Tod! Sein Gegenteil ist die Sehnsucht, die Lebensgier! Wundern Sie sich also? Wie können Sie sich wundern!? *Sie sitzt jetzt auf dem Stuhl links vom Tisch.* Nicht weit von Belle Reve — bevor wir Belle Reve verloren hatten — war ein Trainingslager für junge Soldaten, die pflegten am Samstagabend in die Stadt zu fahren, um sich dort zu betrinken. Auf dem Rückweg ins Lager erschienen sie in unserem Garten und riefen: »Blanche! Blanche!« Die taube alte Dame, die von meiner Familie noch übriggeblieben war, hörte nichts, aber manches Mal schlüpfte ich hinaus zu diesen jungen Leuten, die mich riefen...!

Sie steht auf und macht einige Schritte bis vor den Tisch rechts, die »Varsouviana« verstummt. Mitch tritt rasch hinter Blanche, legt seine Arme um ihre Taille und dreht sie zu sich. Zuerst erwidert Blanche leidenschaftlich seine Umarmung, dann stößt sie ihn fort.

BLANCHE. Was wollen Sie?

MITCH *versucht sie ungeschickt festzuhalten.* Was ich den ganzen Sommer entbehrt habe!

BLANCHE. Dann heiraten Sie mich, Mitch!

MITCH. Sie sind nicht rein genug, daß ich Sie ins Haus meiner Mutter führen könnte!

BLANCHE *laut.* Dann gehen Sie. *Mitch starrt sie an, geht dann um den Tisch herum, zur Eingangstür,* Gehen Sie, bevor ich »Feuer« rufe! *Er beeilt sich, zur Türe hinauszukommen. Sie, ihm nachschreiend.* Rasch, bevor ich »Feuer« rufe! *Er ist aus der Türe und ab, rechts rückwärts. Blanche, in der offenen Tür stehend, schreit.* Feuer! Feuer! Feuer!

Licht aus! Als Verwandlungsmusik hört man im Radio ein Chanson, das eben endet, und den darauffolgenden Applaus eines fernen Publikums.

VIERTE SZENE

Nachts, einige Stunden später. Blanche hat seit der vorigen Szene fast ununterbrochen getrunken. Sie hat ihren Schrankkoffer geöffnet und eine größere Anzahl ihrer Kleider auf den Boden geworfen. Das Bett, der Armstuhl und der Koffer selbst sind mit Wäsche bedeckt. Auf dem Deckel des Koffers liegt das Schmuckkästchen.

Blanche steht jetzt vor dem Toilettetisch, ein Glas in der Hand; die Flasche mit Likör auf dem Toilettetisch. Sie hat ein Abendkleid aus weißem Satin an, das nicht sehr rein und ziemlich zerdrückt aussieht, und abgetragene Hausschuhe. Sie ist unfrisiert und hat sich die Tiara aufgesetzt. Sie ist in erhöhter Stimmung, in einer Art von hysterischer Heiterkeit; sie glaubt sich zurückversetzt nach Belle Reve; in ihrer Einbildung sieht sie sich auf dem Höhepunkt einer dort stattfindenden Gesellschaft, umgeben von alten Freunden, deren Applaus und schmeichelhafte Bemerkungen sie zu vernehmen glaubt. Sie murmelt aufgeregt und angeregt, mit ihren imaginären Bewunderern plaudernd. Dabei erklingt tatsächlich die Fortsetzung der Radiomusik und der Applaus wieder, die am Ende der vorigen Szene hörbar waren.

BLANCHE. Ach, da spielen sie »Good Night Ladies!«. Darf ich

meinen Kopf an Ihre Schulter lehnen? Das ist so beruhigend, so tröstlich!... Wie wäre es, wenn wir hinuntergingen an den See, um ein Bad zu nehmen im Mondlicht und um die Felsen herumzuschwimmen? Ist einer von euch auch noch nüchtern genug, um zu chauffieren? Das ist das beste Mittel, um das Summen im Kopf zum Schweigen zu bringen! Nur muß man beim Kopfsprung achtgeben, daß man ins tiefe Wasser trifft! Wenn man an die Felsen gerät, kommt man erst morgen wieder herauf! *Sie dreht sich vor dem Spiegel.*

Stanley durch die Eingangstüre. Er hat immer noch das zerrissene Hemd an. Er kommt vom Spital. Er bringt einen Papiersack mit sich, darin eine Bierflasche, eine Flasche mit Alkohol, einen Flaschenöffner und Brezeln. Die Eingangstüre stand offen. Er läßt sie offen, stellt das Paket auf den Tisch und geht zum Eisschrank. Er holt ein Glas aus dem Schrank. Dann erst erblickt er Blanche und sie ihn. Sie starren einander einen Moment lang an. Stanley begreift die Situation.

BLANCHE. Wie geht es meiner Schwester?

STANLEY *zum Tisch, das Glas hinstellend.* Es geht gut vorwärts.

BLANCHE. Und das Baby? Wie ist es?

STANLEY *grinst liebenswürdig.* Das Baby wird nicht vor morgen früh da sein. Also haben sie mich nach Hause geschickt, damit ich mich ein wenig hinlege. *Er nimmt die Flasche aus dem Papier und stellt sie auf den Tisch, dann geht er zum Eisschrank hin, um den Öffner zu holen.*

BLANCHE *ins Wohnzimmer kommend.* Heißt das, daß wir jetzt hier allein sein werden?

STANLEY *der den Flaschenöffner nicht findet, blickt Blanche an.* Jawohl. Wir zwei allein, Blanche, ich und Sie! Warum haben Sie sich denn so fein herausgemacht?

BLANCHE. Ja, richtig! Sie sind fortgegangen, bevor mein Telegramm kam.

STANLEY. Sie haben ein Telegramm bekommen?

BLANCHE. Ein Telegramm von einem alten Verehrer.

STANLEY. Eine gute Nachricht?

BLANCHE *zum Schrankkoffer kommend.* Allerdings, eine Einladung!

STANLEY. Zu was?

BLANCHE. Zu einer Vergnügungsfahrt mit einer Yacht auf der karibischen See.

STANLEY. Ei sieh da! Was Sie sagen!

BLANCHE. Ich war noch nie in meinem Leben so überrascht.

STANLEY. Kann ich mir denken!

BLANCHE. Es kam wie ein Blitz aus heiterem Himmel!

STANLEY. Von wem, sagen Sie, ist das Telegramm?

BLANCHE. Von einem alten Verehrer.

STANLEY *ergreift die Flasche und kommt ihr einen halben Schritt näher.* Der, von dem Sie den weißen Fuchs haben?

BLANCHE. Herr Shep Huntleigh. Ich trug seine Nadel während seines letzten Jahres im College. Erst vorige Weihnachten habe ich ihn wieder getroffen, ganz zufällig, auf einem Boulevard in Miami! Und jetzt diese Einladung auf der karibischen See! Die ganze Frage ist, was anziehen! Ich habe also rasch meinen Schrankkoffer durchwühlt, um zu sehen, ob ich etwas Brauchbares für die Tropen habe! *Sie geht zum Koffer.*

STANLEY *die Flasche auf den Tisch stellend.* Und da haben Sie diese herrliche Diamantentiara herausgefischt?

BLANCHE. Ja, diesen alten Ladenhüter. Es ist nur eine Imitation.

STANLEY. Na, so etwas! Und ich habe geglaubt, es sind Tiffany-Diamanten!

BLANCHE. Jedenfalls wird es eine Angelegenheit größten Stils sein.

STANLEY. Daraus können Sie sehen, daß man nie weiß, was kommt.

BLANCHE. Ja! Gerade in dem Augenblick, als ich dachte, daß mein Glück mich verlassen hat!

STANLEY. Und ins Bild kommt, hastdunichtgesehen, dieser Millionär aus Miami!

BLANCHE. Der Mann ist nicht aus Miami. Der Mann ist aus Dallas!

STANLEY *geht hinter Blanche ins Schlafzimmer und zieht sich das Hemd aus.* Der Mann ist aus Dallas?

BLANCHE *sich in den Winkel, den der geöffnete Schrankkoffer bildet, zurückziehend, als Stanley an ihr vorbeikommt.* Ja, der Mann ist aus Dallas, wo das Gold aus der Erde spritzt!

STANLEY *wirft sein Hemd auf das Bett.* Na ja, wenigstens ist er von irgendwo!

BLANCHE. Schließen Sie den Vorhang, bevor Sie sich weiter entkleiden!

STANLEY *liebenswürdig.* Für den Augenblick entkleide ich mich nicht weiter. *Er geht an ihr vorbei zum Eisschrank. Sie weicht in das Schlafzimmer zurück, indem sie ihren zerrissenen Schleier um sich drapiert und seitwärts Blicke in den Spiegel wirft.* Haben Sie vielleicht einen Flaschenöffner gesehen? *Er schaut im Kasten nach, dann im Schrank.* Ich hatte einen Kusin, der konnte eine Bierflasche mit seinen Zähnen öffnen. *Er findet den Öffner, geht an den Tisch, setzt sich drauf, ergreift die Bierflasche.* Das war seine einzige Fähigkeit, alles, wozu er imstande war — er war ein menschlicher Flaschenöffner, sonst nichts. Und eines Tages, bei einer Hochzeitsfeier, hat er sich dabei seine Vorderzähne herausgebrochen! Danach war er so beschämt, daß er sich immer davongeschlichen hat, wenn Leute ins Haus gekommen sind. *Stanley öffnet die Bierflasche, Schaum kommt heraus, Stanley lacht glücklich, indem er die Flasche hochhält und die Kaskade über sich, seine Arme und seinen Körper ergießen läßt.* Himmelssegen! *Er trinkt!* Was meinst du, Blanche? *Er steht auf, um in das Schlafzimmer zu gehen.* Sollen wir das Kriegsbeil begraben und ein Liebesmahl feiern miteinander?

BLANCHE *entsetzt, rasch an ihm vorbei in das Wohnzimmer.* Nein, danke!

STANLEY. Ach, mach doch, Blanche! Los!

BLANCHE *in der Türöffnung.* Was wollen Sie hier herinnen?

STANLEY *auf dem Bett sitzend, zieht den kleinen Kasten unter dem Bett hervor und nimmt ein rotes Seidenpyjama heraus.* Das trag ich nur bei besonderen Gelegenheiten: es ist das Pyjama, das ich in meiner Hochzeitsnacht anhatte! *Er schließt den kleinen Kasten ab und stößt ihn mit dem Fuß unters Bett.*

BLANCHE. Oh!

STANLEY. Und wenn das Telefon läuten wird, und eine Stimme sagt: »Sie haben einen Sohn!«, dann werde ich mir das Pyjama vom Leib reißen und es wehen lassen wie eine Fahne! *Er schwenkt den Pyjamarock und steht auf. Blanche, sich vage herumdrehend, im Vordergrund rechts, als ob sie einen Ausweg suchte.* Ich denke, wir haben beide das Recht zu feiern heute nacht, es ist ein festlicher Anlaß für uns beide! *Er kommt ins Wohnzimmer, sie weicht zurück, um ihn zu vermeiden.* Sie haben einen Petroleummillionär, und ich habe ein Baby! *Er geht zum Tisch hin.*

BLANCHE *hat sich zum Bett zurückgezogen.* Wenn ich mir vorstelle, wie wunderbar es sein wird, je wieder ein ungestörtes Zimmer für mich zu haben, dann könnte ich weinen vor Freude!

STANLEY *Brezel essend.* Und dieser Millionär aus Dallas wird Sie nicht stören?

BLANCHE *in der Mitte des Bettes.* Nicht in der Weise, wie Sie es vorhaben! Dieser Mann ist ein Gentleman und er respektiert mich. *In fieberhafter Schnelligkeit weiter improvisierend.* Was er von mir will, ist, daß ich ihm Gesellschaft leiste! Großer Reichtum macht Menschen manchmal einsam! *Sie geht zum Toilettetisch, Stanley sitzt auf dem linken Tischende im Wohnzimmer.* Eine Frau, die Kultur besitzt, Intelligenz und eine gute Erziehung, kann das Leben eines Mannes unermeßlich bereichern! Das sind die Dinge, die einem nie abhanden kommen! Körperliche Schönheit vergeht, sie ist nur ein vorübergehender Besitz, aber geistige Schönheit, der Reichtum des Gemütes und Herzenszärtlichkeit — und ich habe das alles! —, die werden nicht kleiner, sondern sie wachsen! Sie steigern sich mit den

Jahren! Ist es nicht absurd, mich ein heruntergekommenes, verarmtes Geschöpf zu nennen?! Wo ich mir doch alle diese Schätze in meinem Herzen bewahrt habe! *Ein würgendes Schluchzen.* Ich weiß, daß ich eine sehr, sehr reiche Frau bin — aber ich habe die Torheit begangen — ich warf meine Perlen vor die —

STANLEY. Säue, heh?

BLANCHE. Ja, Säue! Säue! Und ich denke dabei nicht nur an Sie, sondern auch an Ihren Freund, Herrn Mitchell! Er hat mir heute nacht einen Besuch abgestattet! *Sie kommt näher, herein in das Wohnzimmer.* Er hat es gewagt, in seinem Arbeitsanzug zu kommen! Und Verleumdungen zu wiederholen, bösartigen Klatsch, den er von Ihnen hat! Aber ich hab ihm heimgeleuchtet!

STANLEY. Haben Sie? So!

BLANCHE. Aber dann kam er wieder, er brachte mir einen großen Karton voll Rosen und bat mich um Verzeihung! Angefleht hat er mich, ich soll ihm verzeihen! Aber es gibt Dinge, die unverzeihlich sind. Absichtliche, wohlüberlegte Grausamkeit kann nicht verziehen werden, sie ist unverzeihlich! *Stanley steht auf und tritt ihr näher.* Sie ist meiner Meinung nach das einzige, was nicht verziehen werden kann, und dessen ich mich nie, niemals schuldig gemacht habe! Und das habe ich ihm auch gesagt! Ich habe zu ihm gesagt: ich danke Ihnen, aber es war töricht von mir, anzunehmen, daß wir je zueinander passen könnten. Wir sind von zu verschiedener Herkunft. *Stanley lehnt gegen einen Stuhl.* Unsere Anschauungen sind zu verschieden, unser Herkommen ist verschieden, eine verschiedene Kinderstube, ein verschiedener Hintergrund! Ein verschiedenes Niveau! Es gibt eben Unvereinbarkeiten, man muß die Dinge sehen, wie sie sind! Realistisch! Und so, lebe wohl, mein Freund! Wir brauchen einander deshalb nicht böse zu sein ...

STANLEY. War das, bevor das Telegramm aus Texas kam — oder nachher?

BLANCHE *im Wohnzimmer herumwandernd, bleibt abrupt stehen.* Welches Telegramm? *Sie dreht sich halb zu Stanley und geht dann weiter.* Nein! Nein, nachher! tatsächlich kam das Telegramm, gerade als ...

STANLEY *unterbrechend, ihr nachgehend.* Tatsächlich ist überhaupt kein Telegramm gekommen!

BLANCHE *auf einen Stuhl sinkend.* Oh, oh!

STANLEY *zu ihr hin.* Es gibt keinen Millionär, und Mitch ist nicht mit Rosen hergekommen, ich weiß nämlich, wo er ist!

BLANCHE. Oh!

STANLEY. Alles das existiert nur in Ihrer Einbildung! Lauter Lügen! Eitelkeit, Tricks! Lauter Posen und Possen! *Er packt die*

Schleppe ihres Abendkleides. Schauen Sie sich doch nur an! *Er wirft die Schleppe nach ihr.* Schauen Sie sich an in diesem abgetragenen Aschermittwoch-Kostüm, das Sie sich um fünfzig Pfennig bei einem Lumpensammler ausgeliehen haben! *Er schnalzt mit den Fingern.* Sie mit dieser lächerlichen Krone auf Ihrem Kopf! *Er fegt ihr die Tiara vom Kopf und schleudert sie weg.* Was glauben Sie denn, was Sie für eine Königin sind?!

BLANCHE *flüchtet auf die rechte Seite des Tisches.* Oh, Gott . . .!

STANLEY *sie um den Tisch herum verfolgend.* Ich bin dir gleich draufgekommen, am ersten Tag! *Blanche kauert hinter dem Tisch. Stanley auf der anderen Seite des Tisches, aufgestützt, glotzt sie an.* Mir hast du nichts vorgemacht, aber gar nichts! *Blanche läuft ins Schlafzimmer, Stanley in der Türöffnung.* Bist hierher gekommen und hast Puder und Parfum herumgestreut und einen Lampion auf die Birne gesteckt, eins, zwei, drei, und die Wohnung war Ägypten und du warst die Königin Kleopatra! *Blanche zur Badezimmertür. Stanley ihr nach.* Sitzt auf einem Thron und sauft meinen Whisky aus! Da kann ich nur sagen: Ha! Ha! *Er packt sie mit brutalem Griff, sie wird beinahe ohnmächtig in seinen Armen.* Hörst du mich? Ha — ha — ha —! *Er nimmt sein Pyjamaoberteil vom Toilettetisch und geht damit ins Badezimmer, die Tür hinter sich zuschlagend.*

Draußen, vom Hintergrund links her ein Schrei! Erregte Stimmen auf der Straße und vom Café her, das im Hintergrund rechts angenommen ist. Blanche läuft zum Telefon, kniet davor nieder. Die Laute und Geräusche draußen jagen ihr Entsetzen ein, sie dreht eine Nummer. Inzwischen auf der Straße draußen: wahnsinniges Lachen einer Frau, die vom Hintergrund rechts die Straße entlanggelaufen kommt, mit einer Brieftasche, die sie an sich gedrückt hält. Ein Mann im Smoking hinter ihr her, laut protestierend, die Frau versetzt ihm einen Schlag. Er fällt hin. Das Tohuwabohu nimmt zu. Ein anderer Mann läuft vom Hintergrund rechts herein und attackiert den ersten Mann vom Rücken her. Man hört Polizisten Signale pfeifen und eine Sirene in größerer Entfernung. Dazwischen das Stöhnen des Mannes, der am Boden liegt. Seine Angreifer verschwinden rechts und links rückwärts.

BLANCHE *während dieser Vorgänge am Telefon.* Ist dort das Amt? Amt! Einen Fernruf bitte!! Eine Verbindung mit Herrn Shep Huntleigh in Dallas!! — Er ist dort sehr bekannt, eine genaue Adresse ist nicht nötig! — Fragen Sie, wen sie wollen! — Warten Sie doch! Nein, nein, die Adresse kann ich jetzt nicht finden, so verstehen Sie doch!! — Bitte! Ich — nein! Nein!! — Bleiben Sie am Apparat!! Ich kann nicht! Ich kann — nicht! *Sie legt den Hörer nieder, zitternd.*

Ein Mann vom Hintergrund rechts in die Straße hineingelaufen, verfolgt von drei Rowdys, die ihn attackieren, ein vierter Rowdy gesellt sich zu ihnen. Weitere Polizeistreifen, die Gangster verschwinden rechts rückwärts, mit erregtem Gemurmel, der verwundete Mann taumelt ab. Blanche mit allen Zeichen des Entsetzens geht zu ihrem Schrankkoffer, packt das Schmuckkästchen, rafft einige Kleider zusammen und eilt damit hinaus auf die Veranda, wo sie sich plötzlich den Strolchen gegenübersieht, bevor diese rechts rückwärts verschwinden. Sie rennt zurück in die Wohnung, die Eingangstür offen lassend. Wieder zum Telefon hin, kniet dort nieder, ihre Habseligkeiten an sich drückend.

BLANCHE. Ist dort das Amt? Fräulein! Vergessen Sie den Fernruf!! Geben Sie mir die Telegrammaufnahme! Die Telegrammaufnahme!! *Pause.* Ist dort die Telegrammaufnahme? Ja, ein Telegramm!! Der Text lautet: »In verzweifelter, verzweifelter Situation! Hilf mir! In einer Falle gefangen! In einer Falle – !!« *Sie hört das Öffnen der Badezimmertür.* Oh!

Stanley kommt aus dem Badezimmer, dessen Licht er abgedreht hat. Er ist in seinem roten Pyjama. Er grinst Blanche an, die sich aufrichtet und vom Telefon ins Wohnzimmer zurückweicht. Er geht zum Telefon, der Hörer liegt daneben und man hört das Knacken in der Leitung. Stanley legt den Hörer auf.

STANLEY. Du hast vergessen, den Hörer aufzulegen. *Er geht an Blanche vorbei, zur Eingangstür, die er nachdrücklich schließt.*

BLANCHE *beim Sofa.* Lassen Sie mich heraus! Lassen Sie mich vorbei!

STANLEY *bei der Türe.* Vorbei an mir? Aber ja! Gehen Sie nur!

BLANCHE *nach links ins Zimmer deutend.* Dorthin – gehen Sie!

STANLEY. Aber Sie können doch sehr gut an mir vorbei, Platz genug!

BLANCHE. Nicht, wenn Sie dort stehen! Aber irgendwie muß ich doch hinaus –!! *Ganz außer sich, rennt sie ins Schlafzimmer, zieht den Vorhang hinter sich zu.*

STANLEY *zum Vorhang, reißt ihn auf.* Sie glauben, ich werde Sie aufhalten. Mit Ihnen handgemein werden? *Plötzlich in einem sonderbar anderen Ton –.* Wenn ich's mir überleg, wäre vielleicht gar nicht so übel – gar nicht so übel –!

BLANCHE *beim Toilettetisch.* Bleiben Sie, wo Sie sind! Keinen Schritt näher, oder –!

STANLEY. Oder was?

BLANCHE. Etwas Entsetzliches wird geschehen! Etwas Entsetzliches!

STANLEY *langsam näherkommend.* Was haben Sie sich jetzt wieder ausgedacht?

BLANCHE. Ich warne Sie! Ich handle in Notwehr!! *Als er trotzdem näherkommt, ergreift sie die Flasche, die auf dem Toilettetisch steht, schlägt ihr den Hals ab und streckt Stanley das abgebrochene Ende entgegen.*

STANLEY. Wozu hast du das gemacht?

BLANCHE. Damit schlag ich Sie in Ihr Gesicht!

STANLEY. Das wärst du imstande!

BLANCHE. Ich tus, ich tus —!

STANLEY. Ach, du willst einen Zirkus haben! Also einen Zirkus, gut! *Er springt sie an, sie schreit auf, er packt ihre Hand, die die Flasche hält, und dreht sie ihr nach rückwärts.* Fallen lassen die Flasche! Fallen lassen! *Sie läßt sie fallen. Er nimmt Blanche in die Arme, sie nach rückwärts biegend, ihren Widerstand brechend.* Dieses Rendezvous haben wir vom ersten Tag an gehabt miteinander!

Er trägt sie zum Bett. Licht rasch aus.

Musik während der Verwandlung.

FÜNFTE SZENE

Einige Tage später. Stella ist zurück aus dem Spital und packt Blanches Handkoffer, der auf dem Stuhl beim Toilettetisch liegt. Der Schrankkoffer ist geschlossen und abgesperrt. Der Vorhang zwischen den beiden Zimmern ist zu. Im Wohnzimmer ist wieder eine Pokerpartie im Gange. Stanley sitzt hinter dem Tisch, Mitch an seiner Rechten, Pablo an der Linken und Steve am unteren Ende des Tisches mit dem Rücken zum Publikum.

Blanches Schmuckkästchen liegt im Armstuhl, Stella hat beim Zusammenlegen der bunten Kleider geweint. Sie geht durch den Vorhang in das Wohnzimmer zum Schrankkoffer.

Eunice kommt die Treppe vom zweiten Stock herunter. Sie trägt eine Schüssel, gefüllt mit Trauben und anderen Früchten. Als sie das Wohnzimmer betritt, ertönt gerade ein lauter Ausbruch der Pokerspieler und Stella geht zurück in das Schlafzimmer, um weiter zu packen. Eunice schließt die Eingangstüre hinter sich.

STANLEY. Ich bin auf eine Bauchquint eingegangen — und, bei Gott, ich hab's gemacht!

PABLO. Maldita sea tu suerto!

STANLEY. Red so, daß man dich versteht, Fettkugel!

PABLO. War nur ein Fluch auf dein vermaledeites Glück!

STANLEY *zu Mitch, angeschwollen vor Stolz.* Weißt du, was Glück ist? Glück ist: — daran glauben, daß man Glück hat! Ich habe eben daran geglaubt, daß ich Glück habe! Ich hab mir gedacht, daß von fünf Spielern vier damit nicht durchkommen würden.

Aber ich schon – und ich bin durchgekommen! Ich stelle das als eine Regel auf. Um vorwärts zu kommen in dieser lausigen Welt, muß man an sein Glück glauben!

MITCH *wütend.* Du ... du ... du Prahlhans! Du Stier, du –!

STANLEY *erstaunt zu den anderen.* Was hat er denn?

EUNICE *am Pokertisch.* Ich habe immer gesagt, die Männer sind roh und haben kein Gefühl, aber das ist schon das Höchste! Ihr benehmt euch wie die Schweine! *Sie geht ins Schlafzimmer.*

STANLEY. Was hat sie denn wieder? Spielen wir weiter! *Sie spielen schweigend.*

STELLA *zu Eunice.* Was macht mein Baby? Schreit es noch um sein Abendessen?

EUNICE *die Schüssel mit den Früchten niedersetzend.* Er schläft wie ein kleiner Engel. Ich hab dir Trauben gebracht.

STELLA. Gott segne ihn, es tut mir geradezu weh, wenn ich nicht im gleichen Zimmer mit ihm bin.

EUNICE. Laß ihn, wo er ist, bis die Sache hier in Ordnung kommt. Wo ist sie?

STELLA. Badet. Sie hat nichts essen wollen, aber sie hat zu trinken verlangt.

EUNICE. Was hast du ihr gesagt?

STELLA. Ich habe ihr einfach gesagt, wir haben ihr etwas auf dem Lande genommen, wo sie sich erholen kann. Sie verwechselt es jetzt mit der Einladung bei Shep Huntleigh.

BLANCHE *öffnet die Türe des Badezimmers und ruft heraus.* Stella!

STELLA. Ja, Blanche?

BLANCHE. Wenn jemand anruft, während ich im Bad bin, laß dir die Nummer geben und sag, ich werde sofort zurückrufen.

STELLA. Ja.

BLANCHE *die nicht ohne Schwierigkeiten zusammenhängend sprechen kann.* Ja – und Stella – dieses gelbe Seidenkleid, das kühle – das mit der Schnalle – sieh doch nach, ob es – sehr zerdrückt ist, wenn es nicht gar zu arg zerdrückt ist, werde ich es anziehen – und dazu – weißt du – diese Silbernadel mit den Türkisen, das Seepferdchen. Du findest es in der herzförmigen Schachtel – wo ich alle meine Kleinigkeiten drin habe. Und Stella – ach, finde mir doch dieses Bouquet aus künstlichen Veilchen, in derselben Schachtel ist es, das will ich mit dem Seepferdchen anstecken auf dem Revers des Jacketts. *Blanche schließt die Türe von innen, Stella blickt Eunice an und geht dann zu dem Schmuckkästchen, das auf dem Armstuhl liegt, öffnet es und nimmt verschiedene Dinge heraus, wie einen zerknüllten alten Domino etc.*

STELLA. Wenn ich nur wüßte, ob ich das Richtige getan habe! *Sie setzt sich verstört auf die Armlehne des Armstuhls.*

EUNICE *näher an sie heran, gedämpft.* Was hättest du sonst tun können?

STELLA. Es war mir nicht möglich, ihr zu glauben und mit Stanley weiterzuleben. *Gebrochen wendet sie sich Eunice zu, die sie in die Arme nimmt.*

EUNICE *Stella fest an sich drückend.* Du d a r f s t es nicht glauben! Das Leben muß weitergehen! Was auch immer passiert, du mußt weiterleben!

BLANCHE *öffnet die Badezimmertür und lugt vorsichtig heraus.* Stella, ist die Luft rein?

STELLA. Ja, Blanche. *Sie steht auf und flüstert Eunice zu.* Sag ihr, daß sie gut aussieht!

BLANCHE *aus dem Badezimmer kommend.* Sei so gut und mach den Vorhang zu, bevor ich herauskomme.

STELLA *zum Vorhang hin, auf ihn zeigend.* Er ist zu.

STANLEY *drinnen leise.* He, Mitch, wie viele Karten?

STEVE. Zwei.

STANLEY. Ich passe.

Blanche ist im Bademantel. Sie bürstet ihr Haar. Es ist eine Art tragisches Leuchten um sie und sie spricht mit manischer Lebhaftigkeit.

BLANCHE. Ich habe mir grade das Haar gewaschen!

STELLA. Hast du?

BLANCHE. Ich bin nicht sicher, ob ich die ganze Seife herausgekriegt habe!

EUNICE. S o ein schönes Haar!

BLANCHE *das Kompliment akzeptierend.* Es ist nicht leicht mit meinem Haar! – War kein Anruf für mich?

STELLA. Von wem, Blanche?

BLANCHE. Von Shep Huntleigh . . . !

STELLA. Nein, noch nicht, mein Herz!

BLANCHE. Merkwürdig! Ich –

Als Mitch die Stimme von Blanche hört, sinkt ihm die Hand, mit der er sein Blatt hält, kraftlos herunter und er starrt ins Leere.

STANLEY *herrscht ihn an.* He! He, Mitch! Komm zu dir, Mensch!

Mitch gibt sich einen Ruck und konzentriert sich wieder auf das Spiel. Stanleys Stimme und was er sagte, wirkt als ein Schock auf Blanche. Sie macht eine kleine Gebärde, ihre Lippen formen den Namen »Mitch«, fragend. Stella nickt bejahend und blickt schnell fort. Blanche steht jetzt vor dem Bett, verwirrt und bestürzt. Sie blickt von Stella zu Eunice. Stella vermeidet ihren Blick. Blanche, plötzlich ausbrechend.

BLANCHE. Was geht hier vor? Ich will wissen, was hier vorgeht!!

STELLA *gequält.* Schch, sch!

EUNICE. Schch, Liebling.

STELLA. Ich bitte dich, Blanche!

BLANCHE. Warum starrt ihr mich beide so an? Ist etwas nicht in Ordnung an mir?

EUNICE. Sie sehen wundervoll aus, Blanche! *Zu Stella.* Sieht sie nicht wundervoll aus?

STELLA. Ja.

Blanche am Toilettetisch, zieht ihren Bademantel aus.

EUNICE. Ich höre, Sie machen eine Reise?

STELLA. Ja Blanche geht auf Ferien.

EUNICE. Ich bin ganz grün vor Neid!

BLANCHE *versucht vergeblich, in ihr Kleid hineinzukommen, in verweifelter Wut.* So helft mir doch, ihr zwei! Helft mir mich ankleiden!

STELLA *nimmt Blanches Kleid, das über dem Armstuhl hängt, und geht damit zu ihr hin.* Willst du dieses Kleid?

BLANCHE *nimmt das Kleid von ihr und schlüpft hinein.* Meinetwegen, das wird gehen! Ich muß nur heraus von hier, diese Wohnung — diese Wohnung ist eine Falle!!

EUNICE *geht zum Bett und holt von dort Blanches violettes Jackett.* So ein hübsches blaues Jackett!! *Sie hält es hoch.*

STELLA *hilft Blanche in ihr Kleid.* Es ist nicht blau, es ist lila.

EUNICE. Ich bin farbenblind wie eine Fledermaus.

BLANCHE *erblickt die Schüssel mit den Trauben, geht hin und nimmt eine Traube.* Sind diese Trauben gewaschen?

EUNICE. Wie?

Man hört draußen Kirchenglocken läuten.

BLANCHE. Gewaschen! Ich habe gefragt, ob sie gewaschen sind!?

Man hört draußen Kirchenglocken läuten.

EUNICE. Ja, aber die sind doch vom französischen Markt!

BLANCHE. Das beweist noch nicht, daß sie gewaschen sind! *Sie hört die Glocken läuten.* Ah, diese Glocken von der Kathedrale sind die einzig reine Sache in dem ganzen Viertel! — Also, ich gehe jetzt! *Zum Bett hin.* Ich gehe! *Sie will das Jackett anziehen.*

EUNICE *flüstert Stella zu.* Sie wird fortgehen, bevor sie hier sind!

STELLA *schnell zu Blanche hin, stellt sich zwischen sie und den Vorhang.* Blanche! Warte!

BLANCHE *in der Richtung zum Wohnzimmer blickend.* Ich will nicht an diesen Männern vorbeigehen!

EUNICE. Dann warten Sie doch, bis das Spiel aus ist.

STELLA. Setz dich und . . . !

BLANCHE *einem fernen Klang lauschend und einen fernen Geruch einatmend.* Ich rieche die Luft von der See! Den Rest meines Lebens werde ich an der See verbringen, und wenn ich sterbe, will ich auf offener See sterben. Weißt du, woran ich sterben werde? Am Essen von ungewaschenen Trauben werde ich sterben! Ich werde eines Tages sterben auf hoher See — meine Hand in der Hand eines hübschen Schiffsarztes, eines sehr jungen Arztes mit einem blonden Schnurrbart und einer großen silbernen Uhr! *Die Glocken, die bereits verklungen waren, beginnen wieder zu läuten.* »Die arme Lady«, werden sie sagen, »das Chinin hat ihr nicht gut getan! Diese ungewaschenen Trauben haben ihre Seele in den Himmel befördert!« *Geht zum Lehnstuhl hin.* Und ich werde im Ozean begraben werden, in einen reinen weißen Sack genäht und über Bord geworfen, am hohen Mittag — und die Sommersonne wird glühen — und das Meer, das mich aufnimmt, wird blau sein — so blau wie die Augen meines ersten Liebhabers!

Stella geht zu Blanche und nimmt sie in die Arme. Ein fremder Mann erscheint auf der Veranda und läutet an der Türglocke, gefolgt von einer fremden Frau in einem einfachen schwarzen Kostüm, das ihr ein strenges Aussehen verleiht, sie trägt eine nicht zu große schwarze Tasche, die berufsmäßig aussieht. Die Kirchenglocken hören beim Klang der Türglocke auf.

EUNICE *zu Stella.* Das sind sie wohl?

Stanley steht auf, geht zur Eingangstür und öffnet. Es folgt ein kurzer leiser Dialog zwischen ihm und dem fremden Mann.

STANLEY. Sind Sie der Arzt?

DER FREMDE MANN. Ja.

STANLEY *nickt.* Einen Augenblick! *Er geht zurück ins Wohnzimmer.*

BLANCHE *als sie die Türglocke hört.* Was ist das?

EUNICE. Einen Moment, ich schau nach, wer an der Türe ist. *Sie geht durch den Vorhang.*

STELLA. Ja —

Eunice, im Wohnzimmer, begegnet Stanley hinter dem Tisch, er flüstert ihr zu, daß der Arzt gekommen ist. Eunice wirft einen raschen Blick zur Veranda hin. Blanche in höchster Spannung, zum Toilettetisch hin.

BLANCHE. Ob das für mich ist?

EUNICE *kommt ins Schlafzimmer herein und geht zu Blanche hin. Heiter zu Blanche.* Ein Herr fragt nach Blanche.

BLANCHE *ergreift Eunices Hand.* Es ist also wirklich für mich! Ist es der Herr aus Dallas, den ich erwartet habe?

EUNICE *mit einem Blick zu Stella.* Ich glaube, er ist es, Blanche.

BLANCHE *wendet sich zum Toilettetisch.* Aber ich bin noch nicht ganz fertig!

STELLA *zu Eunice.* Bitte ihn, draußen zu warten.

BLANCHE. Ich . . .

Eunice zurück ins Wohnzimmer, nickt Stanley zu. Stanley zu dem Arzt hin, der auf der Veranda wartet.

STANLEY. Sie wird gleich herauskommen.

Der Doktor nickt und gibt diesen Bescheid an die fremde Frau weiter.

STELLA *zu Blanche hin.* Ist alles gepackt?

BLANCHE. Meine silbernen Toilettesachen sind noch draußen.

STELLA. Ah! *Eiligst zu dem Toilettetisch hin, packt die Sachen ein.*

EUNICE *hereinkommend.* Sie warten draußen vor dem Haus.

BLANCHE. Sie? Welche »sie«?

EUNICE. Er ist mit einer Dame da.

BLANCHE. Mit einer »Dame«, ja, wer kann denn die Dame sein? *Sie sieht Stella an, die ihren Blick vermeidet. Zu Eunice.* Wie ist sie angezogen?

EUNICE. Sie hat ein — einfaches Kostüm an.

Stella schließt den Koffer und bleibt hinter dem Stuhl am Toilettetisch stehen.

BLANCHE. Vielleicht ist sie — *Die Stimme versagt ihr aus Nervosität.*

Stanley ist im Wohnzimmer bis zu dem geschlossenen Vorhang gegangen und dort stehen geblieben, ins Schlafzimmer hinüberhorchend.

STELLA. Sollen wir gehen, Blanche? *Sie nimmt den Handkoffer.*

BLANCHE. Ja. *Eunice öffnet den Vorhang. Blanche starrt Stanley an.* M ü s s e n wir durch dieses Zimmer gehen?

Stanley tritt zurück.

STELLA. Ich gehe mit dir!

BLANCHE. Wie sehe ich aus?

STELLA. Reizend.

EUNICE *wiederholt.* Reizend!

Blanche geht weiter ins Vorzimmer. Stella dicht hinter ihr. Stella übergibt den Handkoffer Eunice, die nachfolgt.

BLANCHE *während sie auf dem Weg zur Tür an dem Tisch der Pokerspieler vorbeigeht.* Bitte nicht aufstehen, ich geh nur durch! *Blanche erreicht die Veranda und sieht sich dem fremden Mann gegenüber. Sie starrt ihn an, er wendet sich ihr mit einem freundlichen Gesicht zu. Blanche weicht langsam zurück, blickt Stella an, dann den Mann.* Sie sind nicht der Herr, den ich erwartet habe!

Stella, die es nicht ertragen kann, dreht sich mit einem Ruck Eunice zu, in ihren Armen Zuflucht suchend. Stanley tritt hinter Eunice und küßt Stellas Hand.

BLANCHE. Dieser Mann ist nicht Shep Huntleigh! *Sie läuft ins Schlafzimmer zurück und verbirgt sich kauernd hinter dem Kopfende des Bettes.*

STANLEY *als Blanche an ihm vorbeikommt.* Haben Sie etwas vergessen?

BLANCHE *schrill.* Ja, ja, ich habe etwas vergessen!

STANLEY *zu dem fremden Herrn, der ins Wohnzimmer hereingekommen ist.* Doktor, Sie müssen wohl hineingehen!

Der fremde Mann bleibt bei der Türe stehen. Die fremde Frau geht durch das Wohnzimmer, Stella ihr nach. Stanley hält Stella liebevoll auf und Eunice nimmt sie in die Arme. Mitch steht auf.

FREMDE FRAU *legt ihre Tasche aufs Bett und steht da, Blanche zugewendet, die jetzt beim Toilettetisch kauert, die fremde Frau spricht mit einer Stimme, die so scharf und eintönig klingt wie eine Alarmglocke.* Hallo, Blanche!

STANLEY *näherkommend, beim Schrankkoffer haltmachend.* Sie sagt, sie hat etwas vergessen.

FREMDE FRAU. Ist ganz allright!

STANLEY. Was hast du vergessen, Blanche?

BLANCHE. Ich — ich —

FREMDE FRAU. Ist egal, wir können es später holen.

STANLEY. Gewiß, wir schicken es mit dem Schrankkoffer nach. *Er klopft mit der Hand auf den geschlossenen Schrankkoffer.*

BLANCHE *in höchster Angst vor der fremden Frau zurückweichend.* Ich kenne Sie nicht! Ich kenne Sie nicht!! Man soll mich — allein lassen, bitte! Bitte!!

FREMDE FRAU *auf sie zugehend.* Aber Blanche —!

STIMMEN *wie ein sich weiter fortpflanzendes Echo.* Aber Blanche! — Aber Blanche! — Aber Blanche!

STANLEY *herein, an der fremden Frau vorbei, zum Toilettetisch.* Blanche — du hast nichts hier zurückgelassen als verschütteten Puder und alte leere Parfumflaschen, außer, du willst deinen Papierlampion mitnehmen! *Er greift nach dem Lampion.* Willst du den Papierlampion haben? *Er reißt den Papierlampion herunter und wirft ihn auf den Toilettetisch. Blanche schreit auf. Stanley wendet sich zurück zur Mitteltür.*

Die fremde Frau packt Blanche am Arm, mit einem Griff, der sie zu Boden zwingt, Kopf nach unten, zwischen Toilettetisch und Armstuhl. Das Folgende geschieht fast gleichzeitig.

STANLEY *ruft mit gedämpfter Stimme.* He, he! Doktor, gehen Sie doch hinein!

STELLA *rennt auf die Veranda hinaus.* Oh, mein Gott! Gott im Himmel! Eunice, hilf mir! Laß sie das doch nicht tun mit ihr! Laßt nicht zu, daß sie ihr weh tun! Oh, Gott! Barmherziger Gott! Bitte, bitte, tut ihr nicht weh! Was tun sie denn mit ihr? Was tun sie ihr! Was tun sie!!

EUNICE *setzt den Koffer nieder und eilt zu Stella hin.* Aber mein Herz, mein Herz! Nein, nein! Bleib hier, geh nicht hinein! *Sie hält Stella fest.* Bleib bei mir und schau nicht hin! *Steve ver-*

sucht, Eunice zu beruhigen. Mitch geht auf Stanley zu, Steve bemerkt es.

STELLA *gleichzeitig.* Was habe ich meiner Schwester angetan! Oh, Gott, was habe ich meiner Schwester angetan!

EUNICE. Du hast das Richtige getan, das einzige, was du hast tun können! Sie konnte hier nicht bleiben, und wohin hätte sie sonst gehen können?

MITCH *ist inzwischen um den Tisch herumgegangen, auf Stanley los.* Du! Du hast das getan! Das ist dein Werk! Deine verdammte Schweinerei –!

Er packt ihn an, die zwei Männer ringen miteinander. Pablo und Steve reißen Mitch von Stanley weg und zwingen ihn auf einen Stuhl rechts vom Tisch, wo er zusammenbricht und, den Kopf zwischen seinen Armen, zu schluchzen beginnt. Der fremde Mann geht in das Schlafzimmer und kniet bei der auf dem Boden liegenden Blanche nieder, zu ihrer Rechten, die fremde Frau kniet zu ihrer Linken.

FREMDE FRAU *Blanches Arm mit eisernem Griff niederhaltend.* Die Fingernägel müssen ihr geschnitten werden. – Zwangsjacke, Doktor?

FREMDER MANN. Nur wenn es notwendig sein wird. *Sich nahe zu Blanche beugend.* Fräulein Du Bois –

BLANCHE. Bitte! *Sie wendet sich bittend an ihn.*

FREMDER MANN *zur Frau.* Es wird nicht notwendig sein!

BLANCHE *gehaucht.* Sagen Sie ihr, sie soll mich loslassen!

ARZT *zur Frau.* Lassen Sie sie los!

Die Frau läßt Blanche los, sie steht auf und tritt zurück, der Arzt hilft Blanche auf. Er nimmt seinen Hut ab. Blanche blickt ihn an, erst zweifelnd, dann lächelt sie ihm zu wie einem neuen Anbeter. Sie wirft einen triumphierenden Blick auf die Frau, dann gibt sie dem Arzt ein strahlendes Lächeln. Stanley ist zu seinem alten Platz am Tisch zurückgekehrt und hat sich niedergesetzt.

BLANCHE *setzt sich die Kapuze auf und lächelt den Arzt an.* Wer Sie auch sind – ich habe mich immer auf die Güte von Fremden verlassen!

Sie nimmt den Arm des Doktors und die beiden gehen durch das Wohnzimmer. Die Frau folgt, nachdem sie ihre Tasche genommen hat. Im Wohnzimmer hat sich nun auch Steve auf seinen Platz am unteren Tischende gesetzt. Blanche und der Doktor erreichen die Eingangstür und kommen an Stella vorbei.

STELLA. Blanche! Blanche! Blanche!

Die »Varsouviana« erklingt.

Blanche ignoriert ihre Schwester und geht mit dem Arzt auf die Straße hinaus weiter, gefolgt von der Frau. Als sie an der spiralförmigen Treppe vorbeikommen, händigt Eunice der Frau Blanches Handkoffer ein und tritt dann etwas zurück. Stanley steht auf, zu Stella hin, nimmt sie in seine Arme. Auch Pablo hat sich nun wieder an den Tisch gesetzt.

STANLEY. Stella —!

Stella schluchzt in rückhaltloser Aufgelöstheit, halb besinnungslos ihrem großen Schmerz hingegeben. Stanley spricht ihr mit einer sinnlichen Zärtlichkeit zu, die etwas Wollüstiges hat.

STANLEY. Ach, ach, mein Herz — mein Liebling, meine Liebe, meine einzige Liebe du, ach —!

Während Blanche und ihre beiden Begleiter die Straße entlang gehen und links rückwärts verschwinden, erreicht die Musik ein Crescendo.

STEVE *während der Vorhang zu fallen beginnt.* Also — wer teilt?

Der Vorhang fällt langsam, die Musik schwillt an.

ENDE

Die Glasmenagerie

(The Glass Menagerie)

Ein Spiel der Erinnerung

Niemand, nicht einmal der Regen,
hat so kleine Hände
E. E. CUMMINGS

I. TEIL:

Vorbereitung auf den Besuch eines Herrn

II. TEIL:

Der Besucher trifft ein

PERSONEN:

Amanda Wingfield, die Mutter
Laura Wingfield, ihre Tochter
Tom Wingfield, ihr Sohn
Jim O'Connor, der Herr zu Besuch

ORT DER HANDLUNG:

Eine Seitengasse in St. Louis

ZEIT:

Gegenwart und Vergangenheit

AMANDA WINGFIELD

Eine kleine Frau, erfüllt von einer großen, aber konfusen Vitalität. Sie klammert sich verzweifelt an eine Zeit und einen Ort, die nicht mehr existieren. Ihr Charakter muß Zug um Zug geschaffen, er darf nicht nach der Vorlage eines Typus gezeichnet werden. Amanda ist keine Paranoikerin; aber man könnte sagen, daß die Paranoia ihr Leben ausmacht. Es ist vieles in Amanda der Bewunderung wert, sie erregt aber ebensoviel Gelächter wie Liebe und Mitleid. Sie beweist große Ausdauer und sogar eine Art von Heroismus, und obwohl ihre Einfalt sie oft unabsichtlich grausam macht, besitzt ihre kleine Person doch einen großen Reichtum an Zärtlichkeit.

LAURA WINGFIELD

Obwohl es Amanda nicht gelungen ist, einen Kontakt mit der Realität herzustellen, fährt sie doch fort, mit aller Kraft in ihren Illusionen zu leben. Lauras Situation ist viel bedenklicher. Sie hat von einer Kinderkrankheit ein kürzeres Bein zurückbehalten, das sie in Schienen trägt. (Dieser Defekt braucht auf der Bühne nur angedeutet zu werden.) Er ist die Ursache, daß Laura sich immer mehr isoliert, bis sie einem Stück ihrer Glassammlung gleicht, zu erlesen und zu gebrechlich, um vom Sims heruntergenommen zu werden.

TOM WINGFIELD

Zugleich derAnsager des Stückes. Ein Dichter, der in einem Lagerhaus angestellt ist. Sein Verhalten ist gewiß nicht über jeden Vorwurf erhaben, aber er muß unbarmherzig sein, um sich aus der Falle zu retten, in die er durch die Umstände geraten ist.

JIM O'CONNOR

Ein netter, gewöhnlicher, junger Mann.

Anmerkungen zur Aufführung

Da »Die Glasmenagerie« in der Sphäre der Erinnerung spielt, kann sie unabhängig von aller Theaterkonvention gestaltet werden. Wegen der Zartheit des Materials, aus dem das Mosaik des Stückes gebildet ist, spielen atmosphärische Details und Subtilitäten der Regie eine besonders wichtige Rolle. Der Expressionismus und die übrigen unkonventionellen Techniken im Drama können nur e i n wesentliches Ziel haben, und zwar das: näher an die Wirklichkeit heranzukommen. Wenn ein Stück unkonventionelle Techniken anwendet, so geschieht das nicht, oder sollte jedenfalls nicht geschehen, um der Verantwortung zu entgegen, welche die Behandlung der Realität, die Interpretation der Erfahrung dem Autor auferlegt; sondern solche Abweichungen sind in Wahrheit oder sollten mindestens sein: der Versuch, einen näheren Zugang zu den Dingen, wie sie sind, einen mehr durchdringenden und lebhaften Ausdruck für sie zu finden. Das realistische Stück mit seiner kühlen Objektivität und Authentizität, die uns an einen Eiskasten denken läßt, mit seinen Charakteren, die genau so reden wie die Zuschauer, entspricht einer mit akademischer Korrektheit gemalten Landschaft und besitzt die gleichen Vorzüge photographischer Ähnlichkeit. Jeder sollte heute über die Bedeutungslosigkeit des Photographischen in der Kunst Bescheid wissen. Wahrheit, Leben, Realität bilden ein organisches Ganzes, dessen wesentlichen Gehalt die poetische Einbildungskraft nur durch Umschmelzung, durch Umbildung in andere Formen, als die von der unmittelbaren Erscheinung gebotenen, darstellen kann.

Diese Bemerkungen sind nicht nur als Vorwort zu diesem einen Stück gemeint, sie wollen der Konzeption eines neuen plastischen Theaters dienen, das an Stelle des verbrauchten Theaters der realistischen Konvention treten muß, wenn das Theater seinen Platz als ein lebendiger Teil unserer Kultur wieder einnehmen soll.

Der Gebrauch von Projektionen

Zwischen der Aufführung des Stückes in New York und meiner Originalfassung bestand nur ein wichtiger Unterschied: in der Aufführung wurde e i n technisches Mittel nicht angewendet, das ich versuchsweise vorgeschlagen hatte. Ich plante die Anbringung einer Leinwand, auf die, in der Art einer Laterna magica, Bilder oder Aufschrift projiziert werden sollten. Ich bedaure die Weglassung dieses Details in der Broadway-Aufführung nicht. Die außerordentliche Gestaltungskraft der Schauspielerin L a u r e t t e T a y l o r ließ es berechtigt erscheinen, im Szenischen die äußerste

Einfachheit zu wahren. Aber ich denke, es mag manche Leser interessieren, wie dieser technische Behelf gedacht war. Daher beschreibe ich ihn in dem Manuskript des Stückes, das zur Veröffentlichung bestimmt ist. Diese Bilder und Aufschriften sollten von rückwärts auf einen Teil der Wand zwischen Wohnzimmer und Speisezimmer projiziert werden, der, wenn nicht in Gebrauch, nicht als unterschiedlich wahrgenommen werden sollte.

Der Zweck dieser Vorrichtung ist wohl klar. Es sollten auf diese Weise die besonderen Merkmale jeder Szene deutlich gemacht werden. Jede Szene hat eine bestimmte Bedeutung (oder mehr als eine), die für die Struktur des Ganzen wichtig ist. In einem Stück, das, wie dieses, in Episoden abläuft, kann die Grundstruktur, die durchgehende Hauptlinie der Erzählung, dem Zuschauer leicht undeutlich werden. Die Architektonik des Stückes erschiene dann fragmentarisch, was nicht so sehr durch einen Mangel des Stückes als durch die unzureichende Aufmerksamkeit der Zuschauer verursacht sein kann. Das Bild oder die Inschrift auf der Leinwand würde unterstreichend hervorheben, was andeutungsweise im Text vorkommt, und es so dem Autor ermöglichen, seine wichtigsten Punkte einfacher und leichter zu berühren, als wenn der Text allein die Verantwortung zu tragen hätte. Abgesehen von diesem Nutzen für die Bedeutung des einzelnen im Gesamtbau würde die Projektion, so glaube ich, eine Gefühlswirkung haben, die sich zwar nicht genau definieren läßt, die aber darum nicht weniger Wert hat. Ein phantasievoller Regisseur mag für die Projektion eine weitergehende Verwendung, als die im vorliegenden Manuskript angegebene, finden. Tatsächlich scheinen mir die Möglichkeiten eines solchen Darstellungsmittels über die Anlässe, welche dieses Stück ihm bietet, weit hinauszugehen.

Die Musik

Als ein anderer das Wort überschreitender Ausdruck wird in diesem Stück die Musik verwendet. Ein einzelnes Thema, das der »Glasmenagerie«, kehrt immer wieder, um den entsprechenden Stellen eine besondere Gefühlsbetonung zu geben. Diese Melodie klingt wie Zirkusmusik, nicht wie man sie aus der unmittelbaren Nähe hört, sondern von einem Sitz hoch oben, wo man geneigt ist, mit seinen Gedanken abzuschweifen. In diesem Zustand gewinnt man leicht den Eindruck, daß die Musik ununterbrochen weitergeht, in Wellen, die manchmal in das voreingenommene Bewußtsein eindringen, dann ihm wieder entschlüpfen: so gehört, scheint sie die leichteste, köstlichste Musik der Welt zu sein, und vielleicht auch die traurigste. Was sie ausdrückt, ist die

Munterkeit des Lebens an seiner Oberfläche und darunter der dunklere Grund einer unaufhörlich nagenden Sorge. Wenn man ein Stück gesponnenes Glas betrachtet, dann denkt man zweierlei: wie schön es ist, und wie zerbrechlich es ist. Beide Gedanken sollen in dieser Melodie zum Erklingen gebracht werden, die im Stück wiederkehrt und schwindet, als wäre sie von einem wechselnden Wind hereingeweht. Diese Musik webt, verbindend und anspielend, zwischen dem Erzähler des Stücks, seiner besonderen Rolle in Zeit und Raum und dem Gegenstand der Erzählung.
Nach jener Episode stellt sie das Grundgefühl des Stückes wieder her: Heimweh, Nostalgie. Sie ist vor allem das musikalische Motiv Lauras. Daher kommt die Melodie besonders klar heraus, sooft Laura im Brennpunkt des Stückes steht, sie und die köstliche Gebrechlichkeit von Glas, das ihr Symbol ist.

Die Beleuchtung

Die Beleuchtung soll in diesem Stück nicht realistisch sein. Der Atmosphäre der Erinnerung entsprechend, ist sie gedämpft. Das Licht konzentriert sich auf einzelne Schauspieler, manchmal im Widerspruch zu dem, was gerade als das Zentrum der Handlung erscheint. Z. B.: In der Streitszene zwischen Amanda und Tom, an der Laura nicht aktiv teilnimmt, wird dennoch ihre Gestalt vom Licht hervorgehoben. Ebenso muß in der Szene des Abendessens ihre schweigende Gestalt auf dem Sofa das Lichtzentrum bilden. Das Licht sollte Laura von den übrigen Personen durch ein besonderes Leuchten unterscheiden, das an frühe religiöse Bilder, an die weiblichen Heiligen und Madonnen der Primitiven erinnert. In der Beleuchtung des Stückes wäre eine Beziehung zur religiösen Malerei herzustellen, etwa zu El Greco, dessen Figuren aus einer verhältnismäßig dunklen Atmosphäre herausstrahlen. (Eine solche Beleuchtung würde auch eine effektvolle Verwendung der Projektionen möglich machen.) Eine freie phantasievolle Gestaltung des Lichtes kann von größerem Werte sein, indem sie Stücken, die einen mehr oder weniger statischen Charakter haben, Gliederung und Plastik gewährt.

Erster Teil

Erste Szene

Die Wohnung der Familie Wingfield ist im rückwärtigen Teil eines Hauses gelegen, das eine jener bienenkorbartigen Anhäufungen von Zellen menschlicher Gemeinschaft darstellt, wie sie, warzengleich, in übervölkerten Stadtbezirken mit kleinbürgerlicher Einwohnerschaft sich ansammeln. Sie sind symptomatisch für den Trieb dieses breitesten und grundsätzlich versklavten Sektors der amerikanischen Gesellschaft, jede Beweglichkeit und alle Differenzierung zu vermeiden und die Existenz und die Funktion einer in sich verschachtelten Häufung von Automaten zu behaupten.

Die Wohnung blickt auf eine Seitenstraße hinaus. Man betritt sie über eine Feuerleiter, eine Vorrichtung, deren Name einer gewissen poetischen Wahrheit nicht entbehrt, denn alle diese Riesengebäude brennen ohne Aufhören im langsamen und unerbittlichen Feuer menschlicher Verzweiflung. – Die Feuerleiter ist ein Teil der Dekoration, sie besteht aus einer erhöhten Plattform mit Geländer und einer Treppe, die zur Straße hinunterführt. Plattform und Treppe aus Eisen.

Der eigentliche Schauplatz ist die Erinnerung und daher irreal. Die Erinnerung nimmt sich allerlei poetische Freiheit heraus. Sie läßt manche Details weg, andere übertreibt sie gemäß dem Gefühlswert der Gegenstände, welche sie berührt; denn die Erinnerung wohnt hauptsächlich im Gefühlszentrum, im Herzen. – Dementsprechend ist das Interieur in gedämpftes Licht und Poesie getaucht.

Beim Aufgehen des Vorhangs blickt das Publikum zunächst auf die dunkle, unfreundliche Wand (Hinterwand) des Hauses, zu dem die Wingfieldsche Wohnung gehört. Das Gebäude läuft parallel zur Fußrampe; es ist an beiden Seiten von dunklen, engen Gassen flankiert, die in das trübe Gewirr von sich kreuzenden Wäscheleinen, Mülleimern und dem unheimlichen Gitterwerk benachbarter Feuerleitern auslaufen. Durch diese Seitengassen geschehen alle Auftritte und Abgänge, die zum und vom Hause führen. Am Ende von Toms einleitender Rede wird die Hauswand transparent und wir blicken durch sie in das Innere der Wingfieldschen Wohnung.

Im Vordergrund der Bühne: das Wohnzimmer, das auch als ein Schlafzimmer dient, mit einem Sofa, das in ein Bett umgewandelt werden kann. Dahinter, vom Wohnzimmer durch ein zweites Proszenium, einen Rahmen oder Vorhang mit transparenten verblichenen Portieren (oder einfach einen Zwischen-

vorhang) getrennt, das Speisezimmer. Im Wohnzimmer, auf einer altertümlichen Etagere, viele kleine Tiere aus durchsichtigem Glas. Eine vergrößerte Photographie des Vaters hängt an der Hinterwand des Wohnzimmers, dem Publikum direkt zugewandt. Sie zeigt das Gesicht eines sehr gut aussehenden jungen Mannes mit der Militärmütze eines Soldaten aus dem ersten Weltkrieg. Er lächelt forsch, sieghaft, als würde er sagen: »So werd' ich immer grinsen!«

Das Publikum sieht und hört die erste Szene im Speisezimmer sowohl durch die transparente vierte Wand des Hauses, als auch durch den transparenten Zwischenvorhang, hinter dem das Speisezimmer liegt. Während dieser Szene hebt sich die Hauswand langsam und schwindet aus dem Sehbereich. Diese durchsichtige Hauswand wird nicht wieder heruntergelassen bis zum Ende des Stückes, während Tom den Epilog spricht.

Der Ansager (Erzähler) wird in diesem Stück mit unverhüllter Absichtlichkeit als eine theatralische Konvention verwendet. Er erlaubt sich jede Freiheit, die ihm für seine Zwecke dienlich erscheint.

Tom tritt, in der Uniform eines Seemanns der Handelsmarine, aus der Seitengasse, rechts vom Zuschauer, auf und schlendert quer über die Bühne zur Feuerleiter. Dort bleibt er stehen und zündet sich eine Zigarette an. Er wendet sich an das Publikum.

TOM. Meine Damen und Herren! Ich habe ein paar Zaubertricks für sie bereit. Aber ich bin das Gegenteil eines Zauberkünstlers, der im Zirkus auftritt. So ein Zauberer gibt Ihnen Illusionen unter dem Anschein der Wahrheit. Ich gebe Ihnen Wahrheit in der freundlichen Maske der Illusion.

Fangen wir also an! — Ich drehe die Zeit zurück, zurück zu jener Periode der dreißiger Jahre, die Sie heute schon ein wenig altmodisch anmuten wird. Damals ließ sich die breite Mittelklasse Amerikas in die Blindenschule einschreiben. Es hatte sie nämlich ihre Sehkraft im Stich gelassen — oder sie hatte ihre Schkraft im Stich gelassen, wie man's nimmt. So wurden ihr die Finger mit Gewalt auf die Blindenschrift einer sich zersetzenden Ökonomie niedergedrückt. (Blindenschrift, von einem Herrn namens Braille erfunden. In diesem Fall war sie glühend heiß, mancher verbrannte sich die Finger dabei.)

In Spanien war damals Revolution. Hier bei uns in Amerika nur Konfusion — und Geschrei. In Spanien ereignete sich Guernica. Hier bei uns gab es Arbeiterunruhen, hie und da sogar gewaltige, in Städten wie Chikago, Cleveland, St. Louis, die, davon abgesehen höchst friedlich aussahen. Das ist der soziale Hintergrund des Stücks.

Musik.

Das Stück ist ein Spiel der Erinnerung. (Meiner Erinnerung). Daher hat es seine besonders stimmungsvoll abgedämpfte Beleuchtung und ist sentimental und unrealistisch. In der Erinnerung scheint alles Geschehen von der Musik begleitet zu sein. Das erklärt die Geige hinter der Bühne.
Ich bin der Ansager, der Erzähler des Stückes, zugleich aber auch eine der in ihm auftretenden Personen.
Die anderen Personen des Stückes sind meine Mutter Amanda, meine Schwester Laura und ein Gentleman, ein Besucher, der erst in der letzten Szene auftritt. Er ist der realistischste Charakter des Stückes, der Sendbote einer Realität, von der wir andern uns abgesondert hatten.
Da ich nun einmal die Schwäche eines Dichters für Symbole habe, so benütze ich auch diesen Charakter als ein Symbol: Er ist das mit großer Verspätung eintretende, aber immer erwartete Etwas, für das wir leben.
Es gibt in dem Stück eine fünfte Person, die überhaupt nicht auftritt, außer als jene überlebensgroße Photographie, welche Sie an der Wand des Wohnzimmers erblicken werden.
Das ist unser Vater, der uns vor langer Zeit verlassen hat.
Er war ein Telefonist, der sich von den Fernverbindungen in die Ferne locken ließ. So gab er denn seinen Posten bei der Telefongesellschaft auf und verflüchtete sich.
Das Letzte, das wir von ihm hörten, war eine Ansichtskarte aus Mazatlan, einer Stadt an der mexikanischen Küste. Die Karte enthält eine Botschaft in vier Worten: »Grüß Gott – lebt wohl.« – Keine Adresse...
Ich glaube, der Rest des Stückes wird ohne weitere Erklärung verständlich sein.
Amandas Stimme wird im Innern des Hauses hörbar. – Die Hauswand geht hoch. – Eine projizierte Inschrift erscheint: »Où sont les neiges«. Das Innere des Hauses erleuchtet sich und wir sehen durch die transparenten Wände in das rückwärtige Zimmer, das Speisezimmer. Amanda und Laura sitzen am Eßtisch, einem gedeckten Klapptisch, Amanda nimmt die Rückseite des Tisches ein, sie sitzt mit dem Gesicht zum Publikum. Laura und später Tom, im Profil, an den beiden Seiten des Tisches, einander gegenüber. Das Essen wird mimisch angedeutet, ohne Speisen und Besteck.

AMANDA *ruft.* Tom?

TOM. Ja, Mutter?

AMANDA. Wir können das Tischgebet nicht sprechen, bevor du bei Tisch bist.

TOM. Ich komme schon, Mutter.

Er verneigt sich leicht gegen das Publikum, geht ab und erscheint ein paar Augenblicke später auf seinem Platz bei Tisch.

AMANDA *während sie essen, zu Tom.* Nein, Lieber, schieb nicht mit den Fingern nach. Wenn du schon nachschieben mußt, so tu's mit der Brotrinde. Und kaue ordentlich, kaue! – Die Tiere haben ihren Magen so eingerichtet, daß sie ihre Speisen verdauen können, ohne sie gekaut zu haben. Von Menschen wird erwartet, daß sie ihre Speisen kauen, bevor sie sie herunterschlucken. Nimm dir Zeit beim Essen, mein Sohn, und iß mit Genuß! Eine gut zubereitete Mahlzeit zeichnet sich durch delikate Finessen des Geschmacks aus; man muß die Bissen eine Zeitlang im Mund halten, um sie richtig zu schätzen. Also kau dein Essen und gib deinen Speicheldrüsen die Chance zu funktionieren!

TOM *legt ostentativ seine imaginäre Gabel hin und rückt ostentativ seinen Stuhl vom Tisch weg.* Du machst es mir unmöglich, auch nur einen Bissen herunterzubringen, durch deine ununterbrochenen Anweisungen, wie ich essen soll! Es ist deine Schuld, daß ich mich mit dem Essen so beeile, weil du wie ein Habicht jeden Bissen belauerst, den ich zu mir nehme. Da wird einem ja übel! Diese fortwährende Diskussion über die Drüsenabsonderung bei den Tieren – über die Speicheldrüse – Kaue! – Fletschere! Das muß einem doch den Appetit verderben!

AMANDA *obenhin.* Temperamentvoll wie ein Opernstar von der Metropolitan! *Tom steht auf und geht auf die vordere Bühne.* Niemand hat dir erlaubt, den Tisch zu verlassen.

TOM. Ich hole mir eine Zigarette.

AMANDA. Du rauchst zu viel.

LAURA *steht auf.* Ich bringe das Dessert.

Tom bleibt während der folgenden Szene am Zwischenvorhang stehen und raucht seine Zigarette.

AMANDA *aufstehend.* Schwesterchen, heute bis du die Dame des Hauses und ich bin der Dienstbote.

LAURA. Ich bin schon aufgestanden.

AMANDA. So setz dich wieder hin! Du mußt frisch und appetitlich bleiben, für den Fall, daß du Herrenbesuch bekommst.

LAURA. Ich erwarte keinen Herrenbesuch.

AMANDA *geht zur – unsichtbaren – Küche hin. Sie sagt leichthin.* Die kommen, wenn man sie am wenigsten erwartet. Ich erinnere mich an einen Sonntagvormittag bei uns zu Hause in den »Blauen Bergen« – *Sie verschwindet in der Küche.*

TOM. Ich weiß, was jetzt kommt!

LAURA. Ja. Laß sie's erzählen.

TOM. Wieder einmal?

LAURA. Sie erzählt es so gerne.

AMANDA *kommt wieder mit einer Schale Dessert.* An einem Sonntagnachmittag bei uns zu Hause, im Mississippidelta, empfing deine Mutter siebzehn Herren zu Besuch! – Manchmal waren nicht genug Stühle da für so viele Personen. Wir mußten unsern Schwarm zum Gemeindehaus hinüberschicken, Klappstühle holen.

TOM *immer noch am Zwischenvorhang.* Und womit hast du deine Kavaliere unterhalten?

AMANDA. Ich war eine Meisterin in der Kunst der Konversation.

TOM. Reden konntest du, davon bin ich überzeugt.

AMANDA. Dazumal konnten die Mädchen noch konversieren, glaube mir!

TOM: Tatsächlich?

Projiziertes Bild: Amanda als Mädchen, auf einer Veranda ihre Besucher begrüßend.

AMANDA. Ja, damals beherrschten die jungen Mädchen in den Südstaaten noch die Kunst der geselligen Unterhaltung! Ein hübsches Gesicht, eine graziöse Figur genügten bei uns im Süden nicht – obwohl es mir an beiden gewiß nicht gefehlt hat. Witz, Geistesgegenwart, Schlagfertigkeit mußte man besitzen, um den höchsten Anforderungen gerecht zu werden.

TOM. Worüber pflegtest du denn zu sprechen?

AMANDA. Über Dinge von Bedeutung in der großen Welt! – Nichts Rohes natürlich, nichts Gemeines! Nie ist mir ein vulgäres Wort über die Lippen gekommen! *Amanda spricht zu Tom, als ob er am Tisch säße, obwohl er am Zwischenvorhang bleibt und sich so benimmt, als ob er der Szene im Soufflierbuch eines Stückes folgt.* Unter meinen Gästen waren die angesehensten jungen Pflanzer vom Mississippidelta! Ja, Pflanzer und Söhne von Pflanzern!

Tom gibt einen Wink zum Einsatz der Musik und einer Spezialbeleuchtung für Amanda. Amandas Gesicht verklärt sich, ihre Augen leuchten, ihre Stimme wird volltönend und elegisch. Projizierte Inschrift: »Où sont les neiges«.

AMANDA. Da war zum Beispiel der junge Champ Laughlin, der später Vizepräsident der Delta-Bank wurde. Und Hadley Stevenson, der im Mondsee ertrank und seiner Witwe 150 000 Dollar in Regierungsaktien hinterließ. Dann die Brüder Cutrere, Wesley und Bates Cutrere! – Bates war einer meiner glänzendsten Kavaliere. Er geriet in einen Zank mit diesem Wildfang, dem jungen Wainright. Sie duellierten sich im Tanzsaal des Mondsee-Kasinos. Bates kriegte einen Schuß in den Magen. Er starb im Ambulanzwagen, auf dem Weg nach Memphis. Seine Witwe wurde glänzend versorgt, sie kam in den Besitz von acht- oder zehntausend Acker Land — ganz hübsch, nicht wahr? Er heiratete sie aus Trotz, er hat sie nie geliebt. Er hatte mein Bild bei sich in der Nacht seines Todes! Und da war dieser andere junge Mann, auf den es jedes junge Mädchen im Delta abgesehen hatte. Der schöne, geistreiche Fitzhugh von Green County! —

TOM. Und was hinterließ der seiner Witwe?

AMANDA. Er hat nie geheiratet! — Du tust ja, als ob alle meine Verehrer ins Gras gebissen hätten!

TOM. Ist das nicht der erste Überlebende von ihnen?

AMANDA. Dieser junge Fitzhugh ging nach dem Norden und machte ein Vermögen. Er wurde als der Wolf von Wallstreet bekannt. Er hatte die Midasgabe, alles, was er berührte, in Gold zu verwandeln. Ich hätte Frau Duncan J. Fitzhugh sein können, stellt euch das mal vor! Aber — ich suchte mir euern Vater aus!

LAURA *steht auf.* Mutter, laß mich abräumen.

AMANDA. Nein, Liebling. Du geh ins Wohnzimmer und studiere deine Schreibmaschinenvorlage. Oder übe noch ein bißchen Stenographie! Erhalte dich frisch und appetitlich, sage ich dir! Jeden Moment kann sich ein Besucher anmelden! *Sie geht mit mädchenhafter Geziertheit zur Küche.* Wieviel Herren, glaubst du, werden wir heute zu empfangen haben?

Tom schmeißt mit einem Stöhnen die Zeitung hin.

LAURA *allein im Speisezimmer.* Ich glaube nicht, daß überhaupt einer kommt.

AMANDA *erscheint wieder, leichthin.* Was? Nicht einmal einer? Das kann nicht dein Ernst sein! Nicht ein einziger Besucher? *Lacht, aber nervös. Laura flüchtet sich vor den Zwischenvorhang, den sie behutsam hinter sich schließt. Ein Strahl sehr hellen Lichtes ist auf sie gerichtet und hebt ihr Gesicht von dem verwitterten Tapetenmuster des Vorhangs ab.*

Musik: Das Glasmanegerie-Motiv, kaum hörbar.

AMANDA. Nicht ein einziger Besucher? Das kann nicht stimmen! Ist denn eine Überschwemmung? Ein Wirbelsturm? Ein Orkan?

LAURA. Es ist keine Überschwemmung und kein Orkan, Mutter. Ich bin eben nicht so populär wie du in den »Blauen Bergen«. *Tom stöhnt wieder auf. Laura blickt mit einem schwachen, entschuldigenden Lächeln zu ihm hin. Sie sagt mit unsicherer Stimme.* Mutter fürchtet, daß ich eine alte Jungfer werde.

Die Szene verdunkelt sich langsam, während die Glasmenagerie-Musik stärker ertönt.

Zweite Szene

Projizierte Inschrift: »Laura, hat dir nie ein junger Mann gefallen?« Bei dunkler Bühne erhellt sich die Projektionsleinwand und zeigt das Bild eines mageren, hochaufgeschossenen Mädchens: Laura, als sie zur Mittelschule ging.

Allmählich wird die erwachsene Laura auf der Bühne sichtbar, und die Projektion verschwindet. Auch die Musik klingt ab. Laura sitzt auf einem zierlichen Elfenbeinstuhl bei einer niedrigen klauenfüßigen Etagere. Gekleidet in ein Kimono aus weichem violettem Stoff, trägt sie ihr Haar aus der Stirn gestrichen und im Nacken mit einem Band zusammengehalten. Sie ist damit beschäftigt, ihre Sammlung von Glasfiguren zu waschen und zu polieren.

Amanda wird auf der Treppe, die zur Feuerleiter führt, sichtbar. Sobald Laura die Schritte ihrer Mutter hört, fährt sie zusammen, schiebt die Schale mit den Nippes fort, setzt sich an die Schreibmaschine und starrt in steifer Haltung wie gebannt auf das an der Wand befestigte Diagramm der Tastatur. Es muß Amanda etwas Besonderes zugestoßen sein. Das steht in ihrem Gesicht geschrieben, als sie nun zur Plattform hinaufsteigt. Sie blickt grimmig, hoffnungslos und ein wenig verrückt drein. Sie trägt eine Tuchmantille, eine billige Samtimitation mit einem falschen Pelzkragen. Ihr Hut ist ein Modell von vor fünf oder sechs Jahren, einer jener schrecklichen Glockenhüte, wie man sie am Ende der zwanziger Jahre getragen hat. Sie hält eine riesige Handtasche aus Lackleder, mit Nickelverschluß und großem Monogramm aus dem gleichen Metall, an sich gedrückt. Es ist die Galaausrüstung, die sie gewöhnlich trägt, wenn sie eine Versammlung der »Töchter der Amerikanischen Revolution« besucht.

Bevor sie eintritt, wirft sie einen Blick durch die Tür. Sie spitzt ihre Lippen, öffnet ihre Augen weit, blickt zum Himmel empor und schüttelt den Kopf.

Dann tritt sie ein.

Als Laura den Gesichtsausdruck ihrer Mutter wahrnimmt, berührt sie mit einer nervösen Geste der Hand ihre Lippen.

Laura. Guten Tag, Mutter — ich habe — *Sie deutet nervös auf die Schreibmaschinenvorlage.*

Amanda *lehnt innen gegen die geschlossene Tür und starrt mit einem gequälten Blick, dem Blick einer Märtyrerin, auf Laura.* Betrug! Verstellung und Betrug! *Während sie langsam den Hut und die Handschuhe auszieht, fährt sie fort, ihr leidendes Gesicht zu machen. Sie läßt Hut und Handtasche zu Boden fallen: ein beabsichtigter schauspielerischer Effekt!*

LAURA *zitternd.* Wie war die Versammlung der »Töchter der Amerikanischen Revolution«?

AMANDA *öffnet langsam ihre Tasche und entnimmt ihr ein zierliches weißes Taschentuch, das sie mit Delikatesse entfaltet, bevor sie damit ihre Lippen und ihre Nasenlöcher zart betupft. Leise, fast unhörbar.* Nein – nein! *Dann lauter, kräftiger.* Ich hatte nicht die Kraft, zu den »Töchtern der Amerikanischen Revolution« zu gehen. Die Wahrheit ist: Ich hatte nicht den Mut! Am liebsten hätte ich mir ein Loch in der Erde gesucht, um mich darin für immer zu verbergen. *Sie geht langsam zur Wand und ergreift die Schreibmaschinenvorlage. Sie hält sie vor sich hin und starrt sie sorgenvoll an, dann beißt sie sich auf die Lippen und reißt die Vorlage entzwei.*

LAURA *leise.* Warum hast du das getan, Mutter? *Amanda zerreißt nun auch die Blätter mit dem stenographischen Alphabet.* Warum tust du denn –?

AMANDA. Warum? Du fragst, warum? – Wie alt bist du, Laura?

LAURA. Du weißt, wie alt ich bin, Mutter.

AMANDA. Ich habe geglaubt, daß du erwachsen bist. Offenbar war das ein Irrtum! *Sie geht langsam zum Sofa und sinkt darauf nieder, immer Laura anblickend.*

LAURA. Bitte, sieh mich nicht so an, Mutter!

Amanda schließt die Augen und senkt ihr Haupt. Pause.

AMANDA. Was nun? Was soll aus uns werden? Was ist unsere Zukunft? – *Pause.*

LAURA. Ist etwas geschehen, Mutter?

Amanda holt tief Atem und nimmt wieder ihr Taschentuch heraus. Neuerliche Betupfung.

Mutter – ist etwas geschehen?

AMANDA. Ich muß mich erst fassen! Ich bin noch ganz verwirrt! Das Leben ist so verwirrend!

LAURA. Mutter, ich bitt' dich, sag mir doch, was geschehen ist!

AMANDA. Wie du weißt, sollte ich heute nachmittag bei den »Töchtern der Amerikanischen Revolution« mein Amt antreten.

Projiziertes Bild: Ein Haufen Schreibmaschinen.

Auf dem Wege dahin ging ich auf einen Sprung in die Handelsschule. Ich hatte die Absicht, dich bei deinen Lehrern wegen deiner Erkältung zu entschudigen und mich bei dieser Gelegenheit nach deinen Fortschritten zu erkundigen.

LAURA. Oh...

AMANDA. Ich ging zu der Schreibmaschinenlehrerin und stellte mich als deine Mutter vor. Sie wußte nicht, wer du warst! Wingfield, sagte sie, eine Schülerin dieses Namens ist in unserer Schule nicht eingeschrieben! Ich versicherte ihr, daß du seit Anfang Januar am Unterricht teilgenommen hast. Sie sagte: »Meinen

Sie vielleicht das verschreckte kleine Mädchen, das schon nach ein paar Tagen ausblieb?« – »Nein«, sagte ich, »meine Tochter Laura ist in den letzten sechs Wochen Tag für Tag zur Schule gegangen!« – »Sie entschuldigen schon«, sagte sie. Sie holte das Klassenbuch, und da stand dein Name, mit klarer Schrift, und daneben alle die Tage angezeichnet, die du gefehlt hast, bis sie annehmen mußten, du seist für immer weggeblieben. Ich gab nicht nach: »Aber nein! Das muß ein Irrtum sein, ein Fehler in der Liste!« Da sagte sie: »Nein! Ich erinnere mich jetzt genau an sie. Die Hände pflegten ihr so zu zittern, daß sie nicht die richtigen Tasten anschlagen konnte. Als wir sie zum erstenmal im Schnellschreiben prüften, erlitt sie einen völligen Zusammenbruch. Es wurde ihr übel, und man mußte sie fast auf die Toilette tragen! Nach diesem Morgen hat sie sich nie wieder gezeigt. Wir telefonierten täglich bei ihr zu Hause an, aber niemand meldete sich –« – Das war wohl, als ich bei Famous und Barr arbeitete! – O Gott! Mir wurde so schwach, daß ich mich kaum auf den Füßen halten konnte. Ich mußte mich hinsetzen, die Lehrerin brachte mir ein Glas Wasser! – Fünfzig Dollar Lehrgeld, alle unsere Pläne, alle meine Hoffnungen, mein ganzer Ehrgeiz für dich: alles zum Fenster hinausgeworfen! Fort mit Schaden!

Laura holt schwer Atem und erhebt sich mit Mühe. Sie geht zum Grammophon und zieht es auf.

Was tust du da?

LAURA. Oh! *Sie läßt die Kurbel wieder los und kehrt zu ihrem Sitz zurück.*

AMANDA. Laura, wo warst du, wenn du mir vorgeschwindelt hast, in der Schule zu sein?

LAURUA. Ich ging spazieren.

AMANDA. Das ist nicht wahr.

LAURA. Doch. Ich bin spazierengegangen.

AMANDA. Spazieren bist du gegangen? Im Winter? In deinem leichten Mantel? Wohl um dir absichtlich eine Lungenentzündung zu holen? – Wo bist du spazierengegangen, Laura?

LAURA. Oh, verschieden, meistens im Park.

AMANDA. Auch als du die schwere Erkältung hattest?

LAURA. Es war das kleinere von zwei Übeln, Mutter.

Projektion: Winterszene im Park.

Ich konnte nicht mehr zur Schule zurück – ich hatte mich dort auf dem Fußboden übergeben.

AMANDA. Willst du mir einreden, daß du jeden Tag von halb acht Uhr morgens bis fünf Uhr nachmittags im Park herumgegangen bist, um mich glauben zu machen, daß du immer noch die Handelsschule besuchst?

LAURA. Das war nicht so schlimm, wie es klingt. Ich konnte ja auch irgendwo hineingehen und mich wärmen.

AMANDA. Wo hinein?

LAURA. Ich ging ins kunsthistorische Museum und ins Vogelhaus im Zoo. Ich besuchte jeden Tag die Pinguine. Manchmal ging ich auch ins Kino, statt mir ein Frühstück zu kaufen. In der letzten Zeit habe ich die meisten Nachmittage im großen Treibhaus bei den tropischen Blumen zugebracht.

AMANDA. Und alles das hast du getan, um mich zu täuschen? Um mich zu betrügen? *Laura senkt die Augen.* W a r u m ? Sag mir: w a r u m hast du das getan?

LAURA. Mutter, wenn du enttäuscht bist, dann hast du den gleichen leidenden Blick wie die Mutter Gottes auf dem Bild im Museum!

AMANDA. Schweig!

LAURA. Ich konnte das nicht ertragen.

Pause. Gedämpfte Geigen.

Projizierte Aufschrift: »Das Gnadenbrot«.

AMANDA *mit einer hoffnungslosen Geste an ihrer Handtasche herumfingernd.* Was werden wir nun mit dem Rest unserer Tage anfangen? Zu Hause hocken und zusehen, wie die Weltgeschichte an uns vorübermarschiert? Uns mit der Glasmenagerie die Zeit vertreiben? Immer wieder die zerkratzten Grammophonplatten herunterleiern, die dein Vater uns hinterlassen hat, damit wir uns seiner mit Schmerzen im Herzen erinnern? Wir haben also keine geschäftliche Karriere vor uns – die haben wir aufgegeben, weil sie uns eine nervöse Magenverstimmung verursacht hat! Was bleibt uns übrig als A b h ä n g i g k e i t, solange wir leben! Ich weiß genau, was aus unverheirateten Mädchen wird, die nicht fähig sind, sich im Leben eine Position zu schaffen. Ich habe genug traurige Fälle bei uns im Süden gesehen! Alte Jungfern, mit Müh und Not geduldet, von der verdrossenen Gnade des Gatten einer Schwester oder der Gattin eines Bruders abhängig, abgeschoben in ein Zimmer, was sag' ich, in eine Mausefalle, hie und da von einem angeheirateten Familienmitglied ermutigt, bei einem andern angeheirateten Familienmitglied Besuch zu machen! Kleine gerupfte Vögel ohne Nest, ihr Leben lang auf das Gnadenbrot angewiesen! Ist das die Zukunft, wie wir sie für uns geplant haben? Ich schwöre dir, es ist die einzige Möglichkeit, die uns bleibt! Keine sehr angenehme Aussicht, das mußt du zugeben! Freilich gibt es auch Mädchen, die h e i r a t e n ! *Laura ringt nervös die Hände.* Hat dir denn nie ein junger Mann gefallen?

LAURA. Ja. Einer. *Sie steht auf.* Sein Bild ist mir erst vor kurzem in die Hände gekommen.

AMANDA *mit einigem Interesse.* Er hat dir seine Photographie gegeben?

LAURA. Nein, sie ist im Klassen-Jahrbuch.

AMANDA *enttäuscht.* Ein Junge aus der Mittelschule?

Projiziertes Bild: Jim als Preisträger seiner Klasse mit einem silbernen Pokal, in der Haltung eines jungen Helden.

LAURA. Ja. Er heißt Jim. *Laura holt das schwere Jahrbuch der Mittelschule von dem Tisch mit den Klauenfüßen.* Hier ist er, in den »Piraten« von Gilbert und Sullivan.

AMANDA *zerstreut.* In was?

LAURA. In der Operette, die von der obersten Klasse aufgeführt wurde. Er hatte eine wunderbare Stimme! Mittwoch und Freitag pflegten wir im Auditorium beieinander zu sitzen, nur durch den Zwischengang getrennt. Hier ist er, mit dem Silberpokal! Er bekam ihn, weil er der Beste in der Diskussion war. Sieh nur, wie er lächelt!

AMANDA. Er hat a u c h gelächelt? *Sie wirft einen Seitenblick auf das Bild ihres Mannes.*

LAURA. Aber das Mädchen, mit dem er damals ging, hat mir gar nicht gefallen. Emily Meisenbach. Sie war das am besten angezogene Mädchen in der Klasse. Aber ich habe sie nicht für aufrichtig gehalten. In den Personalnachrichten stand, daß sie verlobt waren. Das ist sechs Jahre her. Heute müssen sie längst verheiratet sein.

AMANDA. Mädchen, die sich für keinen Beruf eignen, enden gewöhnlich damit, daß sie einen netten Mann heiraten. *Sie steht auf, neu belebt.* Schwesterchen, das ist dein Fall! Das ist es, was du tun mußt!

LAURA *lacht auf, es klingt erschreckt und unsicher, sie greift rasch nach einem ihrer Glastiere.* Aber Mutter —!

AMANDA. Ja? *Sie geht zur Photographie hinüber.*

LAURA *in einem erschrockenen, entschuldigenden Ton.* Ich bin ja —verkrüppelt!

AMANDA. Blödsinn, Laura! Wie oft habe ich dir gesagt, daß du diesen Ausdruck niemals gebrauchen sollst! — Hörst du? Niemals. Du bist nicht v e r k r ü p p e l t ! Du hast einen kleinen Fehler, der nicht einmal auffällt! Menschen, die solch einen kleinen Defekt haben, erwerben eben andere Fähigkeiten, um ihn wettzumachen — zum Beispiel Grazie, Lebhaftigkeit, C h a r m e ! Den mußt auch du in dir kultivieren! *Sie wendet sich wieder der Photographie zu.* Siehst du, davon hatte dein Vater r e i c h l i c h ! Sonst hatte er nichts. Aber C h a r m e ! — Ja, den hatte er!

TOM *gibt der Musik ein Zeichen zum Einsetzen.*

Die Szene verdunkelt sich.

Dritte Szene

Projizierte Inschrift: »Nach dem Fiasko«. — Tom spricht von der Plattform der Feuerleiter aus.

Tom. Nach dem Fiasko mit der Handelsschule nahm die Idee, einen Verehrer für Laura zu beschaffen, einen immer größeren Raum in den Berechnungen unserer Mutter ein. Diese Idee wurde zur Besessenheit. Wie ein Archetyp des Weltunterbewußtseins geisterte das Bild des Verehrers durch unsere kleine Wohnung.

Projiziertes Bild: Ein junger Mann mit einem Blumenstrauß vor der Tür.

Selten ging ein Abend vorüber ohne eine Anspielung auf diese Figur, dieses Gespenst, diese Hoffnung... Auch wenn er nicht erwähnt wurde, war er gegenwärtig in Mutters befangenen Blicken und in dem erschreckten, sich entschuldigenden Benehmen meiner Schwester. Er hing wie ein gerichtliches Urteil über den Wingfields! Mutter war aber nicht nur eine große Rednerin, sie war auch eine Frau der Tat. Sie begann, zielbewußte Schritte zu unternehmen. Als dieser Winter zu Ende ging und das Frühjahr kam, eröffnete sie — da sie ja einsah, daß Geld nötig sein werde, um das Nest auszuschmücken und den Vogel einzukleiden — einen entschlossenen telefonischen Werbefeldzug zur Akquisition von Abonnentinnen für jene Zeitschriften, die von älteren Damen gelesen werden, geschrieben auch von jüngeren und älteren Damen, die ihre Gefühle in Fortsetzungen sublimieren und deren Phantasie sich auslebt in zarten, knospenden Brüsten und Wespentaillen, in blütenweißen Schenkeln und haselnußbraunen Augen, in langen Fingern, die liebkosen und besänftigen wie Musik, in Leibern, schön und kraftvoll wie etruskische Statuen.

Projiziertes Bild: Der Umschlag einer mondänen Frauenzeitschrift.

Amanda *tritt ein mit einem Telefon an langer Verbindungsschnur, während die Bühne sich langsam erhellt.*

Ida Scott? Hier Amanda Wingfield! Wir haben dich so vermißt bei der Sitzung der »Töchter der Amerikanischen Revolution« vorigen Montag! Ich habe mir gesagt, wahrscheinlich leidet sie wieder an ihrem Stirnhöhlenkatarrh. Ist es noch immer schlimm? — Aber das ist ja entsetzlich! Du bist eine Märtyrerin! Ja, das bist du, eine Märtyrerin! — Was ich sagen wollte: ich bemerke gerade, daß dein Abonnement auf den »Gefährten der modernen Frau« abläuft! Jawohl, meine Teure, mit dem nächsten Heft! Gerade jetzt, wo dieser herrliche neue Roman von Bessie May Hopper in einer der nächsten Nummern beginnen wird! Aber meine Teure, den kannst du dir doch nicht entgehen lassen! Erinnere dich nur, wie »Gone with the Wind« damals alle Herzen im Sturm erobert hat! Kein Mensch sprach von etwas anderem als von Scarlett O'Hara. Siehst du, und der Roman der Hopper wird von manchen Kritikern schon jetzt mit »Gone with the Wind« verglichen! Das »Gone with the Wind« der Generation nach dem Weltkrieg! — Was sagst du? — Was brennt dir an? Nein, anbrennen soll dir nichts, lauf nur zum Ofen, ich bleibe solange am Apparat! — Da hat sie abgehängt! Die Person! —

Die Szene verdunkelt sich.

Projizierte Schrift: »Du glaubst wohl, ich bin in ›Kontinentale Schuhwaren‹ verliebt?«

Noch bevor die Bühne sich wieder erhellt, sind die heftigen Stimmen von Tom und Amanda zu hören. Die beiden streiten sich hinter dem Zwischenvorhang.

Vor dem Vorhang steht Laura mit zusammengepreßten Händen und einem Ausdruck des Schreckens im Gesicht. Sie ist während der ganzen Szene hell herausgeleuchtet.

TOM. Was in Gottes Namen —

AMANDA *schrill.* Sprich nicht so —!

TOM. — soll ich nur machen?

AMANDA. Drück dich ordentlich aus, sprich anständig in meiner —

TOM. Ach!

AMANDA. — Gegenwart! Hast du den Verstand verloren?

TOM. Um ihn gebracht bin ich worden!

AMANDA. Was ist los mit dir, du — großer Idiot!

TOM *schreiend.* Ich habe nichts, aber auch gar nichts mehr —

AMANDA. Sprich nicht so laut!

TOM. Nichts habe ich mehr, das noch mir gehört! Alles hast du mir —

AMANDA. Hör auf zu schreien!

TOM. Sogar meine Bücher hast du konfisziert! Du hast dich unterstanden —

AMANDA. Ich habe diesen abscheulichen Roman der Leihbibliothek zurückgegeben — Jawohl! Das scheußliche Buch von diesem wahnsinnigen Herrn Lawrence! *Tom lacht auf.* Ich habe keine Kontrolle über die Erzeugnisse von Geisteskranken oder über Leute, die sich von ihnen verrückt machen lassen — *Tom lacht noch heftiger.* Aber ich werde nicht dulden, daß mir solcher Schmutz ins Haus gebracht wird! Nein, nein, nein, nein, nein!

TOM. Das Haus! Wer zahlt denn die Miete? Wer erniedrigt sich zu einem Sklaven damit —!

AMANDA *kreischend.* Unterstehe dich!

TOM. Nein, ich darf nicht den Mund aufmachen! Ich muß nur —

AMANDA. Da werd' ich dir jetzt etwas sagen —!

TOM. Ich will nichts hören!

Tom reißt den Zwischenvorhang auf, die Hinterbühne liegt in schwüler, rauchiger Beleuchtung. Amanda hat ihre Haare in Lockenwickeln und sie trägt einen alten zerschlissenen Bademantel, der viel zu groß für ihre kleine Figur ist, eine Reliquie des treulosen Mr. Wingfield. Auf dem Klapptisch eine offene Schreibmaschine, ein wirrer Haufen von Manuskripten. Der Streit brach offenbar aus, als Amanda ihren Sohn in seinem literarischen Schaffensprozeß unterbrach. Auf dem Boden ein umgefallener Stuhl. Die gestikulierenden Schatten der Streitenden werden von der eigenartigen Beleuchtung der Szene an die Decke geworfen.

AMANDA. Du wirst noch viel mehr von mir zu hören kriegen –

TOM. Nein, nichts werde ich mehr hören! Ich gehe!

AMANDA. Du bleibst!

TOM. Ich gehe fort! Ganz fort, weil ich –

AMANDA. Hier bleibst du, Tom Wingfield. Ich habe noch nicht zu Ende geredet mit dir!

TOM. Oh, geh du zur –!

LAURA *verzweiflungsvoll.* Tom –!

AMANDA. Du wirst anhören, was ich dir zu sagen habe – und keine Unverschämtheiten, das bitte ich mir aus! Ich bin am Ende meiner Geduld!

Er wendet sich ihr wieder zu.

TOM. Und wo, denkst du, bin ich? Oder glaubst du, meine Geduld hat kein Ende? Ja, ich weiß. Dir ist es egal, was ich tue. Und es ist erst recht unwichtig für dich, was ich tun will! Die kleine Differenz zwischen diesen beiden Dingen zählt nicht! Es kommt dir nie der Gedanke –

AMANDA. Mir kommt der Gedanke, daß du alles mögliche getan hast, dessen du dich schämst! Das ist der Grund, warum du dich so benimmst! Ich glaube dir nicht, daß du jeden Abend ins Kino gehst. Kein Mensch geht jeden Abend ins Kino. Kein normaler Mensch geht so oft ins Kino, wie du es vorgibst, ins Kino zu gehen. Man geht nicht ins Kino kurz vor Mitternacht! Kein Kino dauert bis zwei Uhr früh, wenn du jede Nacht nach Hause kommst, unsicher auf den Füßen, mit dir selber redend wie ein Verrückter! Drei Stunden Schlaf, und dann mußt du zur Arbeit gehen. Oh, ich kann mir vorstellen, wie du deine Arbeit im Geschäft machst, verschlafen, in deinem Katzenjammer, verdöst, in dem miserablen Zustand, in dem du bist!

TOM *wild.* Jawohl, ich bin in einem miserablen Zustand!

AMANDA. Welches Recht hast du, deinen Posten aufs Spiel zu setzen? Unser aller Sicherheit? Wie stellst du dir vor, daß wir durchkommen sollen, wenn du –

TOM. Du glaubst wohl, ich bin begeistert über meine Stellung im Lagerhaus! *Er geht grimmig auf sie zu.* Du glaubst wohl, ich bin in »Kontinentale Schuhwaren« verliebt? Du glaubst wohl, ich gedenke fünfundfünfzig Jahre in diesen hochmodernen Räumen mit fluoreszierenden Beleuchtungskörpern zu verbringen? Mir wäre lieber, jemand nähme eine Eisenstange und schlüge mir damit die Hirnschale ein, als jeden Morgen dahin zu gehen! Jeden Morgen, wenn du in mein Zimmer kommst und mich weckst mit deinem gottverdammten: »Wach auf, mein Herz, und singe!« Da denke ich mir jeden Morgen: wie gut haben's die Toten! – Aber ich stehe auf! Ich gehe! Für lumpige 50 Dollar im Monat gebe ich alles auf, wovon ich träume! Alles, was ich tun will, was ich werden will im Leben! Und da sagst du noch: ich sei selbstsüchtig, ein Egoist, der immer nur an sich denkt! – Verstehst du denn nicht: Wenn ich nur an mich dächte, wenn ich je an mich gedacht hätte, dann wäre ich längst, wo er ist: *Er zeigt auf die Photographie seines Vaters,* nämlich auf und davon! *Er will an ihr vorüber. Amanda packt ihn am Arm.* Faß mich nicht an, Mutter!

AMANDA. Ich faß dich nicht an! – Wohin gehst du?

TOM. Ins Kino!

AMANDA. Lüge!

TOM *dicht bei ihr, über ihre kleine Gestalt emporragend. Sie weicht keuchend zurück.* In eine Opiumhöhle geh' ich! Jawohl, Opiumhöhlen, Lasterhöhlen, Verbrecherschlupfwinkel, Mutter. Ich bin der Hogan-Bande beigetreten, du hast doch von ihr gehört, ich bin ein gedungener Mörder, mit einem Maschinengewehr in einem Violinkasten! Ich verwalte einen Komplex von Hurenhäusern, sie nennen mich den »Killer«, Killer Wingfield. Ich lebe ein Doppelleben: bei Tag ein einfacher, ehrlicher Angestellter in einem Lagerhaus, bei Nacht ein gefürchteter Czar der Unterwelt! Ich bin ein Habitué in den Spielsälen der Kasinos, ich verschwende Vermögen im Roulette. Ich trage eine schwarze Binde über dem Auge und einen falschen Schnurrbart. Manchmal klebe ich mir einen grünen Backenbart, dann werde ich El Diablo genannt! Oh, ich könnte dir Sachen erzählen, die dir den Schlaf rauben würden! Meine Feinde planen, dieses Haus mit Dynamit in die Luft zu sprengen. Eines Nachts fliegen wir alle hoch, himmelhoch! Es wird mir ein Vergnügen sein. Und du fliegst auch! Auf einem Besen, über die Blauen Berge hin, siebzehn Anbeter hinter dir her! – Du häßliche, geschwätzige alte Hexe! –

Mit hastigen, zerfahrenen Gesten packt er seinen Mantel und schwankt zur Tür, die er wild aufreißt. Die Frauen verfolgen ihn mit entsetzten Blicken. Sein Arm verfängt sich in einem

Ärmel des Mantels, er versucht ihn gewaltsam zurechtzubekommen. Für einen Augenblick steht er da, in das Kleidungsstück verwickelt. In knirschender Wut zerrt er sich den Mantel wieder vom Leibe, wobei er ihn an der Achsel entzweireißt, und er schleudert ihn ins Zimmer. Der Mantel schlägt gegen die Etagere, auf der sich Lauras Sammlung von Glastieren befindet. Das Klirren von zerbrochenem Glas wird hörbar. Laura schreit auf, als wäre sie verwundet worden.

Musik: »Die Glasmenagerie«.

LAURA *mit schrillem Aufschrei.* Meine Glasmenagerie!...

Sie bedeckt ihr Gesicht mit den Händen und wendet sich ab. Aber Amanda ist immer noch betäubt, wie gelähmt von dem Ausdruck »häßliche Hexe«, so daß sie den Vorgang kaum bemerkt. Nun gewinnt sie die Sprache wieder.

AMANDA *mit einer schrecklichen Stimme.* Ich werde kein Wort mit dir sprechen — bevor du dich nicht entschuldigt hast!

Sie geht durch den Zwischenvorhang und zieht ihn hinter sich zu. Tom bleibt allein mit Laura. Laura klammert sich in einer Art Schwächezustand, mit abgewendetem Gesicht, an den Kaminsims. Für einen Augenblick starrt Tom sie ausdruckslos an. Dann geht er zu der Etagere, kniet ungeschickt hin und sammelt die Stücke zerbrochenen Glases. Dabei blickt er zu Laura hin, als wollte er sprechen, könnte es aber nicht.

Die Melodie der »Glasmenagerie« beginnt leise. Die Szene verdunkelt sich.

VIERTE SZENE

Das Innere des Hauses liegt im Dunkeln. Spärliches Licht in der Seitengasse.

Eine Kirchenglocke schlägt mit tiefem Ton fünf Uhr.

Tom erscheint in der Seitengasse. Nach jedem feierlichen Glockenschlag schüttelt er eine Klapper (Knarre), als wollte er damit den Gegensatz zwischen dem winzigen Krampf, der Mensch heißt, und der durchhaltenden Kraft, der Würde des Allmächtigen, ausdrücken. Diese Geste und die Unsicherheit seines Ganges machen es evident, daß er über den Durst getrunken hat.

Während er die wenigen Treppen zur Plattform der Feuerleiter nicht ohne Schwierigkeiten erklimmt, wird es im Innern allmählich licht.

Laura erscheint, für die Nacht gekleidet, und bemerkt, daß Toms Bett im vorderen Zimmer leer ist.

Draußen fischt Tom in seinen Taschen nach dem Türschlüssel und holt dabei ein kunterbuntes Gemenge von Gegenständen heraus, darunter viele benützte Eintrittskarten und eine leere Flasche. Endlich findet er den Schlüssel, aber als er ihn gerade ins Schloß stecken will, schlüpft er ihm aus den Fingern. Tom zündet ein Streichholz an und kauert sich hin, um den Schlüssel zu suchen.

TOM *bitter.* Ein schmaler Spalt – und gerade da muß er hineinfallen!

Laura öffnet die Tür.

LAURA. Tom! Tom, was tust du da?

TOM. Ich such' den Schlüssel.

LAURA. Wo bist du denn so lange gewesen?

TOM. Im Kino war ich.

LAURA. Bis jetzt?

TOM. Ein sehr reichhaltiges Programm! Ein Garbo-Film und Mickey Mouse und ein Reisebericht und die Wochenschau und die Ankündigung der kommenden Attraktionen. Ja, und ein Orgelsolo und eine Sammlung – »Milch für die darbenden Säuglinge« – die war gleichzeitig mit der Orgel und erreichte ihren Höhepunkt in einer schrecklichen Rauferei zwischen einer dicken Dame und einem Platzanweiser!

LAURA *unschuldig.* Hast du das alles durchhalten müssen?

TOM. Natürlich! Ja, ich hab' noch vergessen, da war auch noch eine große Varietévorstellung auf der Bühne! Die Glanznummer war Malvolio, der Magier. Er hat erstaunliche Tricks gezeigt, viele! Zum Beispiel hat er Wasser aus einem Krug in den andern geschüttet und wieder retour. Zuerst hat es sich in Wein verwandelt und dann in Bier und dann sogar in Whisky. Ich weiß ganz bestimmt, daß es Whisky war, denn er hat jemand aus dem Zuschauerraum aufgefordert, ihm zu assistieren, und da bin ich hinaufgegangen, in beiden Vorstellungen! Es war ein richtiger Whisky, eine anständige Marke sogar! Ein generöser Mann, dieser Magier, er hat Andenken ausgeteilt. Souveniers. *Er zieht aus der rückwärtigen Tasche seiner Hose einen regenbogenfarbigen Shawl.* Den hat er mir gegeben! Das ist sein magischer Shawl. Kannst ihn haben, Laura. Wenn du ihn über einem Kanarienvogelkäfig schwenkst, so verwandelt sich dieser in eine Schale mit Goldfischen. Schwenkst du ihn aber über einer Schale mit Goldfischen, dann fliegen sie als Kanarienvögel davon. Aber das Wunderbarste war doch der Trick mit dem Sarg. Wir nagelten ihn in einen Sarg, und er kam aus dem Sarg wieder heraus, ohne daß ein Nagel gelockert wurde. *Er ist im Sprechen ins Haus gekommen.* Siehst du, das ist ein Trick, den könnte ich grade brauchen, um aus meiner verflixten Situation herauszukommen. *Er schmeißt sich aufs Bett und beginnt sich die Schuhe auszuziehen.*

LAURA. Tom! Pscht!

TOM. Warum »pschst« du mich?

LAURA. Du wirst die Mutter aufwecken.

TOM. Fein! Da kann ich mich revanchieren für all ihre »Wach auf, mein Herz, und singe«! *Er legt sich stöhnend hin.* Weißt du, Laura, man braucht nicht viel Grips dazu, um sich in einen Sarg nageln zu lassen. Aber wer, zum Teufel, kommt wieder raus, ohne einen Nagel zu entfernen!

Wie um auf diese Frage zu antworten, erhellt sich die Photographie des Vaters. Die Szene verdunkelt sich. Unmittelbar darauf schlägt die Kirchenglocke sechs. Bei dem sechsten Schlag beginnt der Wecker im Zimmer Amandas zu rasseln, und ein paar Augenblicke später ertönt ihr Ruf.

AMANDA. Wach auf, mein Herz, und singe! Wach auf, mein Herz, und singe! Laura, geh zu deinem Bruder und sage ihm, er soll aufstehen!

TOM *setzt sich langsam auf.* Ich werde aufstehen — aber ich werde nicht singen.

Das Licht wird stärker.

AMANDA. Laura, sag deinem Bruder, sein Kaffee ist fertig. *Laura schlüpft in das Vorzimmer.*

LAURA. Tom! Es ist beinahe sieben. Mach die Mutter nicht nervös. *Tom glotzt sie stupide an. Sie sagt flehend.* Tom, sprich heute morgen zur Mutter! Versöhn dich mit ihr, entschuldige dich, sprich zu ihr!

TOM. Wird sie denn zu mir sprechen? Sie hat doch mit dem Nichtsprechen angefangen!

LAURA. Du brauchst nur zu sagen, es tut dir leid, und sie wird sofort wieder sprechen.

TOM. Ist das solch eine Tragödie, wenn sie nicht spricht?

LAURA. Bitte! Bitte!

AMANDA *ruft aus der Küche.* Laura, wirst du endlich tun, was ich dir befohlen habe? Oder muß ich mich anziehen und es selber tun?

LAURA. Gleich, gleich — sobald ich mir den Mantel angezogen habe. *Sie setzt sich mit fahrigen Händen einen formlosen Filzhut auf und schaut dabei bittend zu Tom hin, dann holt sie in ungeschickter Hast ihren Mantel. Der Mantel ist eines jener alten Kleidungsstücke, die Amanda schlampig zu überarbeiten pflegt. Die Ärmel sind Laura zu kurz.* Butter — und was noch?

AMANDA *spricht aus der Küche kommend.* Nur Butter. Sag, sie sollen es aufschreiben.

LAURA. Mutter, die ziehen solche Gesichter, wenn ich das sage.

AMANDA. Stöcke und Steine brechen uns die Beine, aber was Herr

Garfinkel für ein Gesicht zieht, das soll uns nicht bekümmern. Sag deinem Bruder, sein Kaffee wird kalt.

LAURA *spricht an der Tür.* Tu, um was ich dich gebeten habe, tu's, tu's doch!

Tom schaut trotzig weg.

AMANDA. Laura, geh jetzt oder geh gar nicht!

LAURA. Ich gehe ja schon.

Sie geht eilig durch die Tür. Eine Sekunde später hört man sie draußen aufschreien. Tom springt auf und rennt zur Tür. Amanda kommt eilig. Tom öffnet die Tür.

TOM *draußen.* Laura!

LAURA *draußen.* Es ist nichts. Ich bin ausgeglitten, aber es ist mir nichts passiert.

AMANDA *schaut ihr ängstlich nach.* Wenn sich einmal jemand auf dieser Treppe ein Bein bricht, dann müßte der Hausbesitzer auf Schadenersatz verklagt werden, bis auf den letzten Pfennig, den er besitzt! *Sie schließt die Tür. Sie erinnert sich plötzlich, daß sie ja gar nicht sprechen will. Als Tom mit gleichgültiger Miene zum Kaffeetisch kommt, wendet sie ihm den Rücken zu und steht mit dem Gesicht zum Fenster, bewegungslos hinausstarrend auf die traurige Gruft der Seitengasse. Das Licht fällt auf ihr Gesicht und zeigt mit grausamer Schärfe seine gealterten, aber kindlichen Züge: eine Figur aus einem satirischen Daumier-Druck.*

Untermalende Musik: Ave Maria.

Tom blickt blöde, aber trotzig nach ihrer abgewendeten Gestalt hin und läßt sich in den Stuhl am Tisch niederfallen. Der Kaffee ist siedend heiß; er schlürft ihn, verbrennt sich die Zunge und spuckt den Kaffee zurück in die Tasse. Das schlürfende Geräusch veranlaßt Amanda, sich halb herumzudrehen. Aber sie hält sich in der Bewegung auf und wendet sich wieder zurück zum Fenster.

Tom bläst auf seinen Kaffee und wirft dabei seiner Mutter Seitenblicke zu. Amanda räuspert sich. Auch Tom räuspert sich. Er macht einen Ansatz, aufzustehen, sinkt aber wieder zurück, kratzt sich am Kopf und räuspert sich wieder. Amanda hüstelt. Tom hebt die Tasse mit beiden Händen hoch, um aus der Nähe zu blasen; seine Augen starren über den Rand der Tasse auf die Mutter, dann stellt er die Tasse langsam nieder und erhebt sich ungeschickt und zögernd vom Stuhl.

TOM *heiser.* Mutter. Ich — ich bitte um Entschuldigung. Mutter.

Amanda holt rasch und heftig Atem. Ihr Gesicht arbeitet in grotesker Mimik. Sie bricht in ein kindliches Weinen aus.

Ich bedauere, was ich gesagt habe! Alles, was ich gesagt habe! Ich hab's nicht so gemeint.

AMANDA. Meine Hingabe, meine Sorge um euch hat mich zu einer Hexe gemacht. So bin ich durch meine eigene Schuld meinen Kindern ein Gegenstand des Abscheus geworden. *Sie schluchzt.*

TOM. Nein! Das bist du nicht!

AMANDA. Ich sorge mich so sehr, ich schlafe nicht. Das macht mich nervös!

TOM *sanft.* Ich verstehe das.

AMANDA. Ich habe all diese Jahre einen einsamen Kampf zu kämpfen gehabt. Heute bist du meine rechte Hand! Laß mich nicht im Stich!

TOM *sanft.* Ich will's versuchen, Mutter.

AMANDA *mit großem Enthusiasmus.* Versuche es, und es wird dir gelingen! *Die innere Erregung verschlägt ihr den Atem.* Du bist doch – du bist doch voll Begabung! Meine beiden Kinder sind ungewöhnliche Kinder! Glaubst du, ich weiß das nicht? Ich bin ja so stolz auf euch! So glücklich! Ich fühle, ich habe für so vieles dankbar zu sein, aber – versprich mir eines, Sohn!

TOM. Was, Mutter?

AMANDA. Versprich mir, daß du nie – niemals zum Trinker wirst!

TOM *wendet sich ihr mit einem Grinsen zu.* Ich werde nie ein Trinker werden, Mutter.

AMANDA. Das hat mir einen solchen Schreck in die Glieder gejagt, daß du trinkst. Nimm doch vom Haferschleim!

TOM. Nein, ich will nur Kaffee, Mutter.

AMANDA. Iß ein bißchen Zwieback!

TOM. Nein, Mutter. Bloßen Kaffee.

AMANDA. Du kannst deine Tagesarbeit nicht mit leerem Magen anfangen; schwarzer Kaffee hat keinen Nährgehalt. Du hast noch zehn Minuten – schluck nicht so gierig! Das Hinunterschütten von heißen Flüssigkeiten erzeugt Magenkrebs!... Nimm Sahne!

TOM. Nein! – Danke.

AMANDA. Sahne macht den Kaffee kälter.

TOM. Nein! – Danke, nein. Ich trinke ihn lieber schwarz.

AMANDA. Ich weiß. Aber das ist nicht gut für dich. Wir müssen alles tun, was in unserer Macht steht, um dich aufzubauen. Wir leben in schwierigen Zeiten, und was haben wir, woran wir uns klammern können, wenn nicht aneinander? Deshalb ist es so wichtig, daß wir – Tom, ich habe deine Schwester fortgeschickt, um etwas mit dir zu besprechen. – Wenn du nicht zuerst gesprochen hättest, dann hätte ich zu dir geredet! *Sie setzt sich.*

TOM. Was willst du mit mir besprechen, Mutter?

AMANDA. Laura!

Tom setzt die Tasse langsam hin.

Projizierte Inschrift: »Laura« — Musik: »Die Glasmenagerie«.

TOM. Oh — Laura...

AMANDA *berührt seinen Ärmel.* Du weißt, wie Laura ist. Immer so still! Aber stille Wasser sind tief! Sie sieht so manches — und ich glaube, sie brütet darüber. *Tom blickt auf.* Vor ein paar Tagen kam ich herein. Sie saß da und weinte.

TOM. Worüber?

AMANDA. Über dich.

TOM. Über mich?

AMANDA. Sie bildet sich ein, daß du hier nicht glücklich bist.

TOM. Was mag sie wohl auf diese Idee gebracht haben?

AMANDAN. Was bringt sie auf ihre Ideen? Du benimmst dich aber auch merkwürdig. Ich — ich kritisiere dich nicht, versteh mich recht! Ich weiß, daß sich deine Ambitionen nicht in dem Lagerhaus erfüllen lassen. Wie jeder Mensch in der weiten Welt hast auch du — nun ja, auch du hast Opfer zu bringen, aber — Tom — Tom, das Leben ist nicht leicht, es erfordert eine spartanische Haltung! Es gibt viele Dinge in meinem Herzen, die ich dir nicht erfüllen kann! Ich habe es dir niemals erzählt, aber ich — habe deinen Vater geliebt...

TOM. Ich weiß das, Mutter.

AMANDA. Und wenn ich nun sehen muß, daß du ihm nachgerätst, bis spät in die Nacht ausbleibst und — du hattest getrunken in der Nacht, als du mir mit den Opiumhöhlen solchen Schrecken eingejagt hast. — Laura sagt, daß du die Wohnung haßt und daß du nachts ausgehst, um ihr zu entfliehen! Ist das wahr, Tom?

TOM. Nein. Du sagst, es gibt viele Dinge in deinem Herzen, die du mir nicht enthüllen kannst. Das gleiche gilt auch für mich. Ich habe so viele Dinge in meinem Herzen, die ich wieder dir nicht enthüllen kann! Also respektieren wir gegenseitig unsre —

AMANDA. Aber warum — sag mir, Tom, warum — bist du immer so ruhelos? Wohin gehst du jede Nacht?

TOM. Ins Kino.

AMANDA. Warum gehst du so viel ins Kino, Tom?

TOM. Ich gehe so viel ins Kino, weil ich — Abenteuer liebe. In meinem Geschäft gibt es keine Abenteuer, also gehe ich ins Kino.

AMANDA. Aber Tom, du gehst entschieden viel zuviel ins Kino.

TOM. Ich brauche eben viele Abenteuer.

Amanda ist zuerst verblüfft, dann beleidigt. Wenn das Familiengericht wieder aufgenommen wird, zeigt sie die alte Härte und Ungeduld. Sie fällt in die streitsüchtige Stimmung gegenüber dem Sohn zurück.

Projiziertes Bild: Ein Schiff in Fahrt mit der Piratenflagge (Jolly Roger): Ein Totenschädel über zwei gekreuzten Knochen.

AMANDA. Die meisten jungen Leute finden ihre Abenteuer in ihrer Karriere.

TOM. Dann sind wohl die meisten jungen Leute nicht in einem Lagerhaus angestellt.

AMANDA. Die Welt ist voll von jungen Leuten, die in Lagerhäusern, in Büros und Fabriken arbeiten.

TOM. Finden sie alle darin ihre Abenteuer?

AMANDA. Wenn nicht, dann verzichten sie eben darauf! Nicht jeder sehnt sich nach Abenteuern!

TOM. Ein Mann ist aus Urinstinkt entweder Liebhaber oder Jäger oder Kämpfer. Und keiner dieser Instinkte findet in einem Lagerhaus seine Befriedigung.

AMANDA. Die männlichen Instinkte! Sprich mir nicht von Instinkt! Der Instinkt ist etwas, wovon die Menschheit sich wegentwickelt hat! Tiere haben Instinkt! Christliche Männer brauchen keinen Instinkt, sobald sie erwachsen sind!

TOM. Was denn brauchen erwachsene Christen, Mutter?

AMANDA. Sie streben nach höheren Dingen! Sie zeichnen sich durch Eigenschaften des Geistes und des Herzens aus! Nur Tiere befriedigen ihre Instinkte! Du hast sicher höhere Ziele als das Tier, als Affen – Schweine –

TOM. Ich vermute, daß ich keine höheren Ziele habe.

AMANDA. Das soll wohl ein Witz sein! Jedenfalls wollte ich nicht darüber mit dir diskutieren.

TOM *aufstehend.* Ich habe keine Zeit mehr!

AMANDA *ihn auf den Stuhl niederdrückend.* Setz dich!

TOM. Willst du, daß ich zu spät ins Geschäft komme, Mutter?

AMANDA. Du hast noch fünf Minuten. Ich muß über Laura mit dir sprechen.

Projizierte Inschrift: »Pläne und Vorbereitungen«.

TOM. Schön! Was ist also mit Laura?

AMANDA. Wir müssen für sie Pläne entwerfen und Vorbereitungen treffen. Sie ist älter als du, um volle zwei Jahre, und nichts geschieht! Sie treibt so dahin und tut nichts. Es ängstigt mich schrecklich, wie sie sich treiben läßt.

TOM. Allem Anschein nach ist sie der Typus Mädchen, der für ein Heim geschaffen ist.

AMANDA. So einen Typus gibt es nicht! Und wenn es ihn gäbe, wär's ein Jammer! Ein Heim kann sie doch nur haben, wenn sie einen Mann hat!

TOM. Also?

AMANDA. Oh, ich sehe die Flammenschrift an der Wand so deutlich wie die Nase in meinem Gesicht! Es ist erschreckend! Du erinnerst mich immer mehr an deinen Vater! Er ist Tag und Nacht ausgegangen, ohne je eine Erklärung abzugeben! Und eines Tages war er fort! Adieu. Und ich saß da, die ganze Bürde der Verantwortung auf meinen Schultern! Du hast einen Brief von der Handelsschiffahrtsgesellschaft bekommen, ich habe ihn gesehen. Ich weiß, wovon du träumst. Glaub nicht, daß ich mit verbundenen Augen dahinlebe! — Schön, dann tu es! Aber nicht, ehe sich jemand gefunden hat, der deinen Platz einnimmt!

TOM. Was meinst du damit?

AMANDA. Ich meine, du gehst nicht früher fort, als bis Laura jemand gefunden hat, der für sie sorgt. Nicht ehe sie verheiratet ist! Und ihr eigenes Heim besitzt, eine gesicherte Existenz. Wenn das erreicht ist, dann steht es dir frei, zu gehen wohin du willst, zu Wasser und zu Lande, wohin der Wind dich weht! Aber bis dahin mußt du dich um deine Schwester kümmern. Ich sage nicht, um mich, ich bin alt und zähle nicht mehr. Ich sage, um deine Schwester, denn sie ist jung und abhängig. Ich habe sie zur Handelsschule geschickt — es war ein schrecklicher Fehlschlag! Es hat sie in eine solche Panik versetzt, daß sie sich vor allen Leuten übergeben mußte. Ich nahm sie mit zur »Liga der Jugend« — wieder ein Fiasko! Sie sprach mit keinem Menschen, kein Mensch sprach mit ihr. Seitdem — alles was sie tut, ist, daß sie mit diesen Glasstücken spielt und das Grammophon laufen läßt. Ist das ein Leben für ein junges Mädchen?

TOM. Was kann ich dazu tun?

AMANDA. Überwinde deine Selbstsucht! Ich, ich, ich: du denkst an nichts anderes!

Tom springt auf und geht zu seinem häßlichen unförmigen Mantel. Er setzt sich eine Kappe mit Ohrenklappen auf.

Wo ist dein Halstuch? Zieh dir doch ein wollenes Halstuch an!

Er holt es ärgerlich aus dem Schrank und wickelt es sich um den Hals, es an beiden Enden zurechtziehend.

Tom! Ich habe dir noch nicht gesagt, was ich von dir will!

TOM. Ich komme zu spät!

AMANDA *sie packt ihn am Arm, eindringlich, dann sagt sie, scheu.* Gibt es denn nicht — in deinem Lagerhaus, meine ich — gibt's dort nicht ein paar nette junge Leute?

TOM. Nein!

AMANDA. Aber es m u ß doch welche dort geben!

TOM. Mutter —

AMANDA. Such doch einen aus, der solide ist — der nicht trinkt — und lade ihn ein — bring ihn mit deiner Schwester zusammen!

TOM. Was?

AMANDA. Arrangiere es, daß sie sich treffen — daß sie miteinander bekannt werden!

TOM *stampft zur Tür.* Ach Gott —!

AMANDA. Wirst du es tun? *Er öffnet die Tür, Amanda flehend.* Wirst du? *Er beginnt draußen die Treppe hinunterzugehen.* Wirst du? Tust du's, mein Herz?

TOM *zurückrufend.* Ja!

Pause. Amanda schließt zögernd die Tür. Ihr Gesicht hat einen besorgten, aber doch ein wenig hoffnungsvolleren Ausdruck.

Der Vorhang fällt langsam.

Projiziertes Bild: Die Titelseite einer fashionablen Modezeitung. — Herausgeleuchtet: Amanda am Telefon.

AMANDA. Ist dort Ella Cartwright? Hier Amanda Wingfield. Wie geht es Ihnen, meine Liebe? Oh, die Nieren! *Bis fünf zählen.*

AMANDA. Das ist scheußlich! *Pause für die Antwort.* Eine christliche Märtyrerin sind Sie, meine Liebe. Ja, genau das sind Sie, eine christliche Märtyrerin! — Ich habe gerade in meinem kleinen roten Buch geblättert und bemerkt, daß Ihr Abonnement für den »Gefährten der modernen Frau« abläuft. Ich rufe an, da ich doch weiß, daß Sie um keinen Preis den Roman in Fortsetzungen versäumen wollen, der im nächsten Heft beginnt. Von Bessie May Hopper! Der erste Roman, den sie seit »Flitterwochen zu dritt« geschrieben hat. War das nicht eine merkwürdige und faszinierende Sache? Der neue Roman ist noch viel besser, meiner Meinung nach. Er spielt in einem erstklassigen gesellschaftlichen Milieu. Intimitäten aus dem Villenviertel von Long Island!

Die Bühne verdunkelt sich.

FÜNFTE SZENE

Projizierte Inschrift: »Verkündigung«. — Musik, während sich die Bühne erhellt.
Frühe Abenddämmerung.
In der Wingfieldschen Wohnung ist das Abendbrot gerade beendet worden.
Amanda und Laura, beide hell gekleidet, räumen den Tisch ab. Die Vorderbühne liegt im Schatten, und diese Beleuchtung gibt den Bewegungen der beiden etwas Stilisiertes, an einen Tanz oder an ein Ritual Erinnerndes. Ihre Gestalten bewegen sich blaß und schweigsam wie Motten.
Tom, in weißen Hosen und weißem Hemd, erhebt sich eben vom Tisch und geht hinüber zur Feuerleiter.

AMANDA *als er an ihr vorüberkommt.* Mein Sohn, willst du mir etwas zuliebe tun?

TOM. Was?

AMANDA. Kämm dir das Haar! Du siehst so hübsch aus mit gekämmtem Haar! *Tom lümmelt sich aufs Sofa hin und entfaltet eine Zeitung, auf der eine fettgedruckte Schlagzeile sichtbar ist: »Franco triumphiert!«* Wenn du doch nur in diesem einen Punkt deinem Vater nacheifern würdest!

TOM. Was für ein Punkt?

AMANDA. In der Sorgfalt, die er auf seine äußere Erscheinung verwendet hat. Er hat sich nie erlaubt, ungepflegt auszusehen. *Tom wirft die Zeitung weg und geht weiter, zur Feuerleiter.* Wohin gehst du?

TOM. Hinaus, rauchen.

AMANDA. Du rauchst zuviel! Ein Päckchen Zigaretten pro Tag um 15 Cents! Was macht das im Monat? 30 mal 15 – wieviel ist das doch? Rechne es dir mal aus, und du wirst staunen, wieviel du sparen könntest. Du könntest dir dafür einen Abendkursus in Buchhaltung leisten! Stell dir doch nur vor, was das für eine herrliche Sache für dich wäre!

TOM *ist sichtlich unbewegt von dieser Vorstellung.* Da rauch ich lieber. *Er läßt die Tür hinter sich zufallen und geht auf die Plattform hinaus.*

AMANDA *scharf.* Ich weiß! Das ist eben die Tragödie ... !
Allein geblieben, wendet sie sich der Photographie ihres Mannes zu und betrachtet sie.
Tanzmusik klingt herüber.

TOM *draußen wendet sich an die Zuschauer.* Uns gegenüber, in der Seitengasse, war ein Tanzlokal mit dem schönen Namen »Zum Paradies«. An Frühlingsabenden waren dort die Türen und Fenster geöffnet, und die Musik drang heraus. Manchmal waren die Lichter abgedämpft, bis auf eine Glaskugel, die vom Plafond herunterhing und sich langsam um sich selbst drehte. Dabei filterte sie das Licht und ließ den Dämmerschein in einem Wechsel der zartesten Regenbogenfarben erstrahlen. Dazu spielte das Orchester einen Walzer oder einen Tango, etwas mit einem langsamen und sinnlichen Rhythmus. Dann kamen einzelne Paare heraus in die vergleichsweise private Sphäre der Gasse. Man konnte sie sich hinter Aschengruben und Telegraphenstangen küssen sehen. Das war ihre Kompensation für ein Leben wie meines, das ohne irgendeine Abwechslung, ohne das geringste Abenteuer dahinschlich. Abwechslung und Abenteuer gab es sonst in diesem Jahr genug. Man brauchte nur um die Ecke zu gehen, da warteten sie auf die Kinder der Zeit. Sie hingen in der Luft, in den Nebeln hoch über Berchtesgaden. Sie verfingen sich in den Falten von Mister Chamberlains Regenschirm. – In Spanien ereignete sich damals Guernica. Aber hier bei uns gab es nur aufputschende Swingmusik und geistige Getränke, Tanzhallen, Bars und Kinos, und die Sexualität leuchtete im Trüben wie ein Kronleuchter und überflutete die Welt mit flüchtigen Regenbogenlichtern, welche Illusionen waren... Die ganze Welt wartete darauf, mit Bomben beworfen zu werden.

Amanda wendet sich von der Photographie ab und kommt auf die Plattform heraus.

AMANDA *seufzend.* Die Plattform einer Feuerleiter ist ein kümmerlicher Ersatz für eine Veranda. *Legt eine Zeitung auf eine Stufe und setzt sich darauf, graziös und affektiert, als nähme sie Platz in einem Schaukelstuhl auf einer Veranda am Mississippi.* Wohin schaust du?

TOM. In den Mond.

AMANDA. Ist heute Mond?

TOM. Er geht gerade auf über Garfinkels Gasthaus.

AMANDA. Ja, da ist er! Ein kleiner Silberpantoffel von einem Mond! Hast du dir einen Wunsch gedacht?

TOM. Mhm.

AMANDA. Was hast du dir gewünscht?

TOM. Das ist mein Geheimnis.

AMANDA. Ein Geheimnis, so? Na, dann sag' ich dir meinen Wunsch auch nicht, dann bin ich gerade so geheimnisvoll wie du.

TOM. Ich wette, ich kann deinen Wunsch erraten.

AMANDA. Ist mein Kopf so durchsichtig?

TOM. Du bist keine Sphinx.

AMANDA. Nein, ich habe keine Geheimnisse. Ich will dir sagen, was ich mir gewünscht habe, als ich den Mond ansah. Erfolg und Glück für meine teuren Kinder! Das wünsche ich immer, wenn Mond ist! Und wenn kein Mond ist, dann wünsch' ich es erst recht.

TOM. Ich dachte, daß du dir vielleicht Herrenbesuch gewünscht hast.

AMANDA. Warum sagst du das?

TOM. Erinnerst du dich nicht? Du hast doch von mir verlangt, daß ich einen Herrenbesuch besorge.

AMANDA. Ich habe es nicht verlangt, ich habe es nur angedeutet. Ich erinnere mich, eine Andeutung gemacht zu haben, daß es hübsch wäre, wenn du für deine Schwester einen netten, jungen Mann aus deinem Geschäft mitbrächtest. Ich glaube, diese Andeutung habe ich sogar mehr als einmal gemacht.

TOM. Ja, du hast sie immer wieder gemacht.

AMANDA. Nun?

TOM. Wir werden einen haben.

AMANDA. Was — werden wir haben?

TOM. Einen Herrenbesuch!

Diese Verkündigung wird von feierlicher Musik begleitet. Amanda steht auf.

Projiziertes Bild: Herrenbesuch mit Blumenstrauß.

AMANDA. Willst du damit sagen, daß du uns einen netten jungen Mann eingeladen hast?

TOM. Jawoll, und zwar hab' ich ihn zum Abendbrot eingeladen.

AMANDA. Du hast das wirklich getan?

TOM. Ich habe es wirklich getan.

AMANDA. Du hast es getan! – Und – hat er die Einladung angenommen?

TOM. Er hat sie angenommen.

AMANDA. Gut, gut – gut, gut! Das ist wundervoll!

TOM. Ich habe mir gedacht, daß es dich freuen wird.

AMANDA. Ist das sicher?

TOM. Absolut sicher.

AMANDA. Bald?

TOM. Sehr bald!

AMANDA. Um Himmels willen, hör auf zu stottern und sag mir endlich etwas!

TOM. Was soll ich dir sagen?

AMANDA. Ich will doch natürlich wissen, wann er kommt!

TOM. Er kommt morgen.

AMANDA. Morgen!?

TOM. Jawohl. Morgen.

AMANDA. Aber Tom –!

TOM. Ja, Mutter!

AMANDA. Morgen – da läßt du mir doch gar keine Zeit –!

TOM. Zeit? Wofür?

AMANDA. Für Vorbereitungen! Warum hast du mich nicht sofort angerufen, als du ihn eingeladen hast und er annahm? Verstehst du denn nicht? Dann hätte ich noch fertig werden können!

TOM. Du brauchst gar keine Geschichten zu machen.

AMANDA. Aber Tom – Tom – Tom, natürlich muß ich Geschichten machen! So etwas muß doch richtig gemacht werden, wie es sich gehört, da darf nichts vernachlässigt werden! So etwas kann man doch nicht improvisieren! Da heißt es jetzt rasch denken und gut denken!

TOM. Ich kann nicht einsehen, warum du überhaupt etwas zu denken hast.

AMANDA. Du hast eben keine Ahnung! Wir können doch nicht einen Herrenbesuch im Schweinestall empfangen! All mein Silber, meine Hochzeitsgeschenke, muß geputzt werden! Das Damasttischtuch mit dem Monogramm muß gewaschen und gebügelt werden! Die Fenster müssen gereinigt werden, und frische Vorhänge aufgehängt! Und Kleider, wo kriegen wir Kleider her? Wir müssen doch etwas anhaben, oder nicht?

TOM. Mutter, für diesen jungen Mann braucht man wirklich keine Geschichten zu machen.

AMANDA. Begreifst du denn überhaupt, daß er der erste junge Mann ist, der bei deiner Schwester eingeführt wird?! Es ist entsetzlich, es ist eine Schande, daß deine arme kleine Schwester niemals auch nur einen einzigen Herrn zu Besuch gehabt hat!! — Tom, komm hinein! *Sie öffnet die Drehtür.*

TOM. Wozu?

AMANDA. Ich muß dich eine Menge fragen.

TOM. Wenn du nicht aufhörst mit diesem Getue, dann sag' ich ihm ab! Ich sage ihm, er soll nicht kommen.

AMANDA. Das wirst du ganz bestimmt n i c h t tun! Nichts beleidigt Leute so wie eine Absage in letzter Minute! Ich muß eben arbeiten wie ein Neger! Wir werden nicht brillieren, aber wir werden die Prüfung bestehen. — Komm herein! *Tom folgt ihr stöhnend. Beide ins Wohnzimmer. Drinnen.* Setz dich!

TOM. Wünschest du, daß ich mich auf einen bestimmten Stuhl setze?

AMANDA. Gott sei gedankt, daß ich das neue Sofa habe! Ich habe auch schon angefangen, Raten für eine Stehlampe zu zahlen! Ja, und natürlich werde ich die Kattundecke aufbreiten, das wird sofort einen ganz andern Eindruck machen. Ich hatte gehofft, ich könnte auch die Wände frisch tapezieren ... Wie heißt der junge Mann?

TOM. Er heißt O'Connor.

AMANDA. O'Connor, von irischer Abstammung? Also Fisch — morgen ist doch Freitag! Lachs mit Mayonnaise! Was ist er von Beruf? Im Lagerhaus arbeitet er?

TOM. Natürlich, wie hätte ich ihn sonst —?

AMANDA. Tom! Er trinkt doch nicht?

TOM. Warum fragst du mich das?

AMANDA. D e i n Vater war ein Trinker!

TOM. Fang nicht wieder damit an!

AMANDA. Also er trinkt!

TOM. Nicht, daß ich wüßte.

AMANDA. Das mußt du aber feststellen. Das wäre wirklich das allerletzte, was ich für meine Tochter wünschen würde, einen Mann, der trinkt!

TOM. Bist du nicht ein bißchen voreilig? Bis jetzt hat Mr. O'Connor noch nicht die Szene betreten!

AMANDA. Aber morgen ist er da und trifft deine Schwester, und was weiß ich über seinen Charakter? Gar nichts! Eine alte Jungfer hat's immer noch besser als das Weib eines Trinkers!

TOM. O Gott!

AMANDA. Schweig!

TOM *beugt sich vor und flüstert.* Viele Herren lernen junge Mädchen kennen und heiraten sie nicht! –

AMANDA. Rede doch vernünftig, Tom, sei nicht sarkastisch! *Sie hat eine Kopfbürste ergriffen.*

TOM. Was willst du denn?

AMANDA. Ich will dir deine widerspenstige Locke glattbürsten! – Was für eine Stelle hat dieser junge Mann in dem Lagerhaus?

TOM *unterwirft sich grimmig der Bürste und der Inquisition.* Er ist bei der Warenverfrachtung.

AMANDA. Das klingt nach einer verantwortungsvollen Stellung! Die Art Stellung, die du haben könntest, wenn du mehr Ellbogen hättest. – Wie hoch ist sein Gehalt? Hast du eine Ahnung?

TOM. Meiner Schätzung nach ungefähr fünfundachtzig Dollar im Monat.

AMANDA. Nun, kein königliches Gehalt, aber –

TOM. Fünfzehn Dollar mehr, als ich habe.

AMANDA. Das brauchst du mir nicht erst vorzurechnen, mein Junge! Aber für einen Familienvater sind fünfundachtzig Dollar im Monat nicht viel mehr, als womit du gerade auskommst.

TOM. Ja, aber O'Connor ist kein Familienvater.

AMANDA. Er könnte doch einer werden, oder nicht? Irgendwann in der Zukunft?

TOM. Ich verstehe. Pläne und Vorbereitungen.

AMANDA. Du bist der einzige junge Mann meiner Bekanntschaft, der die Tatsache ignoriert, daß die Zukunft zur Gegenwart wird, die Gegenwart zur Vergangenheit, und daß die Vergangenheit zur ewigen Reue wird, wenn man versäumt hat, sie zu planen.

TOM. Ich werde mir diesen Satz überdenken und sehen, welchen Gewinn ich aus ihm ziehen kann.

AMANDA. Sei nicht frech zu deiner Mutter! Gib mir lieber mehr Details! – Wie heißt er also?

TOM. James D. O'Connor. Das D. bedeutet Delaney.

AMANDA. Also irisch von Vater- und Mutterseite. Und trinkt er nicht!?

TOM. Ich kann ihn ja gleich anrufen und fragen?

AMANDA. Der einzige Weg, so etwas herauszufinden, ist eine diskrete Nachforschung im geeigneten Moment. Wenn bei uns im Süden der Verdacht auftauchte, daß ein junger Mann trank, dann pflegte das Mädchen, das sich für ihn interessierte, im Falle, daß es so ein Mädchen gab, mit dem Pfarrer seiner Diözese zu sprechen – vielmehr ihr Vater tat das, wenn er am Leben war – und ihm diskret auf den Zahn zu fühlen, was er von dem Charakter des jungen Mannes wüßte. Das ist die richtige Art, solche Angelegenheiten diskret zu behandeln, und damit einem jungen Mädchen einen tragischen Irrtum zu ersparen.

TOM. Wie war es dann möglich, daß du so einen tragischen Irrtum begangen hast?

AMANDA. Der unschuldige Gesichtsausdruck deines Vaters täuschte eben alle! Er setzte sein Lächeln auf — und die ganze Welt war hingerissen! Ein Mädchen kann keinen größeren Fehler begehen, als sich auf Gnade und Ungnade einer äußeren Erscheinung zu überliefern! Ich hoffe, daß Herr O'Connor nicht zu gut aussieht!

TOM. Nein, das tut er nicht. Er ist voll Sommersprossen, und er besitzt keine sehr bedeutende Nase.

AMANDA. Aber er ist doch nicht richtig häßlich?

TOM. Nein, nicht gar so häßlich. Ich würde sagen: von mittelmäßiger Häßlichkeit.

AMANDA. Worauf man achten muß bei einem Mann, ist der Charakter.

TOM. Was ich schon immer sage.

AMANDA. Nie hast du so etwas gesagt, und ich habe sogar den Verdacht, daß du dir nie einen Gedanken darüber gemacht hast.

TOM. Sei nicht so mißtrauisch mir gegenüber!

AMANDA. Wenigstens hoffe ich, daß er die Art Mensch ist, die eine Zukunft vor sich hat.

TOM. Ich glaube tatsächlich, daß er an sich arbeitet, um vorwärts zu kommen.

AMANDA. Woraus schließt du das? Hast du bestimmte Gründe dafür?

TOM. Er nimmt einen Abendkursus!

AMANDA *strahlend*. Großartig! In welchem Fach? Ich meine, was studiert er?

TOM. Er studiert auf Radioingenieur und nimmt einen Kurs in öffentlicher Rede.

AMANDA. Dann träumt er unbedingt von einer höheren Position in der Welt! Jeder junge Mann, der die Kunst der Rede studiert, setzt sich das Ziel, eines Tages eine leitende Stellung zu bekleiden. Und das Radio? Das Radio hat Zukunft! Diese beiden Tatsachen sind sehr aufschlußreich! Das sind die Dinge, die eine Mutter wissen muß, wenn ein junger Mann ihrer Tochter einen Besuch abstattet. Egal, ob er es ernst meint oder nicht!

TOM. Eine kleine Warnung. Er weiß nichts von Laura. Ich habe ihn in unsere dunklen Absichten nicht eingeweiht. Ich habe ihm einfach gesagt, warum kommst du nicht zu uns zum Abendbrot? Er sagte: Okay, und das war alles.

AMANDA. Klar! Das war alles! Du verfügst über die Beredsamkeit einer Auster ... ! Na, wie dem auch sei, ist er erst einmal hier, dann kann Laura ihm nicht verborgen bleiben. Sieht er erst, wie reizend und süß und hübsch sie ist, wird er seinem guten Stern für die Einladung danken.

TOM. Mutter! Erwarte dir nicht zuviel von Laura!

AMANDA. Was soll das heißen?

TOM. Du siehst alles mögliche in Laura, Mutter. Und ich auch. Weil es unsere Laura ist, weil wir sie liebhaben. Wir bemerken nicht einmal mehr, daß sie verkrüppelt ist.

AMANDA. Sag nicht verkrüppelt! Du weißt doch, ich erlaube es nicht, daß dieses Wort gebraucht wird!

TOM. Mutter, blick doch den Tatsachen ins Gesicht! Sie ist es nun einmal. Und das ist nicht alles!

AMANDA. Was meinst du damit? Nicht alles —?

TOM. Es ist ein großer Unterschied zwischen Laura und anderen Mädchen.

AMANDA. Meiner Meinung nach ist der Unterschied nur vorteilhaft für Laura.

TOM. Nicht nur vorteilhaft in den Augen von andern Menschen — von Fremden. Sie ist so scheu, so verschüchtert. Sie lebt in ihrer eigenen Welt, und das läßt sie Leuten, die nicht mit ihr vertraut sind, absonderlich erscheinen.

AMANDA. Sag nicht absonderlich.

TOM. Weich doch nicht den Tatsachen aus. Sie ist sonderbar. *Die Tanzhallenmusik wechselt über in einen Tango in Moll von unheildrohendem Charakter.*

AMANDA. Worin ist sie so sonderbar, wenn ich fragen darf?

TOM *zart.* Sie lebt in ihrer eigenen Welt, Mutter, in einer Welt von Glasfiguren. *Er erhebt sich. Amanda bleibt stehen mit der Bürste in der Hand und blickt ihn bekümmert an.* Sie spielt alte Grammophonplatten, und — das ist eigentlich alles. *Er schaut sich in den Spiegel und geht zur Tür hinüber.*

AMANDA *scharf.* Wohin gehst du?

TOM. Ich gehe ins Kino. *Hinaus durch die Drehtür.*

AMANDA. Nicht ins Kino! Jede Nacht ins Kino! *Geht ihm schnell nach, zur Drehtür.* Ich glaube dir nicht, daß du immer ins Kino gehst! *Aber er ist schon fort. Amanda schaut ihm einen Augenblick lang bekümmert nach. Dann gewinnt ihre Vitalität und ihr Optimismus wieder die Oberhand. Sie wendet sich von der Tür ab, geht zum Zwischenvorhang und ruft.* Laura! Laura!

LAURA. Ja. Mutter?

AMANDA. Laß jetzt das Geschirr und komm her. *Laura erscheint mit einem Abwischtuch. Amanda setzt einen heiteren Ton auf.* Komm her, Laura, und wünsch dir was, es ist heute Mond.

Projiziertes Bild: Der Mond.

LAURA *kommend.* Mond?

AMANDA. Ein Mond wie ein kleiner Silberpantoffel. Blick über deine linke Schulter, Laura, und denk dir einen Wunsch! *Laura scheint verwirrt, als wäre sie aus dem Schlaf aufgeschreckt worden. Amanda ergreift sie an den Schultern und dreht sie dem Mond zu.* Jetzt! Jetzt, Liebling, wünsch dir was!

LAURA. Was soll ich wünschen, Mutter?

AMANDA *ihre Stimme zittert und ihre Augen füllen sich mit Tränen.* Glück und nochmals Glück!

Musik setzt ein, die Bühne verdunkelt sich.

Vorhang.

Zweiter Teil

SECHSTE SZENE

Projiziertes Bild: Der Held der Mittelschule.

TOM *als Ansager.* Und so brachte ich denn am folgenden Abend Jim zum Essen heim. Ich hatte Jim in der Mittelschule nur oberflächlich gekannt. Damals war er der Held der Schule. Er besaß die außerordentliche Gutherzigkeit, die so oft für irische Abstammung charakteristisch ist, und eine Vitalität, die hervorleuchtete wie blank geputztes chinesisches Elfenbein. Er schien sich immer in einem Scheinwerferlicht zu bewegen. Er war Matador im »Basketball«, Vorstand des Debattierklubs, Präsident der obersten Klasse und des Unterhaltungsklubs, er sang regelmäßig die Hauptpartie in der alljährlichen Opernaufführung. Er war immer in Bewegung, er lief und tanzte, er ging niemals im Schritt. Er machte den Eindruck, als würde er im nächsten Augenblick das Gesetz der Trägheit endgültig überwunden haben. Er flog durch seine Jünglingsjahre mit einer solchen Geschwindigkeit, daß jeder erwartete, er würde mit dreißig im Weißen Haus angelangt sein. Aber nach der Reifeprüfung müssen sich die Hindernisse für ihn getürmt haben! Zweifellos verlor er an Tempo. Sechs Jahre, nachdem er ins Leben hinausgetreten war, war er bei einer Stellung angelangt, die nicht viel besser war als meine eigene.

Projiziertes Bild: Kommis im Lagerhaus.

Er war der einzige im Lagerhaus, mit dem ich einigermaßen freundschaftliche Beziehungen unterhielt. Er schätzte in mir den Zeugen seiner früheren Glanzzeit, der ihn als Sieger im Sport gesehen hatte und als den Gewinner eines silbernen Pokals in der Redeschlacht. Er kannte mein Geheimnis, daß ich mich ins Klosett zurückzog, um dort an meinen Gedichten zu feilen, sooft das Geschäft im Lagerhaus nachließ. Er nannte mich Shakespeare. Und während die anderen Angestellten im Lagerhaus mich mit mißtrauischer Feindseligkeit betrachteten, nahm Jim mich humoristisch. Nach und nach beeinflußte er damit die anderen, ihre Feindseligkeit ließ nach. Sie hatten schließlich ein Lächeln für mich, wie, sagen wir, für einen komisch aussehenden Hund, der einem in einiger Entfernung über den Weg läuft.

Ich wußte, daß Jim und Laura einander auf der Mittelschule gekannt hatten, und ich hatte Laura mit Bewunderung von seiner Stimme sprechen hören. Ich wußte nicht, ob Jim sich ihrer erinnerte, Laura war in der Mittelschule ebenso unauffällig gewesen wie Jim sensationell. Wenn er sich an Laura überhaupt erinnerte, so sicher nicht als meine Schwester. Denn als ich ihn zum Abendessen einlud, grinste er und sagte: »Weißt du, Shakespeare, ich habe mir nie vorgestellt, daß du eine Familie hast!« Er war im Begriff zu entdecken, daß ich eine hatte...

Die Bühne erhellt sich. – Projizierte Inschrift: »Das Hallen eines kommenden Schrittes«.

Freitagabend, fünf Uhr nachmittags eines strahlenden Apriltages: »Der Himmel bevölkert mit Gedichten«. Das Licht in der Wingfieldschen Wohnung ist von zartem Zitronengelb.

Amanda hat wie ein Neger gearbeitet, um die Wohnung für den Herrenbesuch herzurichten, mit erstaunlichem Resultat.

Die neue Stehlampe mit ihrem rosaseidenen Schirm; eine farbige Papierlaterne, wo vorher eine schadhafte Stelle im Plafond war, neue wogende weiße Vorhänge an den Fenstern, Chintz-Überzüge auf den Stühlen und auf dem Sofa, ein paar neue Sofakissen: das Zimmer wirkt völlig verwandelt. Offene Schachteln und Packpapier über den Boden verstreut.

Laura steht in der Mitte des Raumes mit erhobenen Armen. Amanda kauert vor ihr und gleicht den Saum ihres neuen Kleides aus, sie tut es mit rituellem Ernst. Das Kleid ist in den Farben der Erinnerung gehalten. Laura hat eine andere Frisur, die gefälliger ist und sie besser kleidet. Lauras gebrechliche und etwas überirdische Schönheit kommt dadurch zur Geltung: sie ähnelt einem Stück transparenten Glases, das, vom Licht gestreift, einen unwirklichen Schimmer erhält, der nichts Dauerndes hat.

AMANDA *ungeduldig*. Warum zitterst du denn so?

LAURA. Du hast mich nervös gemacht, Mutter!

AMANDA. Nervös hab' ich dich gemacht? Ja, wodurch denn?

LAURA. All dieses Getue! Dadurch wird das so wichtig!

AMANDA. Ich verstehe dich nicht, Laura. Du kannst doch nicht immer nur zu Hause hocken! Das geht nicht so weiter! Wenn ich versuche, etwas für dich zu tun, dann wehrst du dich dagegen. *Steht auf.* Nun schau dich mal an! Nein, warte, nur noch einen Augenblick – ich habe eine Idee!

LAURA. Was ist jetzt wieder?

Amanda zieht zwei Puderquasten hervor, die sie mit Taschentüchern umwickelt und in Lauras Busen stopft.

Mutter, was tust du da?

AMANDA. Das hilft! Es ist eine erlaubte Täuschung.

LAURA. Ich trage das nicht!

AMANDA. Du wirst es tragen!

LAURA. Ja, wozu denn?

AMANDA. Da muß ich es dir einmal offen sagen: du bist flachbrüstig, mein Kind.

LAURA. Du tust so, als ob wir jemand eine Falle stellen.

AMANDA. Alle hübschen Mädchen stellen Fallen, hübsche Fallen, und die Männer erwarten das von ihnen.

Projizierte Inschrift: »Eine hübsche Falle«.

Schau doch in den Spiegel, mein Fräulein! Hübscher wirst du nie aussehen! – Und jetzt muß ich mich selbst herrichten. Du wirst dich wundern über die Erscheinung deiner Mutter! *Sie geht, heiter summend, durch den Zwischenvorhang ab. Laura langsam zum hohen Spiegel, betrachtet sich mit tiefem Ernst. Ein Windstoß weht die Vorhänge herein, mit einer langsamen graziösen Bewegung, begleitet von einem kaum hörbaren sorgenvollen Seufzer.*

AMANDA *spricht von draußen.* Es ist noch nicht dunkel genug.

Laura dreht sich hin und her vor dem Spiegel, ihr Gesicht drückt Besorgnis aus.

Projizierte Inschrift: »Das ist meine Schwester: Laßt ihr zu Ehren die Geigen erklingen«.

Musik.

AMANDA *draußen, lacht.* Jetzt sollst du etwas sehen! Jetzt kommt mein großer Auftritt!

LAURA. Was kommt, Mutter?

AMANDA. Wappne dich mit Geduld – du wirst schon sehen! Ein Paradestück aus einem alten Koffer wird Wiederauferstehung feiern! Die Mode hat schließlich nicht einmal so sehr gewechselt ... *Sie erscheint, indem sie den Zwischenvorhang in der Mitte öffnet.* Nun sieh dir einmal deine Mutter an! *Sie trägt ein jugendliches Kleid aus versilbertem Voile mit einer blauen Seidenschärpe, in der Hand einen Strauß Narzissen. Die Legende ihrer Jugend lebt beinahe wieder auf. Fieberhaft.* Das ist das Kleid aus vergilbtem Voile, in dem ich so oft den Kotillon angeführt habe. Zweimal gewann ich darin den Preis beim Cakewalk in »Sunset Hill«, und auf dem Ball des Statthalters in Jackson war ich Ballkönigin – in diesem Kleid! So trug ich meine Schärpe rund um den Ballsaal – sieh doch, Laura! *Sie hebt den Rock und tänzelt im Zimmer herum.* Ich trug es immer am Samstag, wenn ich Herrenbesuch erwartete! Ich trug es an dem Tage, an dem ich deinen Vater traf. Diesen ganzen Frühling hatte ich Malaria, immer Fieber, der Wechsel des Klimas zwischen East Tennessee und dem Delta schwächte meine Widerstandskräfte. Immer hatte ich damals Temperatur, keine hohe Temperatur, nichts Ernstes, aber gerade genug, um mich ruhelos und immer ein wenig schwindlig zu machen! Und es regnete Einladungen! Gesellschaften überall im Delta! – »Bleib im Bett!« sagte meine Mutter, »du hast Fieber.« Ich im Bett bleiben! Ich schluckte Chinin, aber alles mußte ich mitmachen, da war kein Halten! Empfänge! Bälle! An den Nachmittagen ausgedehnte Ritte! Picknicks – oh, es war herrlich! Im Mai ist ja dieses Land so herrlich, überall bestickt mit weißen Blüten, überflutet mit Narzissen. In diesem Frühling war ich verrückt mit Narzissen! Narzissen waren meine Besessenheit! Meine Mutter sagte: »Aber Liebling, wir haben einfach keinen Platz mehr für Narzissen.« Aber ich brachte noch und noch Narzissen! Wo und wann ich welche erblickte, schrie ich: »Halt! Ich sehe Narzissen!« Ich zwang die jungen Leute, mir beim Narzissenpflücken zu helfen! Es wurde zu einer stehenden Redensart: »Amanda und ihre Narzissen!« Schließlich gab es keine Vasen mehr, um sie hineinzutun, alles war voll mit Narzissen. Keine Vasen mehr? Gut, dann will ich sie selber tragen! Und dann *Sie bleibt vor der Photographie stehen.* – dann traf ich deinen Vater!

Musik.

Malaria, Narzissen und dann – d i e s e r junge Mensch . . . *Sie dreht die rosafarbene Lampe an.* Ich hoffe, die jungen Leute sind da, bevor es zu regnen beginnt. *Sie kommt ins Wohnzimmer und stellt die Narzissen in eine Schale auf den Tisch.* Ich habe deinem Bruder extra Geld gegeben, damit er und Herr O'Connor den Autobus nehmen können.

LAURA. Wie heißt er, sagst du?

AMANDA. O'Connor.

LAURA. Sein Vorname?

AMANDA. Ich erinnere mich nicht – ja, doch, ich weiß – Jim!
Laura schwankt und hält sich an einem Stuhl fest.
Projizierte Inschrift: »Nicht Jim!«

LAURA *kaum hörbar.* Nicht – Jim?

AMANDA. Doch, bestimmt – Jim! Ich habe nie einen Jim gekannt, der nicht ein netter Mensch war!

Musik: Unheilverkündend.

LAURA. Bist du sicher, daß er Jim O'Connor heißt?

AMANDA. Ja. Warum?

LAURA. Ist das der Jim, den Tom von der Mittelschule her kennt?

AMANDA. Er hat es nicht erwähnt. Ich glaube, er hat ihn im Lagerhaus kennengelernt.

LAURA. Es gab einen Jim O'Connor, der mit uns beiden auf die Schule ging. *Mit Anstrengung.* Wenn es der ist, den Tom jetzt zum Abendessen mitbringt – dann mußt du mich entschuldigen. Ich werde nicht zu Tisch kommen.

AMANDA. Was ist denn das wieder für ein Unsinn?

LAURA. Du hast mich unlängst gefragt, ob mir nicht auch einmal ein junger Mann gefallen hat? Kannst du dich nicht erinnern, ich zeigte dir sein Bild.

AMANDA. Du meinst den Jungen, dessen Bild du mir im Jahrbuch gezeigt hast?

LAURA. Ja, ja, diesen Jungen meine ich.

AMANDA. Laura, Laura, warst du in diesen Jungen verliebt?

LAURA. Ich weiß es nicht, Mutter. Alles was ich weiß, ist, daß ich nicht mit bei Tisch sitzen könnte, wenn er es wäre!

AMANDA. Er wird es nicht sein! Es ist höchst unwahrscheinlich. Aber ob er es nun ist oder nicht, du wirst zu Tisch kommen! Da gibt es keine Entschuldigung.

LAURA. Du wirst mich entschuldigen müssen, Mutter!

AMANDA. Ich bin nicht willens, deiner Torheit nachzugeben. Ich habe schon zu viel von dir und deinem Bruder eingesteckt, ja, von euch beiden! Setz dich schon hin und nimm dich zusammen, bevor sie kommen! – Tom hat seinen Schlüssel hier vergessen, also mußt du ihnen die Tür aufmachen, wenn sie kommen.

LAURA *angstvoll.* Mutter, du mußt ihnen aufmachen!

AMANDA *leichthin.* Ich habe in der Küche zu tun!

LAURA. Bitte, Mutter, bitte! Mach du ihnen auf!

AMANDA *im Abgehen zur Küche hin.* Ich muß die Sauce für den Lachs vorbereiten. So ein dummes Getue wegen eines Herrenbesuchs!

Man hört die Küchentür schließen. Laura ist allein gelassen.

Projizierte Inschrift: »Angst!«

Laura stöhnt leise auf und dreht das Licht aus. Sie sitzt steif am Rand des Sofas und flicht ihre Finger ineinander.

Projizierte Inschrift: »Das Öffnen einer Tür!«

Tom und Jim erscheinen draußen bei der Feuerleiter und gehen die Stufen zur Plattform hinauf. Laura hört sie und springt mit einer Gebärde des Entsetzens auf. Sie flieht zum Zwischenvorhang. Die Türglocke. Laura ringt nach Atem und greift sich an die Kehle.

Musik: Gedämpftes Trommeln.

Projizierte Inschrift: »Das Öffnen einer Tür!«

Laura starrt in die Richtung zur Tür, ohne sich von der Stelle zu rühren.

JIM *draußen.* Wir haben's doch noch vor dem Regen geschafft.

TOM. Hm. *Tom läutet nochmals, nervös. Jim pfeift vor sich hin und nimmt sich eine Zigarette.*

AMANDA *aus der Küche, mit forcierter Heiterkeit.* Laura! Sie sind da! Dein Bruder und Herr O'Connor! Willst du sie nicht hereinlassen, Liebling?

Laura bewegt sich zur Küche hin.

LAURA *atemlos.* Mutter — öffne du ihnen!

Amanda erscheint von der Küche her und wirft Laura einen wütenden Blick zu. Sie deutet gebieterisch nach der Eingangstür.

LAURA. Bitte!!

AMANDA *faucht leise.* Was hast du denn, du dummes Ding!

LAURA *desparat.* Bitte, geh du, b i t t e !

AMANDA. Ich habe dir gesagt, daß ich dir diesmal nicht nachgeben werde, Laura! Gerade diesen Augenblick hast du dir aussuchen müssen, um überzuschnappen!

LAURA. Bitte, bitte, bitte, geh du!

AMANDA. Du wirst schon die Tür öffnen müssen. Ich kann jetzt nicht.

LAURA *verzweifelt.* Ich kann auch nicht!

AMANDA. W a r u m ?

LAURA. Mir ist übel!

AMANDA. Mir ist auch übel — von deiner Blödheit! Warum könnt ihr euch nicht wie normale Menschen benehmen, du und dein Bruder? Immer diese absurden Launen!

Tom läutet lange.

AMANDA. Solch ein Blödsinn! Kannst du mir e i n e n Grund sagen —? *Sie ruft melodisch.* Gleich, eine Sekunde! Wie kannst du dich nur fürchten, eine Tür zu öffnen! Geh schon, Laura!

LAURA. Oh ... Oh ... *sie hinkt zum Grammophon hin, dreht es wie rasend auf — und stellt es leise.*

AMANDA. Laura Wingfield, du gehst jetzt geradewegs zu dieser Tür!! Marsch!

LAURA. Ja — ja, Mutter.

Eine alte, abgespielte Platte, irgendeine Tarantella, ertönt wie von fernher und gibt Laura Kraft. Sie bewegt sich wie in einer

Trance zur Tür hin und öffnet sie vorsichtig. Tom kommt herein mit dem Besucher Jim O'Connor.

TOM. Laura, das ist Jim. Jim, das ist meine Schwester Laura.

JIM *im Eintreten.* Ich wußte nicht, daß Shakespeare eine Schwester hat.

LAURA *verkrampft und zitternd, von der Tür wegtretend.* Guten Tag.

JIM *streckt herzlich seine Hand aus.* Okay!

Laura berührt seine Hand zögernd mit der ihren.

Sie haben kalte Hände, Fräulein Laura.

LAURA. Ja, ich – ich – habe gerade Grammophon gespielt ...

JIM. Müssen ja klassische Musik gespielt haben! Sie sollten mal einen ordentlichen Jazz spielen, um sich zu erwärmen!

LAURA. Entschuldigen Sie mich bitte – ich ... habe noch nicht fertig gespielt ...

Sie macht eine ungeschickte Wendung und zieht sich hastig in das Vorderzimmer zurück. Steht eine Weile beim Grammophon, dann ringt sie nach Atem und läuft wie ein erschrecktes Reh fort durch den Zwischenvorhang.

JIM *grinsend.* Was ist denn los mit ihr?

TOM. Oh – mit Laura? Ja ... Laura ist – schrecklich schüchtern.

JIM. Schüchtern, hm? Man trifft sehr selten ein schüchternes Mädchen heutzutage. Mir scheint, du hast nie erwähnt, daß du eine Schwester hast?

TOM. Na, jetzt weißt du es. Ich habe eine. *Zieht eine Zeitung heraus.* Willst du ein Stück von der Zeitung?

JIM. Mhm.

TOM. Welchen Teil? Den Unterhaltungsteil?

JIM. Den Sportteil. *Nimmt das Blatt und wirft einen Blick darauf.* Da war doch Krach mit dem ersten Stürmer von –

TOM *unterbricht ihn gelangweilt.* So? *Zündet sich eine Zigarette an und geht zur Eingangstür.*

JIM. Wohin gehst du denn?

TOM. Hinaus auf unsere Terrasse.

JIM *ihm nachgehend.* Hör mal, Shakespeare, ich will dir einen guten Tip geben.

TOM. Was für einen Tip?

JIM. Den Kurs, den ich nehme.

TOM. Hhm?

JIM. Meinen Kurs in öffentlicher Rede. Du und ich, wir sind ja doch nicht die richtigen Leute für ein Lagerhaus.

TOM. Danke für die erfreuliche Mitteilung. – Aber was hat dein Kurs in öffentlicher Rede damit zu tun?

JIM. Er ist eine Vorbereitung für eine leitende Stellung.

TOM. Aha.

JIM. Ich kann dir nur sagen, ich habe mächtig profitiert.
Projiziertes Bild: Ein Chef an seinem Schreibtisch.
TOM. In welcher Beziehung?
JIM. In jeder Beziehung! Frag dich doch selbst, was ist der Unterschied zwischen uns beiden und einem von den großen Herren im Kontor? Verstand? – Nein! – Tüchtigkeit? – Nein. Also was denn? Nur eine Kleinigkeit.
TOM. Und was ist diese Kleinigkeit?
JIM. In erster Linie – Haltung, gesellschaftliches Gleichgewicht! Die Fähigkeit, sich mit jedermann auf gleich und gleich zu stellen und auf jedem gesellschaftlichen Niveau seinen Platz zu behaupten.
AMANDA *von drinnen.* Tom?
TOM. Ja, Mutter?
AMANDA. Bist du draußen mit Herrn O'Connor?
TOM. Ja, Mutter.
AMANDA. Macht es euch bequem.
TOM. Ja, Mutter.
AMANDA. Frage Herrn O'Connor, ob er sich die Hände waschen will?
JIM. Danke nein. Ich habe das schon im Lagerhaus besorgt. – Tom!
TOM. Ja?
JIM. Herr Mendoza hat mit mir über dich gesprochen.
TOM. Gutes?
JIM. Was glaubst du?
TOM. Na sag schon!
JIM. Du wirst bald deinen Posten los sein, wenn du nicht bald aufwachst.
TOM. Ich wache auf!
JIM. Man sieht nichts davon.
TOM. Man muß eben in mich hineinblicken.
Projiziertes Bild: Das Schiff in Fahrt, mit der Piratenflagge (Jolly Roger): ein Totenschädel über zwei gekreuzten Knochen.
TOM. Ich bin im Begriff, mich zu verändern. *Er lehnt sich über das Geländer und spricht mit heiterer Ruhe. Die Reklamezeichen eines Kinos auf der anderen Seite beleuchten sein Gesicht und geben ihm einen unternehmenden Ausdruck.* Ich bin eben dabei, mir eine Zukunft zu schaffen, in der es weder ein Lagerhaus noch einen Herrn Mendoza und nicht einmal einen Abendkurs in öffentlicher Rede gibt.
JIM. Was phantasierst du da?
TOM. Ich hab' das Kino satt.
JIM. Das Kino?
TOM. Ja, das Kino. *Er macht eine ablehnende Geste nach dieser falschen Zauberwelt hin.* Die Helden und Heldinnen auf der

Leinwand, die von einem Abenteuer ins andere tanzen, sich in Abenteuern wälzen, alles, was es nur gibt, in sich hineinfressen! Und die Leute schauen sich die bewegten Bilder an, statt sich selbst zu bewegen! Es ist das Vorrecht der Hollywoodfiguren, die Abenteuer für alle Menschen in Amerika zu erleben, während die Menschen Amerikas in einem verdunkelten Raum sitzen und zusehen! Wenn nicht gerade ein Krieg ausbricht! Dann kommt auch die große Masse zu ihrem Abenteuer! Dann wird das Abenteuer jedermann aufgetischt, nicht nur Herrn Clark Gable! Dann verlassen die Zuschauer den verdunkelten Raum und spielen mal selber mit! Prächtige Sache das! Ja, ja, dann kommen wir dran, und auch wir machen eine Reise nach den Südseeinseln, einen Jagdausflug, ja, auf dem Bauch durchs Dschungel! – Aber ich habe keine Geduld. Ich will nicht warten bis dahin! Ich habe genug vom Zuschauen. Ich habe die bewegten Photographien satt! Ich bin im Begriff, mich selbst in Bewegung zu setzen.

JIM *ungläubig*. Dich in Bewegung zu setzen?

TOM. Jawohl.

JIM. Wann?

TOM. Bald.

JIM. Wohin? Wohin willst du?

Thema Drei ertönt in der Musik, wie eine Antwort auf die Frage, während Tom die seinige überdenkt. Er sucht in seinen Taschen.

TOM. Aufwachen soll ich? Ich weiß, es sieht so aus, als träumte ich so dahin, aber innerlich – innerlich berste ich vor lauter Wachheit! – Wenn ich mir die Schuhe anziehe, schaudert mir bei dem Gedanken, wie kurz das Leben ist und wie ich es versäume! – Wozu sich die Schuhe anziehen, außer um sich für die Reise fertigzumachen! *Er zieht ein Papier hervor.* Da sieh mal!

JIM. Was ist denn das?

TOM. Ich bin Mitglied geworden.

JIM *liest*. Die Gewerkschaft der Seeleute.

TOM. Ich habe meinen Beitrag für diesen Monat bezahlt, statt die Rechnung fürs elektrische Licht.

JIM. Das wirst du bedauern, wenn sie euch das Licht absperren.

TOM. Dann werde ich nicht mehr da sein.

JIM. Und deine Mutter?

TOM. Ich bin genau wie mein Vater, ein Vagabund, Sohn eines Vagabunden. Sieh nur das Bild dort an, wie er grinst! Er ist fort, seit sechzehn Jahren.

JIM. Alles nur Gerede und Prahlerei! Wie denkt denn deine Mutter darüber?

TOM. Still! Sie kommt gerade! – Meine Mutter ist in meine Pläne nicht eingeweiht.

AMANDA *durch den Mittelvorhang.* Wo seid ihr denn alle?

TOM. Auf unserer Terrasse, Mutter.

Die beiden jungen Leute gehen hinein. Amanda kommt ihnen entgegen. Tom ist sichtlich schockiert über ihre Erscheinung. Sogar Jim blinzelt ein wenig. Es ist seine erste Begegnung mit dem verkörperten Mädchenideal der Südstaaten, und trotz seines Abendkurses in öffentlicher Rede verschlägt ihm dieser unerwartete Ansturm von gesellschaftlichem Charme die Rede. Zwar versucht er eine bewundernde Bemerkung über die Lippen zu bringen, aber diese Bemühung geht in Amandas heiterem Gelächter und Geplauder unter. Tom ist sehr verlegen, aber Jim reagiert nach der ersten Verwunderung mit herzlicher Wärme; er grinst und kichert, er scheint ganz und gar gewonnen.

Projiziertes Bild: Amanda als Mädchen.

AMANDA *mit verschämter Koketterie ihre mädchenhaften Locken schüttelnd.* Das ist also Herr O'Connor. Vorstellung vollkommen überflüssig. Ich habe ja von meinem Jungen so viel über Sie gehört. Schließlich sagte ich zu ihm: »Tom, warum bringst du mir eigentlich dieses Vorbild von einem Menschen nicht ins Haus, zum Abendessen! Ich würde doch diesen netten jungen Mann aus deinem Lagerhaus so gern persönlich kennenlernen, statt dich immer nur sein Lob singen zu hören.« Ich kann es gar nicht verstehen, daß mein Sohn so zurückhaltend ist – das ist nicht der Brauch bei uns im Süden! Also setzen wir uns und – ich glaube, wir könnten ein bißchen mehr Luft hier herinnen vertragen! Laß doch die Tür offen, Tom, da hab' ich doch vor einem Augenblick so eine erfrischende Brise gefühlt. Wohin hat sich denn die verflüchtigt? Es ist schon so warm! Und es ist doch noch nicht Sommer. Wie werden wir erst geröstet werden, wenn der Sommer wirklich da ist! Trotzdem haben wir auch heute schon ein sehr leichtes Abendessen. Leichtes Essen, das ist das einzig Richtige für die warme Jahreszeit, genau so wie leichte Kleider. Leichte Kleider und leichtes Essen bei warmem Wetter! Unser Blut verdickt sich während des Winters, es dauert immer eine Weile, bis wir uns umgestellt haben. Dieses Jahr wechselt die Witterung besonders rasch! Ich war noch gar nicht darauf vorbereitet! Ganz plötzlich, eins, zwei, drei – Sommer! Na, ich laufe zu meinem Koffer und grabe dieses leichte Kleid aus. Furchtbar altmodisch ist es, beinahe schon ein historisches Kostüm! Aber man fühlt sich so wohl darin – und so kühl –!

TOM. Mutter –

AMANDA. Ja, mein Herz?

TOM. Wie steht's mit dem Essen?

AMANDA. Liebes Kind, geh und frag deine Schwester, ob das Essen fertig ist! Das ist ihr Ressort, du weißt es doch! Sag ihr, daß zwei hungrige junge Herrn es nicht mehr erwarten können! *Zu Jim.* Haben Sie Laura schon kennengelernt?

JIM. Sie –

AMANDA. Sie hat Ihnen die Tür aufgemacht? Oh, gut, so haben Sie sie schon kennengelernt. Es ist eine Seltenheit heutzutage, daß ein so süßes und reizendes Mädchen wie Laura auch so häuslich ist! Aber Gott sei Dank, Laura ist nicht nur hübsch, sondern auch überaus häuslich. Ich bin es gar nicht! Bin es nie gewesen. Alles, was ich konnte, war eine Biskuittorte machen. Sie wissen ja, wir im Süden hatten so viele Dienstboten. Vergangene Zeiten, vorbei für immer, auch die letzte Spur eines höheren Lebens ist verflogen, vorüber und vorbei! Ich war nicht vorbereitet auf das, was die Zukunft mir bringen sollte. Alle meine Verehrer waren Söhne von Pflanzern, natürlich habe ich angenommen, daß ich mit einem von ihnen verheiratet sein und meine Familie auf einem großen Landgut mit zahlreicher Dienerschaft aufziehen würde. Aber der Mann macht den Heiratsantrag, und die Frau nimmt ihn an! Ich habe keinen Pflanzer geheiratet. Ich heiratete den Angestellten einer Telefongesellschaft – diesen liebenswürdigen Gentleman dort drüben. *Sie zeigt auf das Bild.* Einen Telefonisten, der sich von den Fernverbindungen in die Ferne locken ließ! Nun reist er herum, und ich weiß nicht einmal wo –! Aber, was rede ich über die Prüfungen meines Lebens! Sprechen Sie lieber von Ihren! Ich hoffe, Sie haben keine! – Tom?

TOM *der eben wieder hereingekommen ist.* Ja, Mutter?

AMANDA. Ist das Abendessen bald fertig?

TOM. Ich glaube, es steht schon auf dem Tisch.

AMANDA. Laß mich sehen – *Sie erhebt sich graziös und öffnet den Zwischenvorhang, hineinblickend.* Oh, reizend gedeckt! Aber wo ist deine Schwester?

TOM. Laura fühlt sich nicht wohl – sie glaubt, daß sie besser nicht zu Tisch kommt.

AMANDA. Was? – Unsinn –! Laura? Oh, Laura!

LAURA *von drinnen, leise.* Ja, Mutter?

AMANDA. Du mußt unbedingt zu Tisch kommen, wir werden uns nicht eher hinsetzten, als bis du da bist! – Kommen Sie herein, Herr O'Connor. Sie sitzen dort drüben, und ich – Laura! Laura Wingfield! Laß uns doch nicht warten, Liebling, wir können doch nicht unser Tischgebet sprechen, wenn du nicht bei Tisch bist! *Laura kommt herein. Sie ist sichtlich einer Ohnmacht nahe,*

ihre Lippen beben, ihre Augen sind weit aufgerissen und starrend. Sie bewegt sich unsicher dem Tisch zu.
Projizierte Inschrift: »Schrecken!«
Draußen kommt ein Sommergewitter rasch näher. Die weißen Vorhänge an den Fenstern blähen sich nach innen auf, und ein kummervolles Gemurmel scheint aus der tiefblauen Abenddämmerung zu dringen. Laura stolpert plötzlich, sie hält sich an einer Stuhllehne fest und stößt dabei einen leisen Klagelaut aus.

TOM. Laura!

AMANDA. Laura!
Man hört es donnern.

AMANDA *mit dem Klageton der Verzweiflung.* Aber Laura, Liebling – dir ist ja nicht wohl! Tom, mein Guter, führe doch deine Schwester in das Wohnzimmer! Sitze eine Weile im Wohnzimmer, Laura – auf dem Sofa, ruhe dich ein bißchen aus. So ist's recht! *Zu dem Besucher.* Ihr ist nicht wohl von dem langen Stehen bei dem heißen Ofen! – Ich hab' ihr gesagt, es ist zu warm heute abend, aber –
Tom kommt wieder herein. Laura im Wohnzimmer auf dem Sofa ausgestreckt.
Ist ihr besser?

TOM. Ja.

AMANDA. Aber hört doch – nein, wirklich – Regen?
Seht mal an, es regnet! Ein schöner, erfrischender Regen! Ich bin sicher, der kühlt ab. *Sie wirft dem Besucher einen erschreckten Blick zu.* Ich glaube, wir können jetzt unser Tischgebet sprechen . . .

Tom blickt sie verständnislos an.
Guter – sprich den Segen!

TOM. »Komm, Herr Jesus, und sei unser Gast –«
Sie beugen ihre Häupter. Amanda schielt dabei nervös nach Jim. Im Wohnzimmer preßt Laura, auf dem Sofa liegend, sich die Hand auf den Mund, um ein Schluchzen zu unterdrücken.
»– und segne, was du uns bescheret hast!«
Die Bühne verdunkelt sich.

SIEBENTE SZENE

Ein Souvenir
Eine halbe Stunde später.
Im Speisezimmer, hinter dem geschlossenen Zwischenvorhang, geht das Abendessen seinem Ende zu.
Beim Aufgehen des Vorhangs liegt Laura immer noch auf dem

Sofa, ihre Füße emporgezogen, ihr Kopf auf dem blaßblauen Kissen, ihre Augen weit offen, mit dem Ausdruck einer geheimnisvollen Wachsamkeit. Die neue Stehlampe mit ihrem rosenfarbigen Seidenschirm wirft ein mildes Licht auf ihr Gesicht und bringt die gebrechliche, ein wenig überirdische Schönheit zur Geltung, die ihr zu eigen ist, die aber gewöhnlich nicht bemerkt wird. Das Geräusch eines gleichmäßigen Regens ist beim Beginn der Szene hörbar. Der Regen ist im Abnehmen und hört bald ganz auf. Draußen verbreitet sich das blasse Leuchten des durchbrechenden Mondes. Kaum ist der Vorhang aufgegangen, als in beiden Räumen das elektrische Licht aufzuckt und ausgeht.

JIM. Oho, bitte sehr, Herr Leuchtkörper!

Amanda lacht nervös auf.

Projizierte Inschrift: »Ein Beamter erhält seine Entlassung«.

AMANDA. Wo war Moses, als das Licht ausging? Hahaha. Wissen Sie die Antwort, Herr O'Connor?

JIM. Nein, meine Gnädigste. Was ist die Antwort?

AMANDA. Im Dustern! *Jim lacht anerkennend.* Alle bleiben sitzen! Ich zünde die Kerzen an. Gut, daß wir die Kerzen auf dem Tisch haben, nicht? Ein Streichholz! Wer von den Herren verfügt über ein Streichholz?

JIM. Hier.

AMANDA. Ich danke Ihnen, mein Herr.

JIM. Nichts zu danken, gnädige Frau.

AMANDA. Wahrscheinlich ist die Sicherung durchgebrannt. Herr O'Connor, kennen Sie sich mit durchgebrannten Sicherungen aus? Ich nämlich nicht. Und Tom ist völlig ratlos, sobald es sich um technische Dinge handelt.

Man hört, wie alle aufstehen. Ihre Stimmen entfernen sich in der Richtung zur Küche.

Vorsichtig, daß Sie nicht wo hineinrennen! Wir sind dagegen, daß unser Besucher sich das Genick bricht. Das wäre so was!

JIM. Hahaha! Wo ist denn der Zähler?

AMANDA. Gleich hier beim Ofen. Können Sie sehen?

JIM. Einen Augenblick, bitte.

AMANDA. Die Elektrizität ist ein Mysterium, nicht wahr? War es nicht Benjamin Franklin, der einen Schlüssel mit einem Drachen verbunden hat? Wir leben in einem geheimnisvollen Universum, nicht wahr? Manche Leute behaupten, daß die Wissenschaft alle Geheimnisse aufklärt. Meiner Meinung nach schafft sie nur neue! — Gefunden?

JIM. Nein, gnädige Frau, die Sicherungen scheinen in Ordnung zu sein.

AMANDA. Tom!

TOM. Ja, Mutter?

AMANDA. Die Elektrizitätsrechnung, die ich dir vor ein paar Tagen gegeben habe – du weißt, die Mahnung!

Projizierte Inschrift: »Ha!«

TOM. – Jaa?

AMANDA. Du hast doch nicht vergessen, sie zu bezahlen?

TOM. Hm – ich –

AMANDA *setzt fort.* – hab sie n i c h t bezahlt! – Ich hätte es mir denken können!

JIM. Wahrscheinlich hat Shakespeare auf der Elektrizitätsrechnung ein Gedicht geschrieben, Frau Wingfield.

AMANDA. Wie konnt' ich ihm auch so etwas anvertrauen? Ich hätte es wirklich besser wissen müssen. Ja, Nachlässigkeit ist eine kostspielige Angelegenheit!

JIM. Vielleicht wird das Gedicht preisgekrönt, mit zehn Dollar!

AMANDA. Wir müssen eben den Rest des Abends im neunzehnten Jahrhundert verbringen – ich meine, bevor Mr. Edison seine Erfindung machte.

JIM. Kerzenlicht ist meine Lieblingsbeleuchtung.

AMANDA. Das beweist, daß Sie ein Romantiker sind! Aber das ist keine Entschuldigung für Tom. – Nun, wir sind ja schon fertig mit dem Abendessen. Sehr aufmerksam von der Elektrizität, daß sie uns gestattet hat, zu Ende zu essen, bevor sie uns in ewige Finsternis tauchte! Finden Sie nicht, Herr O'Connor?

JIM. Haha!

AMANDA. Tom, zur Strafe für deinen Leichtsinn wirst du mir jetzt beim Abwaschen helfen.

JIM. Darf ich nicht helfen?

AMANDA. Nein, Sie dürfen nicht!

JIM. Ich möchte doch zu etwas gut sein.

AMANDA. Gut zu etwas? *Mit rhapsodischem Überschwung.* S i e? Aber, Herr O'Connor. Niemand, hören Sie, n i e m a n d hat mich so gut unterhalten in Jahren! – wie Sie heute abend.

JIM. Aber bitte, bitte doch, Frau Wingfield!

AMANDA. Ich übertreibe nicht, nicht ein bißchen! Aber Schwesterchen ist allein da drinnen, ganz einsam. Leisten Sie ihr doch Gesellschaft in unserer guten Stube! Ich gebe Ihnen diesen kostbaren alten Armleuchter mit, der von dem Altar einer Kirche aus meiner Heimat stammt. Er ist ein bißchen aus der Form – denn er schmolz ein wenig, als die Kirche abbrannte. Ein Blitz im Frühling hat in sie eingeschlagen. Es heißt, daß die Kirche zerstört wurde, weil die Episkopälischen in ihr Kartenpartien arrangiert hatten.

JIM. Haha!

AMANDA. Vielleicht können Sie Schwesterchen verführen, ein Glas

Wein zu trinken. Wie wäre das? Ich glaube, es würde ihr gut tun. Können Sie beides zugleich tragen?

JIM. O gewiß. Ich bin ein Übermensch!

AMANDA. So. Und du, Thomas, schlüpf in diese Küchenschürze!

Die zuschwingende Küchentür schneidet Amandas heiteres Lachen ab. Das Kerzengeflacker nähert sich dem Zwischenvorhang.

Als Jim, den Kandelaber in der Hand tragend, ins Wohnzimmer eintritt, setzt sich Laura mit einem nervösen Ruck auf. Sie spricht zu Beginn leise und als ob ihr der Atem fehlte. Es versetzt sie in eine fast unerträgliche Spannung der Nerven, mit einem Fremden allein zu sein.

Projizierte Inschrift: »Ich nehme nicht an, daß Sie sich überhaupt meiner erinnern!«

In ihren ersten Reden in dieser Szene, bevor die Wärme Jims ihre lähmende Schüchternheit überwindet, ist Lauras Stimme dünn. Sie spricht, als ob sie eben eine Treppe hinaufgelaufen wäre.

Jim behandelt sie mit zartfühlendem Humor. Die Szene muß so gespielt werden, daß der Gegensatz zwischen den beiden klar wird: was für Jim eine offensichtlich unbedeutende Episode ist, bedeutet für Laura den Höhepunkt ihres geheimen Innenlebens.

JIM. Guten Abend, Laura.

LAURA *sehr leise.* Guten Abend. *Sie räuspert sich.*

JIM. Wie geht's Ihnen jetzt? Besser?

LAURA. Ja. Ich danke – ja.

JIM. Das ist für Sie. Ein Gläschen Wein. *Er bietet es ihr mit übertriebener Galanterie an.*

LAURA. Danke schön.

JIM. Trinken Sie's – aber werden Sie nicht betrunken davon! *Lacht herzlich. – Laura nimmt das Glas von ihm mit unsicherer Hand. Sie lacht scheu.* Wohin soll ich die Kerzen stellen?

LAURA. Oh – irgendwohin . . .

JIM. Wie wäre es hier auf dem Fußboden? Haben Sie etwas dagegen?

LAURA. Nein.

JIM. Ich will eine Zeitung darunter legen, damit der Boden nicht vollgetropft wird. Ich sitze gern auf dem Boden, stört es sie?

LAURA. O nein.

JIM. Darf ich um ein Kissen bitten?

LAURA. – was?

JIM. Ein Kissen!

LAURA. Oh . . . *reicht ihm rasch ein Kissen.*

JIM. Und Sie? Sitzen Sie nicht gern auf dem Boden?

LAURA. — O — ja.

JIM. Warum tun Sie es dann nicht?

LAURA. Ich will es tun.

JIM. Nehmen Sie sich auch ein Kissen!
Laura tut es und setzt sich auf der anderen Seite vom Kandelaber. Jim kreuzt seine Beine und lächelt ihr aufmunternd zu. Ich kann Sie kaum sehen. Sie sitzen so weit da drüben.

LAURA. Ich kann — Sie sehen.

JIM. Ich weiß, aber Sie sind im Vorteil, ungerechterweise, denn ich sitze im vollen Licht. *Laura bringt ihr Kissen näher heran.* Gut! Jetzt kann ich Sie sehen! Sitzen Sie bequem?

LAURA. Ja.

JIM. Ich auch. Ich fühle mich behaglich wie eine Kuh! Wollen Sie ein Kaugummi?

LAURA. Nein, danke.

JIM. Ich denke, ich werde mir eines zu Gemüte führen, mit ihrer gütigen Erlaubnis. *Träumerisch nimmt er das Kaugummi aus der Papierhülle und hält es hoch.* Stellen Sie sich mal das Vermögen vor, das der Kerl gemacht hat, der das erste Plättchen Kaugummi erfunden hat. Das ist ganz ungeheuer, nicht? Das Wrigley-Haus ist eine der Sehenswürdigkeiten von Chikago. Ich habe es gesehen, letzten Sommer, als ich dort war, um die Ausstellung zu besuchen »Das Jahrhundert des Fortschritts«. — Haben Sie sich das Jahrhundert des Fortschritts angesehen?

LAURA. Nein.

JIM. Es war eine großartige Ausstellung, das muß man sagen. Wissen Sie, was den größten Eindruck auf mich gemacht hat? Der Pavillon der Wissenschaften. Das gibt einem einen Begriff, wie das Amerika der Zunkunft sein wird. Sogar noch wundervoller als das Amerika der Gegenwart! *Eine Pause, er lächelt ihr zu.*

JIM. Ihr Bruder hat mir gesagt, daß Sie schüchtern sind. Stimmt das, Laura?

LAURA. Ich weiß nicht.

JIM. Meiner Schätzung nach gehören Sie zu dem altmodischen Typus von Mädchen. Das ist gar kein so schlechter Typus, muß ich sagen. Ich hoffe, daß ich Ihnen nicht zu nahe trete — oder ist das zu persönlich?

LAURA *aus Verlegenheit hastig.* Ich glaube, ich nehme doch ein Kaugummi, wenn Sie nichts dagegen haben. *Sie räuspert sich.* Herr O'Connor, haben Sie Ihre Singstimme weiter ausgebildet?

JIM. Singstimme? Ich?

LAURA. Ja, ich erinnere mich, was für eine wundervolle Stimme Sie hatten..

JIM. Wann haben Sie mich denn singen gehört?
Man hört hinter der Bühne einen Tenor singen, etwa das Lied

des Steuermanns aus dem »Fliegenden Holländer«: »Steuermann, ho . . .«!
Sie sagen, Sie haben mich singen gehört?

LAURA. O ja! — Sogar sehr oft... Ich nehme nicht an — daß Sie sich — überhaupt — meiner erinnern?

JIM *mit einem zweifelhaften Lächeln.* Wissen Sie, ich habe das Gefühl, daß ich Sie schon mal gesehen habe. Ich hatte das Gefühl in dem Augenblick, als Sie uns die Tür öffneten. Mir war, als wäre ich im Begriff, mich an Ihren Namen zu erinnern. Aber was mir da einfiel, das war gar kein richtiger Name, eher etwas Komisches. Jedenfalls heißen Sie nicht so. Ich unterbrach mich sofort, noch bevor ich es sagte.

LAURA. War es nicht Annemirl?

JIM *springt auf, grinsend.* Annemirl! — Mein Gott, ja. Annemirl! Das war der Name, der mir auf der Zunge lag, als Sie die Tür öffneten! Ist es nicht komisch, was für Tricks uns die Erinnerung spielt? Ich habe Sie gar nicht mit der Schule in Verbindung gebracht — weiß ich, warum? Aber das war es natürlich, die Mittelschule! Ich hab' nicht einmal gewußt, daß Sie die Schwester Skakespeares waren! Es tut mir leid! Verzeihen Sie mir, bitte!

LAURA. Ich hab' gar nicht erwartet, daß Sie sich meiner erinnern. Sie — Sie haben mich ja kaum gekannt!

JIM. Wir waren doch auf Sprechfuß miteinander, nicht?

LAURA. Ja, wir — haben miteinander gesprochen.

JIM. Wann haben Sie mich denn erkannt?

LAURA. Oh, sofort!

JIM. Gleich, als ich durch die Tür hereintrat?

LAURA. Als ich Ihren Namen hörte, dachte ich, daß vielleicht Sie es wären! Ich wußte, daß Tom Sie in der Mittelschule besser gekannt hatte. Und als Sie dann hereinkamen — nun, da war ich eben sicher, daß Sie es waren.

JIM. Warum haben Sie dann nicht etwas gesagt?

LAURA *atemlos.* Ich wußte nicht, was sagen, ich war, ich war — zu überrascht!

JIM. Aber das ist doch —! Wissen Sie, das ist zu komisch!

LAURA. Ja. Komisch — obwohl . . .

JIM. Waren wir nicht einmal in einer Klasse?

LAURA. Ja, in einem Kurs.

JIM. In was denn?

LAURA. In Gesang — Chorgesang!

JIM. Aha.

LAURA. Ich saß in derselben Reihe, auf der anderen Seite des Zwischengangs.

JIM. Aha.

LAURA. Montag, Mittwoch, Freitag.
JIM. Jetzt erinnere ich mich! Sie kamen immer zu spät.
LAURA. Ja, es war nicht so leicht für mich, die Treppe hinaufzugehen. Ich trug damals Schienen am Bein, die machten solchen Lärm. Es dröhnte so!
JIM. Ich habe niemals ein Dröhnen gehört.
LAURA *in der Erinnerung zusammenzuckend.* Für mich dröhnte es — wie Donner!
JIM. Und ich habe es nie bemerkt, nicht ein einziges Mal.
LAURA. Und alle saßen schon, wenn ich hereinkam, ich mußte vor aller Augen meinen Weg machen. Mein Sitz war in der letzten Reihe. Ich mußte an allen vorüberhumpeln, jeder sah mir nach.
JIM. Sie hätten dessen gar nicht so bewußt sein sollen!
LAURA. Ich weiß, aber ich war es. Es war immer solch eine Erleichterung, wenn das Singen begann.
JIM. Ja, ja, jetzt hab' ich's! Ich nannte Sie immer »Annemirl«. Wie kam ich denn nur darauf?
LAURA. Ich mußte eine Zeitlang zu Hause bleiben, wegen meines Gesundheitszustandes. Ich war so anämisch. Als ich dann wieder zur Schule ging, fragten Sie mich, was mir gefehlt hätte. Ich sagte: Anämie. Da tauften Sie mich Annemirl. Es war ein Spitzname.
JIM. Ich hoffe, Sie nahmen's nicht übel?
LAURA. O nein — ich hatte es gern. Sehen Sie, es gab ja nicht so viele, mit denen ich überhaupt verkehrte.
Jim. Ja, ich erinnere mich, Sie gingen immer so für sich allein.
LAURA. Ich verstand es nie, mir Freunde zu machen.
JIM. Ich seh' gar nicht ein — warum eigentlich nicht?
LAURA. Ja, ich hatte es schwer — von allem Anfang an.
JIM. Sie meinen, wegen Ihres —?
LAURA. Ja — das stand im Wege.
JIM. Das hätten Sie nicht zulassen sollen.
LAURA. Ich weiß, aber — ich fühlte es eben und —
JIM. Es machte Sie scheu gegenüber den andern?
LAURA. Ich versuchte, es nicht zu sein, aber ich konnte eben nicht —
JIM. — darüber wegkommen?
LAURA. Ich konnte es nie!
JIM. Schüchternheit, denke ich, ist etwas, das man nur allmählich überwinden kann, nach und nach. Planmäßig.
LAURA *versorgt.* Ja, ich denke, daß ...
JIM. Das braucht seine Zeit!
LAURA. Ja ...
JIM. Die Menschen sind gar nicht so schlimm, wenn Sie sie richtig kennen. Daran müssen Sie immer denken! Jeder hat seine Probleme, nicht nur Sie — ausnahmslos jeder hat seine Schwierig-

keiten. Sie stellen sich vor, daß Sie die einzige sind, die es schwer hat. Sie glauben, nur Sie sind enttäuscht vom Leben. Aber schauen Sie mal herum und Sie werden eine Menge Leute finden, die genau so enttäuscht sind wie Sie. Ich zum Beispiel, ich machte mir die größten Hoffnungen, damals in der Mittelschule. Ich glaubte, ich würde in sechs Jahren viel weiter sein, als ich heute bin. Erinnern Sie sich noch an die wundervollen Kritiken, die ich damals hatte? Nach der Aufführung der Oper — wie hieß sie nur?

LAURA. Ja! *Sie steht auf und geht zum Tisch.*

JIM. Da hatte ich es schwarz auf weiß, daß mir der Erfolg sicher war in jeder Sache, der ich mich zuwenden würde!

Laura kommt zurück mit dem Jahrbuch.

Erfolg! Du lieber Himmel!

Jim nimmt das Jahrbuch verehrungsvoll in Empfang, wobei sich Laura und er in einem staunenden Lächeln begegnen. Laura kauert sich neben ihn hin, und sie beginnen in dem Buch zu blättern. Lauras Scheu schwindet unter der Wirkung seiner Herzlichkeit.

LAURA. Da sind Sie in den »Piraten«.

JIM *nachdenklich.* Ich sang die Hauptpartie.

LAURA *hingerissen.* Und so schön —!

JIM *protestierend.* Oh . . .

LAURA. Ja, ja, wunder-wunder-schön!

JIM. Sie haben mich gehört?

LAURA. Alle drei Male!

JIM. Nein!

LAURA. Ja!

JIM. Alle drei Vorstellungen?

LAURA *den Blick senkend.* Ja.

JIM. Warum?

LAURA. Ich wollte — Sie bitten — Ihr Autogramm in mein Programm zu schreiben.

JIM. Warum haben Sie's nicht getan?

LAURA. Sie waren immer so umringt, ich fand nicht den richtigen Augenblick.

JIM. Sie hätten einfach —

LAURA. Ich fürchtete, Sie würden denken, ich —

JIM. Ich würde — was von Ihnen denken?

LAURA. Oh . . .

JIM *es in der Erinnerung nachgenießend.* Ich war damals richtig belagert von weiblichen Wesen! In dieser Zeit.

LAURA. Sie waren schrecklich beliebt!

JIM. Mhm!

LAURA. Sie hatten — so eine freundliche Art und Weise —

JIM. Ja, in der Mittelschule, da wurde ich verwöhnt!

LAURA. Jeder — hat Sie gern gehabt —!

JIM. Sie auch?

LAURA. Ich — ja, ich, ich — ich auch. *Sie schließt behutsam das Buch in ihrem Schoß.*

JIM. Ja, ja, ja. — Geben Sie mir dieses Programm, Laura. *Sie gibt es ihm, er unterschreibt es mit großem Schnörkel.* So. Das wäre getan. Besser später als nie!

LAURA. Oh, ich — was für eine Überraschung!

JIM. Meine Unterschrift ist gerade jetzt nicht viel wert, aber eines Tages — wer weiß — mag ihr Wert steigen! Enttäuscht sein, das ist eine Sache, aber entmutigt sein, ist ganz etwas anderes. Ich bin enttäuscht, aber ich bin nicht entmutigt! — Ich bin dreiundzwanzig Jahre alt. Wie alt sind Sie?

LAURA. Ich werde vierundzwanzig, im Juni.

JIM. Das ist kein hohes Alter!

LAURA. Nein — aber —

JIM. Sie haben die Mittelschule absolviert?

LAURA *mit Überwindung.* Ich ging nicht wieder zurück.

JIM. Wollen Sie damit sagen, daß Sie aus der Schule ausgeblieben sind?

LAURA. Ich bekam so schlechte Noten beim Schlußexamen. *Sie steht auf und trägt das Buch und das Programm auf den alten Platz zurück. Mit angestrengter Stimme.* Wie geht es denn — Emily Meisenbach?

JIM. Oh, das falsche Gretchen!

LAURA. Warum nennen Sie sie so?

JIM. Das war sie doch.

LAURA. Sie gehen nicht mehr mit ihr?

JIM. Ich sehe sie nie.

LAURA. Aber es stand doch in den Personalnachrichten, daß Sie mit ihr verlobt waren.

JIM. Ich weiß. Aber diese Propaganda hat wenig Eindruck auf mich gemacht.

LAURA. Es war nicht die Wahrheit?

JIM. Nur in Emilys optimistischer Meinung.

LAURA. Oh ...

Projizierte Inschrift: »Was haben Sie seit der Mittelschule gemacht?«

Jim zündet sich eine Zigarette an, lehnt sich faul auf seine Ellbogen zurück und lächelt Laura mit einer Wärme und einem Charme zu, die in ihrer Seele wie Altarkerzen widerstrahlen. Sie bleibt beim Tisch stehen und dreht in ihren Händen eine Glasfigur hin und her, um ihren inneren Aufruhr zu verbergen.

JIM *nachdem er einige nachdenkliche Züge aus seiner Zigarette getan hat.* Was haben Sie seit der Mittelschule getan?

Laura scheint die Frage nicht gehört zu haben.

Nun? *Laura blickt auf.*

Ich sagte, was haben Sie seit der Mittelschule getan? Laura?

LAURA. Nichts Besonderes.

JIM. Aber etwas müssen Sie doch in diesen sechs langen Jahren getan haben!

LAURA. Ja.

JIM. Zum Beispiel, was?

LAURA. Ich nahm einen Kurs in der Handelsschule.

JIM. Und wie ist das gegangen?

LAURA. Nicht sehr gut ... Ich mußte es aufgeben, es verursachte mir — Magenbeschwerden ...

Jim lacht freundlich.

JIM. Und was tun Sie jetzt?

LAURA. Eigentlich, ja — eigentlich nichts. Bitte, denken Sie nicht, daß ich einfach müßig herumsitze. Meine Glassammlung kostet mich viel Zeit. Glas muß sorgfältig gepflegt sein.

JIM. Was sagen Sie da — Glas?

LAURA. Eine Sammlung — ich habe eine ... *Sie räuspert sich und wendet sich ab, um ihre Verlegenheit zu verbergen.*

JIM *abrupt.* Ich will Ihnen sagen, was Ihnen meiner Meinung nach fehlt. Sie haben einen Minderwertigkeitskomplex! — Wissen Sie, was das ist? Das ist die Bezeichnung dafür, daß jemand sich zu gering einschätzt! Ich verstehe das, ich hatte selbst einen. Obwohl mein Fall nicht ein so schwerer war, wie der Ihre zu sein scheint. Ich habe daran so lange gelitten, bis ich einen Kurs in öffentlicher Rede belegte, meine Stimme entwickelte und bei dieser Gelegenheit darauf kam, daß ich eine Eignung für die Wissenschaften besitze. Vorher hatte ich mich in keiner Hinsicht für über das Mittelmaß erachtet. Ich habe zwar die Sache niemals regelrecht studiert, aber ein Freund von mir sagt, daß ich Menschen besser analysieren kann als Doktoren, die daraus einen Beruf machen. Ich behaupte nicht, daß das zutrifft, aber ich kann die Psychologie einer Person unbedingt erraten, Laura. Das ist die Sache des Spürsinns. *Nimmt das Kaugummi aus dem Mund.* Entschuldigen Sie, Laura, ich nehm' das Kaugummi immer heraus, wenn es den Geschmack verloren hat. Ich werde dieses Stück Papier benutzen, um es einzuwickeln. Ich weiß, wie unangenehm es ist, wenn es einem am Schuh kleben bleibt. Ja? *Er verbirgt das Kaugummi vorsichtig unter dem Sofa.* Jawohl, das halte ich für Ihr Hauptleiden: Mangel an Selbstvertrauen. Sie haben nicht genug Vertrauen zu sich selbst. Ich schließe das aus einigen Beobachtungen, die ich an Ihnen gemacht habe.

Sie haben zum Beispiel geglaubt, daß Ihre Fußschiene in der Mittelschule einen schrecklichen Lärm gemacht hat. Sie sagen, daß Sie sich sogar gefürchtet haben, in die Klasse zu kommen. Sie sehen selbst, was für Folgen das hatte, Sie sehen es an Ihren eigenen Handlungen. Sie verließen die Schule. Sie gaben eine Erziehung auf wegen eines Lärms, der, soweit ich feststellen kann, tatsächlich gar nicht existierte. Was Sie haben, ist nur ein kleiner psychischer Defekt, sogar kaum merklich, aber tausendfach vergrößert in Ihrer Einbildung! Wissen Sie, welchen Rat ich Ihnen geben würde? Denken Sie von sich als von einer Person, die in irgendeiner Hinsicht überlegen ist.

LAURA. Wie soll ich mir das denken?

JIM. Sehr einfach, Laura. Schauen Sie sich mal ein bißchen um. Was sehen Sie? Eine Welt voll gewöhnlicher Menschen! Alle werden geboren und alle sterben! Wer hat auch nur ein Zehntel Ihrer guten Qualitäten? Oder meiner? Oder die guten Qualitäten von irgendeinem andern Menschen, wenn man es richtig ansieht? Mein Gott! Jeder Mensch tut sich in irgendeiner Hinsicht auf irgendeinem Gebiet hervor. Manche sogar auf mehreren Gebieten. *Ohne sich dessen bewußt zu sein, schielt er nach seinem Bild im Spiegel.* Sie müssen nur herausfinden, worin Ihre Vorzüge bestehen. Nehmen Sie zum Beispiel mich. *Er richtet sich seine Krawatte nach seinem Spiegelbild.* Mein Interesse liegt zufällig auf dem Gebiet der Elektrodynamik. Also nehme ich einen Kurs in Radiotechnik, und zwar einen Abendkurs, nach meinem Tagewerk in einer ziemlich verantwortlichen Stellung im Lagerhaus. Ich nehme diesen Kurs und studiere außerdem noch öffentliche Rede.

LAURA. Ohhh!

JIM. Weil ich an die Zukunft des Fernsehens glaube! *Er wendet sich wieder ihr zu.* Ich möchte richtig vorbereitet sein, um in meiner Karriere mit der Entwicklung Schritt halten zu können. Mein Plan ist, unten einzusteigen, auf einer unteren Stufe der Entwicklung. Es ist dann der Industrie überlassen, sich in Schwung zu setzen und mit Volldampf fortzuschreiten. *Seine Augen bekommen einen überirdischen Glanz.* Wissen — Geld — Macht! Das ist der Zyklus der Demokratie!

Seine Haltung ist jetzt überzeugend dynamisch. Laura blickt ihn gebannt an, ihre Schüchternheit hat sich in eitel Bewunderung verwandelt. Jim grinst plötzlich.

Sie denken wohl, ich halte eine ganze Menge von mir!

LAURA. Ne-ein, ich —

JIM. Und jetzt zu Ihnen. Gibt es nicht etwas, wofür Sie sich mehr interessieren als für alles andere?

LAURA. Ja — ich — ich sagte es ja vorhin, ich habe — meine Glassammlung.

Von der Küche her ertönt eine Kaskade mädchenhaften Gelächters.

JIM. Es ist mir nicht ganz klar, wovon Sie sprechen. Um was für eine Art Glas handelt es sich?

LAURA. Kleine Glasdinge, meistens Ornamente! Die meisten sind kleine Tiere aus Glas, die zierlichsten kleinen Tiere in der Welt. Meine Mutter nennt es eine Glasmenagerie. Hier ist zum Beispiel eines — wenn Sie sich dafür interessieren! Es ist eines der ältesten von ihnen. Es ist fast dreizehn Jahre alt.

Musik: »Glasmenagerie«.

Jim streckt seine Hand danach aus.

Vorsichtig, es bricht, wenn Sie es anhauchen!

JIM. Ich greife es lieber nicht an. Ich bin ziemlich ungeschickt mit solchen Gegenständen.

LAURA. Nehmen Sie es nur, ich vertraue es Ihnen an! *Sie legt es in seine ausgestreckte Handfläche.* Sehen Sie — wie zart Sie es halten! Halten Sie es vors Licht, es liebt das Licht! Sehen Sie, wie das Licht es leuchten macht?

JIM. Ja, leuchten tut es!

LAURA. Ich sollte nicht parteiisch sein in meiner Vorliebe, aber es ist mein Lieblingstier .

JIM. Was für eine Art von Tier soll es denn vorstellen?

LAURA. Haben Sie nicht das eine Horn auf seiner Stirn bemerkt?

JIM. Ein Einhorn, ja?

LAURA. Mhm.

JIM. Sind denn nicht Einhörner in unserer modernen Zeit ausgestorben?

LAURA. Ich weiß.

JIM. Armer kleiner Bursche, er muß sich recht einsam fühlen.

LAURA *lächelnd.* Möglich, aber er beklagt sich nicht darüber. Er steht auf einem Fach mit Pferden, die überhaupt kein Horn haben, und sie scheinen sich alle ganz gut zu vertragen.

JIM. Woher wissen Sie das?

LAURA. Ich habe sie nie miteinander streiten gehört.

JIM *grinsend.* Keine Streitereien, ha? Na, das ist ein gutes Zeichen. — Wo soll ich es denn hinstellen?

LAURA. Stellen Sie es auf den Tisch. Von Zeit zu Zeit haben sie einen Wechsel der Umgebung ganz gern.

JIM *streckt sich.* Ja, ja, ja, ja . . . Sehen Sie doch, wie groß mein Schatten wird, wenn ich mich strecke!

LAURA. Oh! Ja — er reicht bis über die Decke hin.

JIM *geht zur Tür.* Ich glaube, der Regen hat aufgehört. *Er öffnet die Tür nach der Feuerleiter.* Von wo kommt denn die Musik?

LAURA. Von dem Tanzlokal gegenüber.

JIM. Wie wäre es mit einem kleinen Tanz, Fräulein Wingfield?

LAURA. Oh, ich –

JIM. Oder ist Ihre Tanzkarte voll? Lassen Sie mich mal sehen. *Er greift nach einer imaginären Tanzkarte.* Ah, jeder Tanz ist vergeben! Ich werde ein paar Namen ausstreichen müssen.
Musik: Ein Walzer von drüben.
Ah, ein Walzer! *Er vollführt einige Drehungen um sich selbst und streckt dann seine Arme einladend nach Laura aus.*

LAURA *es verschlägt ihr den Atem.* Ich – kann nicht tanzen!

JIM. Da haben wir's. Ihr Minderwertigkeitskomplex.

LAURA. Ich habe nie im Leben getanzt.

JIM. Kommen Sie, versuchen Sie's einmal!

LAURA. Ich würde Ihnen nur auf die Füße treten!

JIM. Ich bin nicht aus Glas.

LAURA. Also wie – wie soll ich –?

JIM. Überlassen Sie das nur mir. Strecken Sie einfach Ihre Arme ein wenig aus.

LAURA. So?

JIM. Ein klein wenig höher! Richtig. Und jetzt seien Sie nur nicht steif. Die Hauptsache ist: locker!

LAURA *atemlos, lachend.* Es ist schwer, es nicht zu sein.

JIM. Bravo.

LAURA. Ich fürchte, Sie können mich nicht von der Stelle bringen.

JIM. Wetten, daß ich es kann! *Er schwingt sie herum.*

LAURA. Wirklich, ja, Sie können es!

JIM. Lassen Sie sich gehen, Laura, einfach nachgeben!

LAURA. Ich –

JIM. Kommen Sie!

LAURA. Ich versuch's ja –

JIM. Nicht so steif! Die Leichtigkeit macht's.

LAURA. Ich weiß, aber ich –

JIM. Weich im Rücken! Das ist schon besser.

LAURA. I s t es besser?

JIM. Viel, viel besser! *Er schwingt sie durchs Zimmer in einem ungeschickten Walzer.*

LAURA. Oh! Ach!

JIM. Haha.

LAURA. O Gott, o Gott!

JIM. Hahahaha! *Sie stoßen plötzlich an den Tisch an. Jim bleibt stehen.* An was sind wir da gestoßen?

LAURA. An den Tisch.

JIM. Ist da nicht etwas heruntergefallen, mir schien –

LAURA. Ja.

JIM. Ich hoffe, es war nicht das kleine Glaspferd mit dem Horn?

LAURA. Ja.

JIM. O weh! Ist es zerbrochen?

LAURA. Jetzt ist es wie alle anderen Pferde.

JIM. Es verlor sein —?

LAURA. Horn! — Es macht nichts. Vielleicht ist's Glück im Unglück.

JIM. Sie werden mir verzeihen. Es war sicher Ihr Lieblingsstück.

LAURA. Ich ziehe eigentlich keines vor. Es ist keine Tragödie, Jim. Glas bricht ja so leicht. Auch wenn man noch so vorsichtig ist! Der Straßenverkehr erschüttert die Etagere, und hie und da fällt eines herunter.

JIM. Es tut mir aber doch furchtbar leid, daß ich die Ursache war.

LAURA *lächelnd.* Ich stelle mir eben vor: Das Einhorn hat eine Operation gehabt. Das Horn wurde ihm abgenommen, damit es nicht so eine Ausnahme ist! Solch ein Sonderling! *Beide lachen.* Jetzt wird es sich mehr zu Hause fühlen unter den anderen Pferden, die kein Horn haben.

JIM. Hahaha, das ist sehr komisch! *Plötzlich ernst.* Ich freue mich, daß Sie einen Sinn für Humor haben. Wissen Sie, Sie sind — nun ja, sehr eigenartig! Erstaunlich verschieden von allen anderen Menschen, die ich kenne! *Er spricht jetzt leise und zögernd, aber mit echtem Gefühl.* Sie sind mir nicht böse, wenn ich Ihnen das sage?

Laura ist sprachlos vor Verlegenheit.

Ich meine es in einem guten Sinne . . .

Laura nickt scheu und blickt weg.

JIM. Sie erregen ein Gefühl in mir — ich weiß nicht recht, wie ich es nennen soll — ein Gefühl —nein, ich finde keinen Ausdruck dafür.

Laura greift sich mit der Hand an die Kehle und räuspert sich. Sie dreht und wendet das verstümmelte Einhorn in ihren Händen.

JIM *noch zarter.* Hat Ihnen schon einmal jemand gesagt, daß Sie hübsch sind?

Pause: Musik.

Laura blickt langsam auf, in tiefer Verwunderung, und schüttelt den Kopf.

JIM. Sie sind es in einer ganz besonderen Weise, anders als alle anderen. Und um so hübscher, gerade weil Sie anders sind!

Seine Stimme wird leise und rauh. Laura wendet sich ab, die Neuheit des Gefühls, das sie durchlebt, bringt sie an den Rand einer Ohnmacht.

Ich wollte, Sie wären meine Schwester. Ich würde Sie Selbstvertrauen lehren. Die Menschen, die besonders sind, sind nicht wie die anderen Menschen. Aber daß jemand besonders ist, dessen braucht er sich nicht zu schämen, denn die andern Leute, die nicht besonderen Leute, sind ja gar nicht so besonders wunder-

voll. Von denen gibt es hundertmal Tausende. Sie sind einmal Eine! Die andern bewegen sich ungehemmt über die ganze Erde hin. Sie bleiben ganz einfach hier. Die andern sind so gewöhnlich wie — nun ja, wie Unkraut. Aber Sie, Sie, Sie sind eben — die Annemirl!
Wechsel in der Musik.

LAURA. Aber — so zu sein wie ich — das ist eben nicht das Richtige!

JIM. Es ist das Richtige für Sie! Sie sind — schön!

LAURA. In welcher Hinsicht bin ich schön?

JIM. In jeder Hinsicht — glauben Sie mir! Ihre Augen, Ihr Haar! Ihre Hände sind schön! *Er ergreift ihre Hand.* Sie glauben, daß ich das nur so sage, weil ich zum Abendessen eingeladen bin und mich deshalb freundlich betragen muß. Das könnte ich freilich. Ich könnte eine Rolle für Sie spielen, Laura, und alles nur mögliche sagen, ohne es zu meinen. Aber diesmal meine ich es. Ich bin Ihnen gegenüber aufrichtig. Ich habe bemerkt, daß Sie einen Minderwertigkeitskomplex haben, der Sie verhindert, sich unter den Menschen wohl zu fühlen. Es muß jemand Ihr Vertrauen stärken und Sie dazu bringen, daß Sie stolz sind und nicht schüchtern. Daß Sie sich nicht abwenden — und erröten! — Jemand sollte — jemand sollte Sie küssen, Laura! *Seine Hand gleitet langsam ihren Arm entlang zu ihrer Schulter.*
Die Musik steigert sich leidenschaftlich.
Jim dreht sie plötzlich zu sich und küßt sie auf die Lippen. Wenn er sie wieder losläßt, sinkt Laura auf das Sofa, wie betäubt, aber mit leuchtenden Augen. Jim holt sich eine Zigarette hervor, dabei ihren Blick vermeidend.
Projizierte Inschrift: »Souvenir«.

JIM. Hoppla! Fehler gemacht!
Jim zündet sich eine Zigarette an und vermeidet dabei ihren Blick. Von der Küche her klingt wieder das mädchenhafte Lachen Amandas. Laura erhebt sich langsam und öffnet ihre Hand, in der sich noch immer das kleine zerbrochene Glastier befindet. Sie blickt es mit zärtlichem, verwirrtem Gesichtsausdruck an.

JIM. Fehler meinerseits! Das hätte ich nicht tun sollen! Da bin ich entschieden zu weit gegangen! — Rauchen Sie? Oder nicht?
Sie blickt lächelnd auf, ohne die Frage gehört zu haben. Er sitzt neben ihr, befangen, sie blickt ihn wortlos an, in Erwartung. Er hustet und rückt ein bißchen weiter weg von ihr. Offenbar empfindet er das Verfängliche der Situation und ist, da ihm ihre Gefühle nicht verborgen bleiben, jetzt sehr verlegen.

JIM *zartfühlend.* Möchten Sie vielleicht einen Pfefferminzbonbon?
Sie scheint ihn nicht zu hören, aber ihr Blick hellt sich noch mehr auf.

Meine Tasche ist der reine Bonbonladen. *Er stopft einen Pfefferminzbonbon in seinen Mund und schluckt ihn hinunter. Er beschließt jetzt, reinen Tisch zu machen, er spricht langsam und konventionell.* Wenn ich eine Schwester hätte wie Sie, Laura, würde ich es genau so machen wie Tom, ich würde junge Leute einladen und sie Ihnen vorstellen. Und zwar junge Leute, die Verständnis für meine Schwester hätten, ich meine, die richtige Art junger Leute. Aber mit mir ist ihm ein Irrtum passiert. Vielleicht habe ich keine Berechtigung, das alles zu sagen, ich bin vielleicht gar nicht in dieser Absicht eingeladen worden. Aber selbst wenn es so wäre, wäre es vollkommen in Ordnung. Leider bin ich nicht in der Lage, mich richtig zu verhalten. Ich kann Sie nicht um Ihre Telefonnummer bitten und versprechen, daß ich Sie anrufen werde. Und ich kann nicht nächste Woche anrufen und Sie fragen, wann wir uns wiedersehen. Ich denke, es ist das beste, ich mache Ihnen die Situation sofort klar — für den Fall, daß Sie sie mißverstanden haben. Damit Ihre Gefühle nicht verletzt werden ...

Pause.

Langsam, sehr langsam verändert sich Lauras Ausdruck. Ihr Blick, der auf ihn gerichtet war, kehrt langsam zu der Glasfigur in ihrer Handfläche zurück. Wieder Amandas heiteres Lachen in der Küche.

LAURA *spricht kaum hörbar.* Sie werden — nicht wiederkommen?

JIM. Nein, Laura, ich kann nicht. *Er erhebt sich vom Sofa.* Ich bin eben dabei, es Ihnen zu erklären. Ich — bin gebunden. Laura — ich gehe seit geraumer Zeit mit einem Mädchen namens Betty. Sie ist ein häuslicher Typus wie Sie, katholisch, von irischer Abkunft, alles in allem verstehen wir uns sehr gut. Ich traf sie vorigen Sommer auf einer Bootsfahrt im Mondschein. Es war Liebe auf den ersten Blick!

Projizierte Inschrift: »Liebe!«

Laura schwankt leicht, als ob sie vornüber fallen würde, und hält sich an der Lehne des Sofas fest. Er bemerkt es nicht, denn er ist jetzt im Zuge, sein bürgerliches Glück zu schildern.

JIM. Die Liebe hat einen Mann aus mir gemacht!

Laura beugt sich in steifer Haltung vor, die Lehne des Sofas umklammernd. Sie befindet sich sichtlich in einem Kampf gegen den Aufruhr ihrer Gefühle. Aber Jim sieht nichts, er ist mit seinen Gedanken weit fort.

Die Macht der Liebe ist eine große Sache! Die Liebe hat die Macht, die ganze Welt zu verändern, Laura!

Der Sturm in Lauras Gefühlen legt sich ein wenig. Sie lehnt sich zurück. Jim wird ihrer wieder gewahr.

Gerade jetzt erkrankte Bettys Tante. Betty wurde telegraphisch zu ihr hinberufen, und so kam es, daß ich Toms Einladung gerne annahm, ohne zu ahnen, daß Sie – daß er – daß ich – *Er verwirrt sich und kann nicht weiter.* Hm. So hab' ich eben einen Fehler gemacht! *Er läßt sich aufs Sofa plumpsen.*

Die Altarlichter in Lauras Antlitz sind ausgelöscht. Es ist nur noch ein Ausdruck unendlicher Trostlosigkeit zu sehen. Jim wirft ihr einen verlegenen Blick zu.

JIM. Ich wollte, Sie sagten etwas!

Laura beißt sich auf die Lippen, um deren Beben zu bemeistern, und lächelt tapfer. Sie öffnet ihre Hand, in der sich das Glastier befindet, ergreift zart Jims Hand und hebt sie auf gleiche Höhe mit der ihrigen. Dann legt sie behutsam das Einhorn in seine Handfläche und schließt seine Finger darüber zu.

JIM. Warum tun Sie das? Wollen Sie, daß ich es behalten soll? Laura! *Sie nickt.* Wozu?

LAURA. Als ein – Souvenir ...

Sie erhebt sich unsicher und kauert beim Grammophon nieder, um es aufzuziehen.

Projizierte Inschrift: »Dinge haben die Tendenz, schlecht auszugehen« oder »Der Herrenbesuch nimmt Abschied, er winkt fröhlich zum Lebewohl«.

In diesem Augenblick kommt Amanda eilig und heiter herein. Sie trägt einen Krug mit Obstbowle, es ist ein altmodischer Glaskrug, und einen Teller mit Makronen. Auf dem Teller sind Mohnblumen gemalt und er hat einen vergoldeten Rand.

AMANDA. Nun, wie steht's, ist die Luft nicht erquickend nach dem Regen? Ich habe euch Kindern eine kleine Erfrischung zubereitet. *Sie wendet sich heiter zu dem Besucher.* Jim, kennen Sie das Lied von der Limonade?

»Limonade, Limonade!
Im Schatten wohl geraten,
Gerührt mit einem Spaten,
Für keine alte Jungfer zu schade!«

JIM *unbehaglich.* Haha! – Nein, ich hab' es nie vorher gehört.

AMANDA. Was ist denn los mit Laura? Warum ein so ernstes Gesicht?

JIM. Wir haben gerade ein ernstes Gespräch.

AMANDA. Gut! Ihr kennt euch jetzt besser, nicht?

JIM *unsicher.* Haha! – Ja.

AMANDA. Ihr modernen jungen Leute neigt viel mehr zum Ernst als meine Generation. Ich war so heiter als Mädchen!

JIM. Sie haben sich gar nicht verändert, Frau Wingfield.

AMANDA. Heute abend fühle ich mich verjüngt. Das macht der fröhliche Anlaß, Herr O'Connor ... *Sie wirft kokett ihren Kopf zurück mit erneutem Gelächter und verschüttet dabei die Limonade.* Oh!!! Ich taufe mich selbst.

JIM. Bitte – lassen Sie mich –

AMANDA *setzt den Krug nieder.* Ich habe ein paar Maraschino-Kirschen gefunden und sie hineingetan, mit dem Saft, alles zusammen!

JIM. Sie sollten sich nicht so viele Umstände gemacht haben, Frau Wingfield.

AMANDA. Umstände? Es war mir eine Freude. Haben Sie mich nicht in der Küche wirtschaften gehört? Die Ohren müssen Ihnen geklungen haben. Ich hab' Tom Vorwürfe gemacht, weil er Sie solange für sich behalten hat! Er hätte Sie schon viel früher zu uns bringen sollen! Nun, jetzt kennen Sie den Weg! Ich hoffe, Sie werden ein häufiger Gast bei uns sein und nicht nur gelegentlich, sondern regelmäßig zu uns kommen. Oh, wir werden schöne Zeiten miteinander erleben! Ich weiß das voraus. Hmh. Atmen Sie doch diese Luft ein! So frisch, und der Mond ist so hübsch heute! Ich verschwinde wieder. Ich weiß, wo mein Platz ist, wenn junge Leute – ein ernstes Gespräch miteinander führen!

JIM. Ach, gehen Sie nicht fort, Frau Wingfield, ich muß mich sowieso verabschieden.

AMANDA. Was? Sie gehen schon? Das ist nicht ihr Ernst! Der Abend ist doch kaum angebrochen, Herr O'Connor!

JIM. Sie wissen doch, wie es ist.

AMANDA. Sie wollen wohl damit sagen, daß Sie ein arbeitender junger Mann sind und daß Sie Ihre Zeit nach Ihrer Arbeit einteilen müssen. Wir wollen Sie heute abend also schon so früh gehen lassen, aber unter der Bedingung, daß Sie nächstes Mal länger bleiben. Welches ist denn der beste Abend für Sie? Ist Sonnabend die beste Zeit für euch Arbeitsmenschen?

JIM. Auf meinem Stundenplan steht Arbeit am Morgen und Arbeit am Abend

AMANDA. Sind Sie aber ehrgeizig! Sie arbeiten auch am Abend?

JIM. Ja, nicht gerade arbeiten – ich meine: Betty! *Er geht mit Vorbedacht sich seinen Hut holen, vom Tanzlokal klingt ein zärtlicher Walzer herüber.*

AMANDA. Betty? Betty? Wer ist – Betty?

Ein unheilverkündendes Geräusch, als ob der Himmel wankte.

JIM. Oh, nur ein Mädchen. Das Mädchen, mit dem ich gehe! *Er lächelt liebenswürdig, der Himmel stürzt ein.*

Projizierte Inschrift: »Der Himmel stürzt ein.«

AMANDA *es klingt wie ein langgezogenes Ausatmen.* Ist das eine ernste Sache, Herr O'Connor?

JIM. Wir heiraten am zweiten Sonntag im Juni.

AMANDA. Ohhh – wie reizend! Tom hat gar nicht erwähnt, daß Sie verlobt sind.

JIM. Es hat sich noch nicht im Lagerhaus herumgesprochen. Wir halten es geheim. Sie wissen doch, wie die Leute sind, sie schimpfen einen dann Romeo oder so. *Er bleibt vor dem ovalen Spiegel stehen und setzt sich seinen Hut auf. Er tut es sorgfältig, um einen unternehmenden Effekt zu erzielen.* Es war ein herrlicher Abend. Gastfreundschaft im Stil des Südens!

AMANDA. Es war wirklich nicht der Rede wert.

JIM. Ich hoffe, es sieht nicht so aus, als ob ich es eilig hätte, wegzukommen. Aber ich versprach Betty, sie am Bahnhof abzuholen. Ich komme noch gerade zur Ankunft des Zuges zurecht. Manche Frauen werden sehr nervös, wenn sie warten müssen.

AMANDA. Ich weiß, ich weiß. Die Tyrannei der Frauen! *Sie streckt ihre Hand aus.* Leben Sie wohl, Herr O'Connor. Ich wünsche Ihnen Glück – und Erfolg! Dasselbe wünscht Ihnen Laura! – Nicht wahr, Laura?

JIM *ergreift Lauras Hand.* Leben Sie wohl, Laura. Ich werde Ihr Souvenir in Ehren halten, seien Sie dessen sicher. Und vergessen Sie den guten Rat nicht, den ich Ihnen gegeben habe. *Er erhebt die Stimme zu einem fröhlichen* Auf Wiedersehen, Shakespeare! Nochmals Dank, meine Damen – gute Nacht! *Er lächelt und leistet sich einen eleganten Abgang.*

Immer noch tapfer eine gute Miene aufsetzend, schließt Amanda die Tür hinter dem Besucher. Dann wendet sie sich mit verblüfftem Gesicht dem Zimmer zu. Sie und Laura wagen einander nicht anzusehen. Laura kauert beim Grammophon und dreht es auf.

AMANDA *niedergeschlagen.* Dinge haben die Tendenz, schlecht auszugehen. Ich glaube nicht, daß ich jetzt Grammophon spielen würde. So so! Unser Herrenbesuch war ein Heiratskandidat! – Tom!

TOM *vom Innern der Wohnung.* Ja, Mutter?

AMANDA. Komm mal einen Augenblick her, ich hab' dir etwas sehr Komisches zu erzählen.

TOM *kommt mit einer Makrone und einem Glas Limonade.* Unser Besucher ist schon fort?

AMANDA. Ja, unser Besucher hat sehr früh seinen Abschied genommen. Was für einen Ulk du mit uns getrieben hast!

TOM. Was willst du damit sagen?

AMANDA. Du hast kein Wort darüber verlauten lassen, daß er verlobt ist, daß er heiratet.

TOM. Jim? Verlobt?

AMANDA. Das ist die Information, die er uns soeben gegeben hat.

TOM. Da hol mich der Teufel! Ich habe nichts davon gewußt.

AMANDA. Das ist aber sehr merkwürdig.

TOM. Was ist merkwürdig daran?

AMANDA. Sagtest du nicht, daß er dein bester Freund im Lagerhaus ist?

TOM. Das ist er! Aber wie hätt' ich das wissen sollen?

AMANDA. Ist es nicht höchst merkwürdig – dein bester Freund heiratet und du weißt es nicht?

TOM. Das Lagerhaus ist der Ort, wo ich arbeite, aber nicht, wo ich etwas über das Privatleben der Leute erfahre!

AMANDA. Du weißt an keinem Ort etwas! Du lebst in einem Traum. Du spinnst nur Illusionen!

Tom geht zur Ausgangstür.

Wohin gehst du?

TOM. Ins Kino.

AMANDA. Das ist recht, nachdem du Narren aus uns gemacht hast! All die Mühe, die Vorbereitungen, die Ausgaben! Die neue Stehlampe, der Teppich, das Kleid für Laura! Wofür das alles? Um dem Verlobten eines anderen Mädchens die Ehre anzutun! Geh du ins Kino, geh, mach dir keine Gedanken über uns: Eine verlassene Mutter, eine unverheiratete Schwester, die verkrüppelt ist und ohne Anstellung, laß nur nichts dein egoistisches Vergnügen stören! Geh nur, geh – geh ins Kino!

TOM. Gewiß, ich gehe! Je lauter du über meine Selbstsucht schreist, um so schneller geh' ich – und ich gehe nicht ins Kino!

AMANDA. Geh nur! Meinetwegen zum Mond! Du egoistischer Träumer!

Tom wirft sein Glas auf den Boden, geht und schmeißt die Tür hinter sich zu. Laura schreit auf, der Krach der Tür durchschneidet ihren Schrei.

Die Tanzmusik wird lauter.

Tom geht draußen auf der Plattform der Feuerleiter zum Geländer und umklammert es verzweifelt, sein Gesicht zu dem kalten, weißen Mondlicht erhoben, das die Abfallgruben der Seitengasse erleuchtet.

Projizierte Inschrift: »Und so lebt wohl ...«

Toms Schlußansprache ist von einer Pantomime im Innern des Hauses begleitet. Die Szene im Innern wird wie durch ein Milchglas sichtbar, das keinen Ton durchläßt. Amanda scheint tröstende Worte an Laura zu richten, die zusammengerollt auf dem Sofa liegt. Da wir die Worte der Mutter nicht hören können, ist ihre Albernheit weg, sie hat Würde und sogar eine tragische Schönheit. Lauras schwarzes Haar verbirgt ihr Gesicht, bis sie es, am Ende der Rede ihrer Mutter, erhebt. Sie lächelt ihrer Mutter zu. Amandas Gesten, während sie ihre Tochter tröstet, sind langsam und haben eine fast tänzerische Grazie.

Am Ende ihrer Rede blickt sie einen Augenblick nach der Photographie des Vaters hin und geht dann durch den Zwischenvorhang ab. Wenn Tom zu Ende gesprochen hat, bläst Laura die Kerzen aus und schließt damit das Stück.

TOM. Ich ging nicht zum Mond, ich ging viel weiter — denn die Zeit ist die weiteste Distanz zwischen zwei Orten ... Nicht lange darauf wurde ich aus dem Geschäft hinausgeschmissen, weil ich ein Gedicht auf eine Schuhschachtel geschrieben hatte.

Ich verließ St. Louis. Ich ging die Treppe dieser Feuerleiter hinunter, zum letztenmal, und folgte von da an den Fußspuren meines Vaters. Es war ein Versuch, durch Bewegung wieder zu finden, was ich an Raum verloren hatte ...

Ich reiste viel herum. Die Städte glitten an mir vorüber wie tote Blätter, Blätter, die bunt gefärbt waren, aber von den Ästen gerissen.

Ich hätte haltgemacht, aber etwas verfolgte mich. Es erreichte mich immer unerwartet, ganz überraschend, manchmal war es eine vertraute Melodie, manchmal auch nur ein Stück durchsichtiges Glas!

Ich kreuze nachts eine Straße in irgendeiner fremden Stadt, in der ich noch niemand kenne. Ich gehe an dem beleuchteten Auslagefenster eines Parfümerieladens vorüber. Das Fenster ist angefüllt mit farbigen Gläsern, kleinen durchsichtigen Flaschen in delikaten Farben, wie Stückchen von einem zersplitterten Regenbogen.

Und da berührt plötzlich meine Schwester meine Schulter. Ich wende mich um und sehe ihr in die Augen ...

Oh, Laura! Laura, ich habe versucht, dich hinter mir zurückzulassen, aber ich bin treuer, als ich sein wollte! Ich zünde mir eine Zigarette an, ich kreuze die Straße, ich betrete ein Kino oder eine Bar, ich bestelle ein Getränk, ich spreche zu dem nächstbesten Fremden — alles, um deine Kerzen auszublasen.

Laura beugt sich drinnen über die Kerzen.

— Denn heutzutage wird die Welt von Blitzschlägen erleuchtet! —

Blas deine Kerzen aus, Laura — und so — leb wohl ...!

Laura bläst die Kerzen aus.

ENDE